Umgestaltung der Satzungen der Aktiengesellschaften

nach dem neuen Aktiengesetz

Von

Dr. Walter Schmidt

Rechtsanwalt und Notar in Berlin

Berlin und Leipzig 1938

Walter de Gruyter & Co.

vormals G. J. Göschen'sche Verlagshandlung — J. Guttentag, Verlagsbuchhandlung — Georg Reimer — Karl J. Trübner — Veit & Comp.

Archiv-Nr. 22 27 37
Druck von Walter de Gruyter & Co., Berlin W 35
Printed in Germany

Vorwort

Die vorliegende Arbeit soll für die Umgestaltung der Satzungen, die durch das neue Aktiengesetz erforderlich wird, den Verwaltungen der Aktiengesellschaften und denen, die ihnen als Rechtsberater dienen, ein praktischer Wegweiser sein.

In der Einleitung werden die grundsätzlichen Fragen, die bei der Umgestaltung der Satzungen zu berücksichtigen sind, erörtert. Die anschließenden Mustersatzungen stellen einer Regelung nach dem alten Recht (Muster A) Bestimmungen gegenüber, wie sie nach dem neuen Gesetz umzugestalten sind (Muster B). Dabei kam es dem Verfasser nicht darauf an, eine „mustergültige" Satzung aufzustellen, sondern in der Wahl der Bestimmungen ein möglichst reiches Rechtstatsachenmaterial zu liefern und die Gestaltungsmöglichkeiten in der Satzung nach altem wie nach neuem Recht vorzuführen. Das ergab die Notwendigkeit, im Muster A für das alte Recht auch Satzungsbestimmungen einzufügen, die üblich geworden waren, aber als rechtsgültig schon nach bisherigem Recht nicht anzuerkennen sind. Ergänzungen dieses Rechtstatsachenmaterials und die Erläuterung der Mustersatzungen bieten die alphabetisch geordneten und bezifferten Anmerkungen, auf die die entsprechenden Ziffern der Mustersatzungen verweisen. Die Darstellung des neuen Rechts, die diese Anmerkungen enthalten, beschränkt sich bewußt auf die Grundzüge und wählt für die eingehendere Erörterung von Rechtsfragen entsprechend dem Zweck der Schrift nur die Rechtsmaterien aus, die für die Satzungsgestaltung von Bedeutung sind.

Während des Drucks der Schrift erschienen die Erläuterungsbücher von Schlegelberger — Quassowski — Herbig — Geßler — Hefermehl, von Godin — Wilhelmi und von Danielczik sowie als Sonderschriften zur Frage der Satzungsgestaltung nach dem Aktiengesetz: Dietrich „Die Satzung der AG. nach dem neuen Aktiengesetz" und Laaf „Satzung der AG. als Leitsatzung". Eine erschöpfende Auswertung dieser Werke war nicht mehr möglich. Hinweise auf sie, insbesondere bei strittigen Auslegungsfragen, sind in der Einleitung und in den Anmerkungen noch eingefügt worden. Auch ist die 1. Durchführungsverordnung zum Aktiengesetz vom 29. 9. 1937 noch berücksichtigt.

Die Arbeit erfüllt ihren Zweck, wenn sie dazu beiträgt, das neue Recht in seinem Gedankengehalt, seiner Zielsetzung und seinem Geist in den Verfassungen der Aktiengesellschaften und damit in ihrem Rechtsleben Gestalt gewinnen zu lassen.

Berlin, im Oktober 1937.

Umgestaltung der Satzungen der Aktiengesellschaften nach dem neuen Aktiengesetz

Einleitung

Das neue Aktiengesetz baut auf den Grundmauern des alten Rechts auf. Es hat auch mancherlei von der Fassade, der Raumeinteilung und Raumgestaltung und sogar von der Inneneinrichtung des alten Gebäudes unseres Aktienrechts bestehen lassen. Andererseits finden wir neue Teile eingefügt, wesentliche Teile in neuartiger Weise umgebaut und neu eingerichtet. Das Ganze ist neu gegliedert und einheitlich gestaltet. Schon dies läßt das neue Aktiengesetz wie einen geschlossenen Neubau wirken. Vor allem aber weht ein neuer Geist in ihm, der Geist der mit der Staatsumwälzung 1933 durchgebrochenen sozial- und wirtschaftspolitisch neuen Volksanschauung, die die Wirtschaft des Einzelunternehmens nach den Belangen des Wohls des Volksganzen ausrichtet, von dem gegenseitigen Treuverhältnis der in einem Unternehmen Verbundenen ausgeht, nach dem Leistungsprinzip die starke eigenverantwortliche Führerpersönlichkeit herausgestellt sehen will, ihr auch den wohlverdienten Lohn für die Leistung zuerkennt, aber niemals zum Schaden der mit dem Unternehmen Verbundenen und der Gesamtheit eine eigennützige Bereicherung oder gar eine Ausbeutung des wirtschaftlich Schwächeren duldet.

Es liegt auf der Hand, daß das neue Gesetz eine Umgestaltung der Satzungen der bestehenden Gesellschaften erfordert. Schon die Neubenennungen mancher Begriffe machen sie wünschenswert. Rechtsnotwendig wird sie regelmäßig nicht sein. Das Aktiengesetz setzt alle diejenigen Bestimmungen der Satzung, die seinen zwingenden Vorschriften zuwiderlaufen, außer Kraft; an ihre Stelle treten die entgegenstehenden Bestimmungen des Gesetzes. Soweit das Aktiengesetz der Satzung Spielraum gewährt, bleiben die Satzungsbestimmungen bestehen. Ließe man aber die alten Satzungen unverändert, so würden sich zahlreiche Widersprüche zwischen Gesetz und Satzung auftun. Soll daher die Satzung ihre Aufgabe erfüllen, die Verfassung der Aktiengesellschaft darzustellen, und den Verwaltungsträgern wie den Aktionären Richtschnur sein, muß die Verwaltung dafür Sorge tragen, daß die durch das Aktiengesetz ungültig werdenden Satzungsbestimmungen aus der Satzung gestrichen werden, die Benennungen mit dem Aktiengesetz in Übereinstimmung gebracht werden und der Rahmen, den das Aktiengesetz einer Regelung durch den Gesellschaftsvertrag freiläßt, durch die Satzung neu ausgefüllt wird, damit der neue Geist, der Recht und Leben in Einklang zu bringen trachtet, auch in den Satzungen Einzug hält.

Die Gesellschaften werden hierbei in verschiedener Weise vorgehen können: entweder sie beschränken sich für die Satzung auf die notwendig durch diese zu treffenden Bestimmungen und lassen im übrigen die gesetzliche Regelung Platz greifen oder sie arbeiten die gesetzlichen Bestimmungen in die Satzung ein, sei es unter wörtlicher Übernahme oder mit den Änderungen, für die das Gesetz Spielraum läßt und die den besonderen Bedürfnissen der Gesellschaft entsprechen.

Im Folgenden ist ein Muster A einer Satzung gegeben, wie sie unter dem bisherigen Recht üblich war, und ihm eine Satzung Muster B gegenübergestellt, die die sich aus dem neuen Gesetz ergebenden Änderungen enthält. Die anschließenden Erläuterungen begründen an Hand der Bestimmungen des Aktiengesetzes und der Rechtsprechung die Notwendigkeit dieser Änderungen.

Möglichkeiten der Satzungsgestaltung nach dem Aktiengesetz

Für die Umgestaltung der alten Satzungen nach dem Aktiengesetz ist die Frage entscheidend, ob und inwieweit das Gesetz für eine Regelung in der Satzung an Stelle und neben den gesetzlichen Vorschriften Raum läßt. Für das HGB. ging die herrschende Meinung dahin, daß Abweichungen von den gesetzlichen Vorschriften nur soweit gestattet seien, als das Gesetz sie ausdrücklich zuläßt, daß aber Ergänzungen zu der gesetzlichen und zu der der Satzung vorbehaltenen oder ihr gestatteten Regelung zulässig seien. Diese Meinung hatte sich gegen die Rechtsprechung des Reichsgerichts gebildet, die ergänzende Bestimmungen der Satzung nur anerkennen wollte, wenn das Gesetz ausdrücklich der Satzung eine ergänzende Regelung überläßt (RG. 65, 91). Ein Blick in die bestehenden Satzungen und ein Rückblick auf die Entwicklung, die das Aktienwesen und Aktienrecht durch die Ausgestaltung der Satzungen erfahren hat, beweisen, daß die frühere Rechtsprechung des Reichsgerichts sich nicht durchgesetzt hat (vgl. RG. 120, 177).

Das Aktiengesetz folgt in seiner Methodik dem HGB. insoweit, als es teils eine bestimmte Regelung vorsieht, ohne die Möglichkeit abweichender Bestimmungen in der Satzung hervorzuheben, teils Vorschriften trifft, soweit „die Satzung nichts anderes bestimmt" (z. B. § 105 Abs. 3). In einzelnen Fällen weist das Gesetz nicht auf eine ersatzweise Regelung, sondern ausdrücklich auf eine ergänzende selbständige Regelung durch die Satzung hin. Es bestimmt z. B. in § 103, daß „die Hauptversammlung in den im Gesetz und in der Satzung ausdrücklich bestimmten Fällen beschließt"; in § 92 verweist das Gesetz für die Wahl des Vorsitzers des Aufsichtsrats auf „nähere Bestimmung der Satzung".

Man wird auch für das Aktiengesetz davon auszugehen haben, daß Abweichungen von der gesetzlichen Regelung in der Satzung nur vorgesehen werden können, wenn das Gesetz es gestattet. Insbesondere ist die gesetzliche Zuständigkeitsabgrenzung zwischen den Verwaltungsträgern der Aktiengesellschaft, Vorstand, Aufsichtsrat und Hauptversammlung, unabänderlich (vgl. die Erläuterungen „Vorstand als Leiter der AG.", „Aufsichtsrat" und „Hauptversammlung. Aufgaben und Zuständigkeit"). Streitig kann wiederum nur sein, ob die Satzung ergänzende Bestimmungen bringen kann. Die oben erwähnten ausdrücklichen Hinweise des Gesetzes auf eine zulässige ergänzende Regelung dürfen nicht dahin gewertet werden, daß in allen übrigen Fällen, in denen das Gesetz solchen Hinweis unterläßt, ergänzende Bestimmungen ausgeschlossen sind. Den Beweis hierfür erbringt u. a. die Bestimmung des § 128 Abs. 2 Z. 7. Sie schreibt die Angabe der Gesamtbezüge der Mitglieder des Vorstandes, des Aufsichtsrats und eines Beirats oder einer ähnlichen Einrichtung der Gesellschaft im Geschäftsbericht vor. Sie setzt hiermit das Vorhandensein oder die Möglichkeit der Schaffung von Einrichtungen voraus, ohne daß sich im Gesetz ein Hinweis findet, daß die Satzung in Ergänzung der gesetzlichen Regelung die Bildung eines Beirats oder sonstiger Einrichtungen der Gesellschaft vorsehen könne.

Hiernach sind, wie nach bisherigem Recht, auch nach dem Aktiengesetz ergänzende Bestimmungen der Satzung zu der gesetzlichen Regelung für zulässig zu erachten. Es wird z. B. zulässig sein, daß die Satzung neben der Vertretungsbefugnis des Vorstands (§ 71) auch seine Geschäftsführungsbefugnis regelt und Bestimmungen über seine innere Ordnung, die Art seiner Beschlußfassungen u. dgl.

trifft. Die ergänzenden Bestimmungen müssen sich im Rahmen der gesetzlichen Regelung halten. Sie dürfen nicht dem Wesen der Aktiengesellschaft, nicht den gesetzlichen Bestimmungen widersprechen, gleichgültig ob diese in öffentlichrechtlichem Interesse gegeben sind oder nicht (§ 195 Z. 3; § 197 Abs. 1). Sie müssen insbesondere die gesetzliche Zuständigkeitsabgrenzung zwischen den Verwaltungsträgern unberührt lassen. Dazu gehört auch, daß die Satzung nicht in die Obliegenheiten des Vorstands und Aufsichtsrats eingreifen darf. Die Übertragung der Leitung der Gesellschaft auf den Vorstand, die diesem unter eigener Verantwortung und nach gesamtwirtschaftlichen Gesichtspunkten obliegen soll (§ 70), und die Bestimmung des Aufsichtsrats zum eigenverantwortlichen Überwachungsorgan schließen es aus, daß die Satzung Vorschriften vorsieht, die das Bestimmungsrecht dieser Verwaltungsorgane mit Bezug auf die Erfüllung ihrer Obliegenheiten beschränkt (vgl. die Erläuterungen „Aufsichtsrat", „Ausschüsse des AR.", „Geschäftsordnung des Vorstandes"). Solche Beschränkungen kann die Satzung nur vorsehen, soweit sie durch das Gesetz zugelassen sind.

Hiernach kann die Satzung nicht bestimmen, daß der Vorstand bestimmte Arten von Geschäften nur nach Anhörung oder mit Zustimmung der Hauptversammlung schließen darf; diese Bestimmung würde den Vorstand als verantwortlichen Leiter der Aktiengesellschaft unzulässig beschränken (§ 103 Abs. 2). Eine Beschränkung in dieser Richtung läßt das Gesetz nur in § 95 Abs. 5 mit der Vorschrift zu, daß die Vornahme bestimmter Arten von Geschäften an die Zustimmung des Aufsichtsrats geknüpft werden kann. Die Satzung könnte aber bestimmte Arten von Geschäften überhaupt verbieten; damit würde sie das Betätigungsfeld der Gesellschaft, nicht den Vorstand in Fragen der Geschäftsführung beschränken.

Streichung der Satzungsbestimmungen von nur noch historischer Bedeutung

Wie schon bei Inkrafttreten des HGB. (KGJ. Bd. 20 D 23), taucht auch jetzt mit der Schaffung des AGesetzes die Frage auf, ob anläßlich der Anpassung der Satzung an die neuen gesetzlichen Bestimmungen Vorschriften von nur noch historischer Bedeutung bestehen bleiben müssen oder gestrichen werden können. Die Frage ist damals für die Bestimmungen über Sacheinlagen erörtert und von den Gerichten entschieden worden. Die Streichung wurde für unzulässig erklärt (KGJ. 27 A 225; 20 D 23; vgl. auch JFG. Bd. 2, 257 für GmbH.; dazu Hülsen BankArch. 22, 74).

In der Rechtslehre ist bisher nicht beachtet worden, daß schon die damals ergangenen Entscheidungen, die grundsätzlich die Unabänderlichkeit der Satzungsbestimmungen über Sacheinlagen annehmen, eine Einschränkung machten; sie verneinten die Zulässigkeit der Streichung nur, „sofern es bei der in dem Gesellschaftsvertrag festgesetzten Sacheinlage verblieben ist" (JFG. Bd. 2, 257). War der Einbringungsvertrag rückgängig gemacht und infolgedessen die Einlage aus dem Vermögen der AG. wieder ausgeschieden, so sollten die die Einlage betreffenden Bestimmungen der Satzung wieder beseitigt werden können, damit ihr Inhalt den eingetretenen Rechtsänderungen angepaßt würde (KGJ. 20 D 23).

Das AGesetz enthält in § 145 Abs. 3 eine ausdrückliche Vorschrift über die Zulässigkeit der Abänderung von Satzungsbestimmungen über Gründervorteile, Gründerlohn, Sacheinlagen und Sachübernahmen. Die Festsetzungen hierüber können erst nach Ablauf der Verjährungsfrist des § 44 geändert werden, d. h. erst nachdem die Ansprüche der AG. gegen die Gründer und die neben ihnen verantwortlichen Personen aus den §§ 39 bis 42 mit Bezug auf Sondervorteile, Gründungsaufwand, Sacheinlagen und Sachübernahmen verjährt sind, gemäß § 43 Vergleiche über diese Ansprüche geschlossen werden können und ein Verzicht auf sie zulässig ist. Das Verbot vorzeitiger Änderung dient dem Zweck, die Haftung aus der Gründung nicht zu beeinträchtigen (Baumbach § 145 Anm. 4). Damit setzt aber § 145 für eine Änderung dieser Satzungsbestimmungen voraus, daß der *Inhalt* der satzungsmäßigen Festsetzungen geändert werden soll. Eine solche Änderung kann darin liegen, daß z. B. die Gründer auf die ihnen gemäß § 19 versprochenen Sondervorteile verzichtet haben oder der Gründungsaufwand nachträglich von den Gründern selbst übernommen worden ist, der Einbringungsvertrag nicht erfüllt oder der Sachübernahmevertrag wirksam angefochten oder durch Vereinbarung abgeändert wurde. Obwohl diese Rechtsänderungen ohne Satzungsänderung eintreten (vgl. z. B. über die Wirksamkeit des Verzichts auf Sondervorteile RG. in JW. 1917, 408), darf die Satzung gemäß § 145 Abs. 3 erst nach Ablauf von 5 Jahren seit der Eintragung geändert werden.

§ 145 entscheidet hiernach nicht die eingangs gestellte Frage, ob Satzungsbestimmungen von nur noch historischer Bedeutung gestrichen werden können. Denn diese Frage ist für den Fall gestellt, daß die Vereinbarungen über den Gründerlohn, die Sacheinlagen und -übernahmen *nicht* geändert wurden, daß sie vielmehr erfüllt und dadurch zu „historischen Tatsachen" wurden. Für diesen Fall würde, wenn man eine Streichung zuläßt, aus § 145 Abs. 3 nur so viel zu entnehmen sein, daß auch sie nicht vor Ablauf von 5 Jahren seit der Gründung erfolgen darf; denn das Verbot des § 145 läßt Ausnahmen nicht zu.

Die Beantwortung der Frage setzt eine Prüfung der einzelnen Satzungsfestsetzungen nach Inhalt und Zweck voraus. Ihnen allen ist gemeinsam, daß durch sie die Kapitalgrundlage der Gesellschaft, insbesondere die bei ihrer Errichtung übernommenen Belastungen und Verbindlichkeiten offengelegt werden sollen. Diese Offenlegung soll unsolide Gründungen verhindern.

a) Sondervorteile der Gründer. Daß sie bestehen, ist für die Öffentlichkeit nur von Belang, solange sie bestehen. Ist die Gesellschaft nicht mehr mit der Verpflichtung zur Leistung der Sondervorteile belastet, ist kein Interesse ersichtlich, das ein Fortbestehen der Festsetzung in der Satzung erfordere. Daher kann, wenn die Sondervorteile vollständig geleistet sind und die Tatsache der Gewährung der Sondervorteile „historisch“ geworden ist, unter Beobachtung der Vorschrift des § 145 Abs. 3 die Streichung der Satzungsbestimmung erfolgen. Im übrigen bleibt die historische Tatsache aus dem ursprünglichen Gesellschaftsvertrag ersichtlich.

b) Gründungsaufwand. Hier gilt das Gleiche. Ist der Gründungsaufwand bestritten, der Gründerlohn bezahlt und sind die Ansprüche der AG. gemäß § 44 verjährt, so werden Belange Dritter oder der AG. durch eine Streichung der Festsetzung des Gründungsaufwands in der Satzung nicht verletzt.

c) Für Sacheinlagen liegt es anders.

Die Bestimmungen hierüber sind „integrierende“ Bestandteile der Satzung (Brodmann § 186 Anm. 4a). Sie bilden die Rechtsgrundlage für die Aktien, gegen deren Gewährung die Sacheinlagen eingebracht wurden. Sie könnten als gegenstandslos erst gestrichen werden, wenn diese Aktien eingezogen sind oder die Sacheinlage nicht mehr vorhanden, z. B. die eingebrachten Patente abgelaufen, die eingebrachten Maschinen verbraucht sind.

Entsprechend der bisherigen Rechtsprechung wird es im übrigen genügen, wenn bei einer Umgestaltung der Satzung — unter Fortlassung der Einzelheiten — ein Hinweis auf die bei der Gründung gemachten Sacheinlagen bestehen bleibt (JFG. Bd. 2 S. 261).

d) Auch Sachübernahmen sind gegenüber der Gesellschaft unwirksam, wenn nicht ihr Gegenstand, der Vertragsgegner und die für sie zu gewährende Vergütung in der Satzung festgesetzt sind (HGB. § 186; AGesetz § 20). Hier handelt es sich aber — diesen Unterschied entwickelt Brodmann a. a. O. — nicht um einen integrierenden Bestandteil der Satzung, also der Verfassung der AG., sondern um einen „im Gesellschaftsvertrag zwar zu beurkundenden, aber nur tatsächlich mit ihm zusammenhängenden Kauf-, Werk- oder ähnlichen Vertrag". Der Vertragsgegner der AG. ist hier nicht notwendig Aktionär und, wenn er es ist, auch als solcher ein „Dritter". Wenn der Vertrag beiderseits erfüllt ist und die Geltendmachung irgendwelcher Rechte aus dem Vertrag oder seiner etwaigen Anfechtbarkeit oder Nichtigkeit nicht mehr in Frage kommt (Ablauf der dreißigjährigen Verjährung), sind die Satzungsbestimmungen, die die Sachübernahme betreffen, gegenstandslos. Sie können gestrichen werden, ohne daß Belange der AG. oder Dritter verletzt würden.

Nicht aufrechtzuerhalten sind endlich alle sonstigen zeitlich überholten Bestimmungen, z. B. über die Dauer des ersten Geschäftsjahres (vom Tage der Eintragung der AG. im Handelsregister bis zu dem diesem Tage folgenden Schluß des Kalenderjahrs), über die Bestellung des ersten Vorstands, die Dauer der Amtszeit des ersten Aufsichtsrats, über Bauzinsen, über die Einforderung von Einzahlungen auf die Aktien, nachdem alle Aktien volleingezahlt sind, u. dgl. m. Sie können gestrichen werden.

Zeitpunkt der Umgestaltung

Als Zeitpunkt für die Vornahme der Satzungsänderungen wird am zweckmäßigsten die Hauptversammlung gewählt werden, die über die Entlastung des Aufsichtsrats für das am 1. 10. 1937, dem Zeitpunkt des Inkrafttretens des Aktiengesetzes, laufende Geschäftsjahr abgehalten wird, also regelmäßig die erste nach Inkrafttreten des Gesetzes stattfindende ordentliche Hauptversammlung. Mit der Beendigung dieser Versammlung treten gemäß § 8 EG. die Bestimmungen der Satzungen über die Zusammensetzung, Wahl und Abberufung des Aufsichtsrats und die Entsendung von Aufsichtsratsmitgliedern außer Kraft. Hierdurch wird meist eine Beschlußfassung über neue derartige Satzungsbestimmungen erforderlich oder wünschenswert werden. Mit ihr kann zweckmäßig — auch aus Kostenersparnisgründen — die Umgestaltung der gesamten Satzung auf Grund des Aktiengesetzes verbunden werden. Es ist anzunehmen, daß bis dahin auch die im EG. noch vorbehaltenen Durchführungsverordnungen erlassen sind. Die 1. DV. enthält bereits die Bestimmungen über den Umtausch von Aktien mit einem Nennbetrag unter 1000 RM.

Schwierigkeiten können aus diesem Aufschub regelmäßig nicht entstehen. Wie eingangs ausgeführt, treten die Satzungsbestimmungen, soweit ihnen zwingende Vorschriften des Aktiengesetzes entgegenstehen, mit dem 1. 10. 1937 außer Kraft. In der ordentlichen Hauptversammlung, die nach Inkrafttreten des Gesetzes abgehalten wird, ist also bereits nach diesen zwingenden Gesetzesbestimmungen zu verfahren, auch ohne daß die Satzung mit ihnen in Einklang gebracht ist. Es hat demgemäß z. B. schon vor dieser ersten ordentlichen Hauptversammlung der Vorstand mit dem Aufsichtsrat den Jahresabschluß festzustellen. Die Hauptversammlung hat, wenn nicht ein Fall des § 125 Abs. 3 oder 4 vorliegt, nur den Gewinnverteilungsbeschluß zu fassen, den Jahresabschluß aber in der vom Vorstand festgestellten und vom Aufsichtsrat gebilligten Form hinzunehmen (§ 126 Abs. 3).

Es hätte nach den Bestimmungen des Aktiengesetzes in besonderen Fällen geboten sein können, unverzüglich nach seinem Inkrafttreten eine außerordentliche Hauptversammlung die Umgestaltung der Satzung beschließen zu lassen. Sind z. B. Aktien vorhanden, die nicht voll eingezahlt sind, so würden sie gemäß § 10 EG. in Verbindung mit § 114 Abs. 2 AGes. nicht stimmberechtigt sein, solange nicht die Satzung ihr Stimmrecht eingeführt hat (die Satzung kann vorsehen, daß das Stimmrecht beginnt, wenn auf die Aktie die gesetzliche Mindesteinlage geleistet ist). Sollten also diese nicht volleingezahlten Aktien in der ersten ordentlichen Hauptversammlung nach Inkrafttreten des Aktiengesetzes mitstimmen, so wäre vorher die Beschlußfassung über ihr Stimmrecht und die Eintragung dieser Satzungsbestimmung ins Handelsregister erforderlich. Hierzu bestimmt § 21 der 1. DV., daß der Stimmrechtsverlust für nicht volleingezahlte Aktien in Hauptversammlungen, die vor dem 1. Juli 1939 abgehalten werden, nicht eintritt und sich das Stimmenverhältnis dieser Aktien insoweit nach den bisherigen Vorschriften richtet. Diese Bestimmung trägt Vorsorge, daß auch die nicht volleingezahlten Aktien — ohne vorhergehende Satzungsänderung, die die Anwendung des § 114 Abs. 2 Satz 1 auf sie ausschließt, — bei der Umgestaltung der Satzung mitstimmen können, wenn diese, wie hier empfohlen, in der ersten ordentlichen Hauptversammlung nach Inkrafttreten des Gesetzes oder spätestens bis zum 30. Juni 1939 beschlossen wird. Ebensowenig bedarf es einer vorhergehenden Satzungsänderung, wenn man schon für die ordentliche Hauptversammlung, die über Gewinnverteilung und Entlastung der Verwaltung für das bei Inkrafttreten des Gesetzes laufende Geschäftsjahr beschließt, die längeren Fristen der §§ 104 und 126 (sieben Monate statt fünf) in Anspruch nehmen will. Hierfür sieht bereits § 22 der 1. DV. die Erstreckung der Frist von fünf auf sieben Monate vor. Die Vorschrift betrifft die Entlastung nach den Geschäftsjahren, die vor dem 1. 1. 1939 endigen, desgleichen die Festsetzung des Jahresabschlusses und den Beschluß über die Gewinnverteilung für diese Geschäftsjahre (vgl. Anm. „Ordentliche Hauptversammlung").

Es entsteht die Frage, ob schon vor Inkrafttreten des Aktiengesetzes (1. 10. 1937) die durch das neue Gesetz erforderliche Umgestaltung der Satzungen vorgenommen werden kann. Dies wird nur in den Fällen möglich sein, in denen die noch ausstehenden Durchführungsverordnungen nicht abgewartet zu werden brauchen und in denen die gegenwärtige Satzung keine Bestimmung enthält, die dem Aktiengesetz widerspricht. Da regelmäßig die Satzungen ausdrücklich vorsehen, daß die Hauptversammlung den Jahresabschluß festzustellen hat, unter der Geltung des alten Aktienrechts an dieser zwingenden Vorschrift aber nichts geändert werden kann, wird sich regelmäßig eine Beschlußfassung über die Satzungsänderungen, die durch das Aktiengesetz notwendig werden, vor dessen Inkrafttreten verbieten.

In seiner Entscheidung vom 6. 3. 1930 (JW. 1930, 2712) hatte das Kammergericht die verdeutschte Bezeichnung „Hauptversammlung" statt Generalversammlung in einer Satzung für unzulässig erklärt. Es ist zwar nicht anzunehmen, daß das Kammergericht diese Entscheidung gegenüber einer Satzungsänderung aufrecht erhalten würde, die im Hinblick auf das neue Aktiengesetz schon vor dessen Inkrafttreten an die Stelle der Bezeichnungen des HGB. die neuen Begriffe setzen würde. Aber ausgeschlossen erscheint es, daß Satzungsbestimmungen, die sachlich dem geltenden Recht widersprechen, noch unter dessen Herrschaft ins Handelsregister eingetragen werden, weil sie schon dem künftigen Aktiengesetz entnommen sind. Hier wird der Registerrichter die Eintragung bis zum Inkrafttreten des Aktiengesetzes aussetzen und nicht etwa die Anmeldung zurückweisen, weil der Beschluß der Satzungsänderung dem geltenden Recht widerspricht. Zweckmäßig wird es sein, daß in solchen Fällen der Beschluß mit Wirkung vom Inkrafttreten des Aktiengesetzes gefaßt und erst am 1. 10. 1937 angemeldet wird.

Wie ist zu verfahren, wenn die Bestimmungen der Satzung über die Rechnungslegung (Jahresabschluß, Gewinnverteilung und Geschäftsbericht) gleichzeitig mit den übrigen Bestimmungen dem neuen Gesetz bei dessen Inkrafttreten angepaßt werden sollen? Die §§ 125—144 AG.es gelten erstmals für das am 1. 10. 1937 laufende Geschäftsjahr (§ 11 EG.). Sie sind also, wenn das Geschäftsjahr dem

Kalenderjahr entspricht, erstmals für das Geschäftsjahr 1937 und, wenn das Geschäftsjahr vom 1. 10. bis 30. 9. läuft, erst für das am 30. 9. 1938 ablaufende Geschäftsjahr anwendbar. Es ist hiernach möglich, in vielen Fällen sogar unerläßlich, daß nach dem 1. 10. 1937 noch eine Hauptversammlung — entgegen der Vorschrift des § 126 Abs. 3 — den Jahresabschluß festzustellen hat, sei es, daß am 1. 10. 1937 die Frist zur Abhaltung der Generalversammlung, die über den Jahresabschluß des vorher abgelaufenen Geschäftsjahrs zu beschließen hatte, versäumt oder noch nicht verstrichen war. Aus diesem Grunde wird man in solchen Fällen die Geltung neuer Satzungsvorschriften über die Rechnungslegung durch ausdrückliche Beschlußfassung erstmals für das nach § 11 EG. in Betracht kommende, also für das am 1. 10. 1937 laufende Geschäftsjahr bestimmen und für die vorhergehenden Geschäftsjahre, weil für sie der Jahresabschluß bei Umgestaltung der Satzung noch nicht festgestellt ist, die alten Satzungsvorschriften in Kraft lassen. In allen Fällen dagegen, in denen bei Abhaltung der die Umgestaltung der Satzung beschließenden Hauptversammlung der Jahresabschluß für das letzte vor dem 1. 10. 1937 abgelaufene Geschäftsjahr bereits festgestellt ist oder festgestellt wird, steht nichts entgegen, die Satzungsbestimmungen über die Rechnungslegung sofort den §§ 125—144 des Aktiengesetzes anzupassen.

Auch diese Erörterung zeigt wiederum, daß es zweckmäßig ist, mit der Umgestaltung der Satzung bis zu der ersten ordentlichen Hauptversammlung zu warten, die nach Inkrafttreten des Aktiengesetzes stattfindet.

Die Erfordernisse der Umgestaltung der Satzung

Jede Änderung der Satzung erfordert einen Beschluß der Hauptversammlung (§ 145; über die hierfür vorgeschriebenen Mehrheiten vgl. Anm. „Beschlußfassung in der Hauptversammlung"). Die Satzung kann vorschreiben, daß die Befugnis zu Änderungen, die nur die Fassung betreffen, dem Aufsichtsrat übertragen ist.

Enthält die Satzung eine derartige Bestimmung, so gewinnt gerade für die jetzt erforderliche Umgestaltung der Satzung die Unterscheidung zwischen sachlichen und nur die Fassung betreffenden Änderungen Bedeutung. Zu der letzteren Art gehören zweifellos die Satzungsänderungen, die die alten Bezeichnungen des HGB. durch die neuen vom AGesetz eingeführten Begriffe ersetzen: „Hauptversammlung" statt Generalversammlung, „Vorsitzer" statt Vorsitzender, „Abwickler" statt Liquidator, „Rücklage" statt Reservefonds, „Abschlußprüfer" statt Bilanzprüfer usw. Nur formaler Natur sind regelmäßig auch die Änderungen, durch die die mit Inkrafttreten des Aktiengesetzes ungültig werdenden Bestimmungen gestrichen werden, z. B. die Streichung der Vorschrift, daß „alljährlich der Jahresabschluß von der Generalversammlung genehmigt wird" (§ 125) oder daß „der Vorstand an die Weisungen des Aufsichtsrats gebunden ist" (§ 95 Abs. 5) oder daß der Vorstand zu bestimmten Arten von Rechtsgeschäften der Zustimmung der Generalversammlung bedarf (§ 103 Abs. 2). Nicht aber wird der Aufsichtsrat an Stelle der gestrichenen Bestimmungen die Gesetzesvorschriften, die die Satzung außer Kraft setzen, in die Satzung aufnehmen können, also beschließen können, daß „alljährlich der Vorstand den Jahresabschluß feststellt und die Hauptversammlung nur, wenn der Aufsichtsrat den Abschluß nicht billigt oder Vorstand und Aufsichtsrat sich hierfür entscheiden, über den Jahresabschluß Beschluß faßt". Derartige Beschlüsse setzen den eigenen Willensentscheid des Aufsichtsrats voraus, ob eine gesetzliche Vorschrift in der Satzung ausdrücklich Aufnahme finden soll; diese Frage betrifft aber nicht mehr die bloße Fassung, sondern den Inhalt der Satzung. Es kommt hinzu, daß es sehr häufig zweifelhaft sein kann, was an Stelle der ungültig gewordenen und daraufhin gestrichenen Satzungsbestimmungen treten soll. Die Satzung sah z. B. die bestimmte Zahl 25 für die Aufsichtsratsmitglieder vor; § 86 bestimmt als Regelzahl drei, als Höchstzahl zwanzig. Soll der Aufsichtsrat hier die Satzung dahin ändern können, daß der Aufsichtsrat aus drei Mitgliedern besteht?

Die Bestimmung, daß der Aufsichtsrat die nur die Fassung betreffenden Änderungen der Satzung zu beschließen befugt ist, ist eng auszulegen. Um sicher zu gehen, daß die Umgestaltung der Satzung nach dem neuen Gesetz in rechtsgültiger Form vorgenommen wird, empfiehlt es sich, ohne Unterschied die Beschlußfassung durch die Hauptversammlung zu wählen.

Eine Sonderbestimmung bringt § 5 der 1. DV. für den **Umtausch von Kleinaktien**, der in Art. I der 1. DV. vorgeschrieben ist. Die durch diesen Umtausch erforderliche Änderung der Satzungsbestimmungen über die Nennbeträge der einzelnen Aktien kann der Aufsichtsrat beschließen, auch wenn die Satzung oder ein Hauptversammlungsbeschluß ihn nicht zu dieser nur die Fassung betreffenden Änderung ermächtigt.

Art der Ankündigung der Umgestaltung der Satzung

Nach § 145 Abs. 2 muß eine beabsichtigte Satzungsänderung ihrem wesentlichen Inhalt nach ausdrücklich und fristgemäß angekündigt werden. Die Ankündigung muß in der für die Bekanntmachungen der AG. vorgeschriebenen Form mindestens 2 Wochen vor dem Tage der Versammlung, die über die Satzungsänderung Beschluß fassen soll, erfolgen (§ 108 Abs. 2). Da es sich um Beschlüsse handelt, für die nach dem Gesetz einfache Stimmenmehrheit nicht ausreicht (§ 146 erfordert regelmäßig die ¾ Kapitalmehrheit), genügt die Innehaltung der einwöchentlichen Frist für Ankündigungen der Tagesordnung nicht.

Was die Art der Ankündigung anlangt, so entspricht § 145 Abs. 2 der bisherigen Vorschrift des § 274 Abs. 2 HGB. Man wird daher auch für die Auslegung der neuen Bestimmung die zu § 274 Abs. 2 ergangene Rechtsprechung heranziehen können. Diese erfordert, daß die in Aussicht genommenen Änderungen im wesentlichen aus der Ankündigung hervorgehen sollen. Dazu genügt nicht eine Angabe der abzuändernden Paragraphen, auch nicht eine kurze Umschreibung des bisherigen Inhalts der Bestimmungen; vielmehr ist die beabsichtigte Änderung ihrem wesentlichen Inhalt nach anzugeben. Hiernach reicht die Ankündigung: „Umgestaltung der Satzung nach dem neuen Aktiengesetz" nicht aus; sie würde nicht ergeben, in welcher Weise das neue Aktiengesetz in die Satzung Aufnahme finden soll; denn das Gesetz läßt in seinen einzelnen Bestimmungen vielfach verschiedene Möglichkeiten zu. Die Frist zur Abhaltung der ordentlichen Hauptversammlung ist z. B. grundsätzlich auf 5 Monate bestimmt, kann aber durch die Satzung bis auf 7 Monate erstreckt werden (§ 125 Abs. 5). Wenn die bisherige Satzung 6 Monate vorsieht, so würde die Ankündigung „Umgestaltung der Satzung nach dem neuen Aktiengesetz" über das Wie der beabsichtigten Änderung nichts sagen, da sie offen läßt, ob die Frist 5 Monate oder einen zwischen 5 und 7 Monaten liegenden Zeitpunkt ausmachen soll.

Es ist also erforderlich, daß für jede neue Bestimmung in der Ankündigung kurz angegeben wird, worin die Änderung gegenüber den alten Satzungsvorschriften liegt. Für das obige Beispiel müßte die Ankündigung lauten: „§ 29. Festsetzung der Frist zur Abhaltung der ordentlichen Hauptversammlung auf 7 Monate" oder „Verlängerung der Frist in § 29 auf 7 Monate".

Empfehlen wird es sich aber, allgemein die beabsichtigten Satzungsänderungen als „Umgestaltung nach dem neuen Aktiengesetz" in der

Ankündigung zu kennzeichnen und dem die Bemerkungen über die Art der einzelnen Änderungen folgen zu lassen.

Gebühren für die Umgestaltung der Satzung

§ 35 der 1. DV. sieht eine Ermäßigung der Gerichts- und Notargebühren auf die Hälfte für Beurkundungen, Beglaubigungen und Eintragungen in das Handelsregister vor, wenn der gebührenpflichtige Vorgang eine Satzungsänderung betrifft, die die Anpassung an die Bestimmungen des Aktiengesetzes bezweckt. Die Ermäßigung wird nur gewährt, wenn die Beschlußfassung vor dem 1. Juli 1939 erfolgt. Keinen Unterschied macht es, ob der Beschluß von der Hauptversammlung oder in Fällen, in denen nur die Fassung geändert wird, von dem Aufsichtsrat gefaßt wird (vgl. „Satzungsänderungen").

Beschränkt sich die Beschlußfassung nicht auf die Anpassung der Satzung an die Bestimmungen des Aktiengesetzes, sondern wird zugleich ein anderer Beschluß beurkundet, angemeldet oder eingetragen, so ist eine besondere Regelung für den Fall getroffen, daß für die Beschlußfassungen eine einheitliche Gebühr zu erheben ist. Dieser Fall ist stets gegeben, wenn die Beschlußfassungen in einer Hauptversammlung erfolgen (RKO. § 41 Abs. 3). Dann ist die Gesamtgebühr und gesondert hiervon die Gebühr für die neben der Anpassung der Satzung gefaßten Beschlüsse zu berechnen. Die letztere wird voll erhoben; der Unterschiedsbetrag zwischen dieser Gebühr und der Gesamtgebühr wird dagegen auf die Hälfte herabgesetzt (§ 35 Abs. 2).

Die Regelung ist einfach, wenn neben der Anpassung der Satzungsbestimmungen an die Vorschriften des Aktiengesetzes andere Beschlüsse gefaßt werden, die die Satzung nicht betreffen, z. B. Beschlüsse über die Verteilung des Gewinns, die Entlastung der Verwaltung, die Neuwahl des Aufsichtsrats (EG. § 8), die Wahl der Abschlußprüfer. Der Geschäftswert für den Gewinnverteilungsbeschluß ist durch die Höhe des Reingewinns bestimmt, über dessen Verwendung die Hauptversammlung beschließt, sei es, daß sie ihn zur Bildung von Rücklagen oder Vornahme weiterer Abschreibungen verwendet, ihn als Gewinnbeteiligung der Aktionäre und des Aufsichtsrats oder zu sozialen Zuwendungen verwendet oder auf neue Rechnung vorträgt (§ 126; vgl. Anm. 31). Der Gegenstand der übrigen Beschlüsse hat keinen bestimmten Geldwert, desgleichen der Beschluß über die Satzungsänderungen. Der Regelwert beträgt nach RKO. § 41 Abs. 2 RM. 20000. Er kann ausnahmsweise höher oder niedriger, jedoch nicht über eine Million RM. und nicht unter 1000 RM. geschätzt werden (RKO. § 41 Abs. 2). Bei Bemessung des Wertes der Beschlüsse ist die Bedeutung der Gesellschaft, insbesondere die Höhe ihres Grundkapitals, aber auch die Wichtigkeit der Beschlüsse zu berücksichtigen (Korintenberg-Wenz Kostenordn. § 41 Anm. 3). Beschränkt sich die Satzungsänderung lediglich auf die Fassung der Satzung, so wird man eine besondere Wichtigkeit der Beschlüsse, die allein eine höhere Einschätzung rechtfertigt, nicht annehmen können. Es kommt in solchen Fällen allein auf die Bedeutung der Gesellschaft an.

§ 41 RKO. Abs. 2 Satz 2 schreibt vor, daß mehrere Beschlüsse, deren Gegenstand einen bestimmten Geldwert nicht hat, für die Gebührenberechnung als eine Einheit angesehen werden, wenn sie in derselben Verhandlung beurkundet werden. § 35 der 1. DV. zum AGesetz bedeutet eine Durchbrechung dieses Grundsatzes. Für die Berechnung des Unterschiedsbetrages zwischen der Gesamtgebühr und der Teilgebühr, welche für die nicht die Anpassung der Satzung betreffenden Beschlüsse erhoben wird, müssen die Werte der Gegenstände, die unbestimmt sind, entgegen der Vorschrift des § 41 RKO. Abs. 2 Satz 2 gesondert berechnet werden. Ein Beispiel, für das eine Gesellschaft mit einem Grundkapital von RM. 1000000.— und die Ausschüttung einer Dividende von 6% angenommen werden, mag dies erläutern:

Gewinnverteilungsbeschluß (bestimmter Geschäftswert):
RM. 60000.—

Entlastung der Verwaltung Aufsichtsratswahlen Wahl des Abschlußprüfers Satzungsänderungen	(unbestimmter Geschäftswert): RM. 100000.—

insges.: RM. 160000.—

Gesamtgebühr (RKO. § 41 Abs. 3 und Abs. 1 in Verb. mit § 26) RM. 464.

Um die Berechnung nach § 35 der 1. DV. vornehmen zu können, ist für die Satzungsänderungen, die nur der Anpassung an das Aktiengesetz dienen, ein besonderer Geschäftswert anzunehmen, er wird hier in Anbetracht der Höhe des Grundkapitals und des Reingewinns und mit Rücksicht auf die Wichtigkeit der Beschlüsse auf RM. 70000.— geschätzt, während für die übrigen Beschlüsse ein Geschäftswert von RM. 30000 angesetzt wird. Hiernach beträgt die Teilgebühr des § 35 der 1. DV. Abs. 2 nach einem Wert von RM. 60000 + RM. 30000

= RM. 90000: RM. 296. Diese Teilgebühr wird voll erhoben. Der Unterschiedsbetrag zwischen RM. 464 und RM. 296 = RM. 168 wird gemäß § 35 Abs. 2 der 1. DV. nur zur Hälfte mit RM. 84 erhoben. Die Gebühr des Notars für die Beurkundung der Beschlüsse beträgt hiernach RM. 380.

Jedoch kann der Notar neben der Gebühr für die Beurkundung der Beschlüsse noch eine besondere Gebühr erheben, wenn ihm auch der Entwurf der Beschlüsse übertragen wird. Die Rechtsbelehrung, die der Notar den Verwaltungsträgern der Gesellschaft für die Fassung der Beschlüsse der Hauptversammlung, insbesondere für eine Neufassung der Satzung gibt, ist ein von der Beurkundung der Verhandlungsniederschrift der Hauptversammlung „ganz unabhängiges Notariatsgeschäft, das besonders und ohne Rücksicht auf das Protokoll vergütet werden muß" (KGJ. 43, 364; OLG. Danzig in JW. 1926, 1576). Der Notar erhält hier die Hälfte der vollen Gebühr gemäß § 151 in Verb. mit § 145 RKO. Ist dem Notar nach dem obigen Beispiel nur der Entwurf der Satzungsänderungen, für die ein Geschäftswert von 70000 RM. angenommen wurde, übertragen worden, so würde er eine zusätzliche Gebühr von 62 RM. ($^1/_2$ der vollen Gebühr von 124 RM.) neben der Gebühr für die Beurkundung der Hauptversammlungsbeschlüsse erheben können. Eine Ermäßigung dieser Gebühr schreibt § 95 der 1. DV. nicht vor.

Außerdem ist gemäß § 35 Abs. 3 der 1. DV. die Wegegebühr des § 52 RKO. in Ansatz zu bringen, wenn die Hauptversammlung nicht in der Kanzlei des Notars abgehalten wird. Diese Zusatzgebühr beträgt die Hälfte der vollen Gebühr, die für das Geschäft zu erheben ist; sie darf jedoch die nach § 35 der 1. DV. berechnete Gebühr nicht übersteigen und macht höchstens 50 RM. aus.

Die Höchstgebühr des Notars für die Beurkundung der Beschlüsse der Hauptversammlung beträgt 5000 RM. (RKO. § 41 Abs. 4).

Die Mindestgebühren des Notars für die Beurkundung (RKO. § 26 Abs. 3: 2 RM.) und des Gerichts für die Eintragung (RKO. § 72: 20 RM.) bleiben nach § 35 Abs. 4 der 1. DV. unberührt. Unter diese Mindestsätze kann auch die in § 35 vorgesehene Ermäßigung die Gebühren nicht bringen.

Finden sich unter den Beschlüssen Satzungsänderungen verschiedener Art, so wird es für die Gebührenberechnung auf die klare Feststellung ankommen, welche Änderungen der Satzung nur ihrer Anpassung an die Vorschriften des Aktiengesetzes dienen. Die Entscheidung ist zweifelsfrei für alle Beschlußfassungen, die nur die durch das Aktiengesetz erforderten Änderungen der Fassung der Satzung betreffen (vgl. oben S. 14): also die Einführung der neuen Begriffsbezeichnungen in die Satzung sowie die Streichung der durch das Aktiengesetz außer Kraft gesetzten Satzungsbestimmungen. Nur der Anpassung der Satzung an das Aktiengesetz dienen ferner die Änderungen, durch die an Stelle ungültig gewordener Satzungsbestimmungen neue mit dem Gesetz in Einklang stehende Vorschriften gesetzt werden: vgl. z. B. in den folgenden Mustersatzungen Muster A und B §§ 21, 28, 29. Dazu gehören auch die Satzungsbestimmungen über die Zusammensetzung, Wahl und Abberufung des Aufsichtsrats, die gemäß EG. § 8 außer Kraft treten und neu beschlossen werden müssen. Das gleiche gilt von solchen Satzungsänderungen, durch die der bisherige gesetzliche Rechtszustand, der durch Vorschriften des AGesetzes eine Umgestaltung erfahren hat, durch Satzungsbestimmungen wieder hergestellt werden soll. Wenn z. B. ein Vorsitzer des Vorstands, dem nach einer Geschäftsordnung des Aufsichtsrats nur die Stellung eines primus inter pares, nicht aber die alleinige Entscheidungsbefugnis bei Meinungsverschiedenheiten im Vorstand zusteht, gemäß EG. § 7 nach Inkrafttreten des Aktiengesetzes neu ernannt wird, so muß nach § 70 Abs. 2 — zur Aufrechterhaltung der bisherigen Regelung — eine Satzungsbestimmung neu eingeführt werden, die die alleinige Entscheidungsbefugnis des Vorsitzers ausschließt. Oder die Gesellschaft will gegenüber der neuen Vorschrift des § 114 Abs. 2, nach der das Stimmrecht der Aktien erst nach der vollständigen Leistung der Einlage beginnt, den alten Rechtszustand aufrechterhalten und hierzu von der in § 114 Abs. 2 zugelassenen Regelung durch Einführung von Satzungsbestimmungen Gebrauch machen.

In diesen Fällen werden zwar nicht bestehende Satzungsbestimmungen den Vorschriften des Aktiengesetzes angepaßt; die neu eingeführten Satzungsbestimmungen entsprechen auch nicht dem Regelfall, den das Aktiengesetz vorsieht, sondern einer im Aktiengesetz zugelassenen Ausnahmeregelung; trotzdem wird man auch hier von einer „Anpassung an die Bestimmungen des Aktiengesetzes" sprechen müssen: § 35 der 1. DV. setzt nicht voraus, daß bestehende Satzungsbestimmungen, sondern daß die Verfassung der Gesellschaft, mag sie auf dem bisherigen Gesetz oder der Satzung oder innerer selbständiger Ordnung des Aufsichtsrats oder Vorstands beruhen, den neuen Gesetzesvorschriften angeglichen werden.

Endlich werden hierher auch solche Änderungen zu zählen sein, die zwar nicht zwingend durch das neue Gesetz geboten sind, mit denen aber von einer bisher nicht geltenden Ermächtigung des Aktiengesetzes Gebrauch gemacht wird: z. B. die Erstreckung der gemäß HGB. § 260 in der Satzung vorgesehenen Sechsmonatsfrist für die Abhaltung der ordentlichen Generalversammlung auf sieben Monate gemäß §§ 125—127 AGesetzes (vgl. auch § 22 der 1. DV.).

Dagegen dienen nicht der „Anpassung" der alten Verfassung der Gesellschaft an das neue Recht solche Satzungsänderungen, die bereits unter der Geltung des bisherigen Rechts zugelassen waren und jetzt nur deshalb vorgenommen werden, weil ohnehin eine Umgestaltung der Satzung erfolgt. Die Einführung einer Mindestzahl von 5 und einer Höchstzahl von 15 Aufsichtsratsmitgliedern in einer Gesellschaft, die 20000000 RM. Grundkapital hat (§ 86), die Erschwerung von Beschlußfassungen durch Einführung größerer Mehrheiten (§§ 146; 149; vgl. Anm. 16), die Beschränkung des Stimmrechts durch Festsetzung eines Höchstbetrages des Aktienbesitzes (HGB. § 252; AGesetz § 114 Abs. 1 Satz 3) würde nicht der „Anpassung" der bisherigen Verfassung an das neue Recht dienen, sondern eine Neuregelung der Verfassung, unabhängig von dem Inkrafttreten des Aktiengesetzes, bedeuten. Nicht mehr „Anpassung", sondern Neuaufbau ist es auch, wenn die Gesellschaft neu die „Entsendung" von Mitgliedern in den Aufsichtsrat (§ 88) vorsieht oder Vorzugsaktien ohne Stimmrecht (§ 115) einführt oder ein „genehmigtes Kapital" (§ 169), oder eine „bedingte Kapitalerhöhung" (§§ 159, 162) beschließt. Daß die Gebührenermäßigungen auch für solche Satzungsänderungen gelten sollen, ist nicht ersichtlich. Der Zweck der Vorschrift ist nur der, die Angleichung der alten Verfassung der Gesellschaften an den neuen Rechtszustand zu erleichtern, nicht aber geht er auch dahin, einen Ansporn für die Einführung und Verwendung neuer Rechtseinrichtungen des Aktiengesetzes zu geben.

Bei dieser Abgrenzung muß aber eines im Auge behalten werden: unter § 35 der 1. DV. fallen alle Satzungsänderungen, die dem Geist des neuen Gesetzeswerkes in die Verfassung der Gesellschaften Eingang verschaffen. Neue Bestimmungen, die z. B. der Stärkung der verantwortlichen Stellung des Vorstands dienen, die die Zuständigkeit von Aufsichtsrat und Hauptversammlung in der von dem Aktiengesetz gewünschten Richtung schärfer abgrenzen (vgl. Anm. 77, 46 u. 9), genießen bei ihrer Einführung die Gebührenermäßigung des § 35 der 1. DV.

Satzung

Muster A.* | **Muster B.**

Firma, Sitz, Dauer, Gegenstand:

§ 1.

Die Aktiengesellschaft führt die Firma[32]:

Regius-Maschinenfabrik Aktiengesellschaft[32]

und hat ihren Sitz[65] in Berlin.

Die Dauer[24] der Gesellschaft ist unbeschränkt.

§ 2.

Gegenstand des Unternehmens[34 u. 73] ist die Herstellung und der Vertrieb der von dem Ingenieur Regius erfundenen Kabelmaschinen und Maschinen sonstiger Art, die auf Regius-Patenten beruhen.

Die Gesellschaft ist berechtigt, sich an anderen Unternehmungen, die gleiche oder ähnliche Zwecke verfolgen, in jeder zulässigen Form zu beteiligen oder solche zu erwerben sowie mit solchen Unternehmungen Interessengemeinschaftsverträge abzuschließen[48]. Die Gesellschaft ist auch berechtigt, Zweigniederlassungen im In- und Ausland zu errichten.

Grundkapital.

§ 3.

Muster A	Muster B
Das Grundkapital[44] der Gesellschaft beträgt RM. 21000000.—	Das Grundkapital[44] der Gesellschaft beträgt RM. 25000000.—

---

*) Die im Text des Musters gesperrt gedruckten Bestimmungen widersprechen Vorschriften des neuen AGesetzes und sind abzuändern. Das Muster B gibt hierfür Vorschläge. Die dem Text eingefügten Zahlen verweisen auf die den Mustern nachfolgenden Erläuterungen. Ein für die beiden Muster A und B getrennter Druck ist für Bestimmungen, die durch das AGesetz eine Änderung nicht erfahren, unterblieben; betreffen die erforderlichen Änderungen nur die Begriffsbezeichnungen oder den Hinweis auf die Gesetzesbestimmungen, so sind die neuen Benennungen und Gesetzesvorschriften in Klammern eingefügt.

Muster A.

und ist eingeteilt in:

10000 auf den Inhaber[47] lautende Stammaktien Gruppe A im Nennbetrag[58] von je RM. 1000
RM. 10000000.—

10000 auf den Inhaber lautende Stammaktien Gruppe A im Nennbetrag von je RM. 100[50]
RM. 1000000.—

300 auf den Inhaber lautende Stammaktien Gruppe A im Nennbetrag von je RM. 10000 RM. 3000000.—

5000 auf den Namen[47] lautende Stammaktien Gruppe B im Nennbetrag von je 1000 RM. RM. 5000000.—

2000 auf den Namen lautende Vorzugsaktien[78] Gruppe C im Nennbetrag von je RM. 1000
RM. 2000000.—

RM. 21000000.—

Bei Erhöhung des Grundkapitals darf die Gesellschaft Aktien für einen höheren Betrag als den Nennbetrag auf den Namen oder den Inhaber[6 u. 47] ausgeben. Den neuen Aktien darf auch ein Vorzugsrecht auf Gewinnanteil und auf vorzugsweise Befriedigung aus

Muster B.

und ist eingeteilt in:

10000 auf den Inhaber[47] lautende Stammaktien Gruppe A im Nennbetrag[58] von je RM. 1000
RM. 10000000.—

10000 auf den Inhaber lautende Stammaktien Gruppe A im Nennbetrag von je RM. 100[50]
RM. 1000000.—

300 auf den Inhaber lautende Stammaktien Gruppe A im Nennbetrag von je RM. 10000 RM. 3000000.—

5000 auf den Namen[47] lautende Stammaktien Gruppe B im Nennbetrag von je RM. 1000 RM. 5000000.—

2000 auf den Namen lautende Vorzugsaktien[78] Gruppe C im Nennbetrag von je RM. 1000
RM. 2000000.—

4000 auf den Inhaber lautende Vorzugsaktien Gruppe D ohne Stimmrecht[68] im Nennbetrag von je RM. 1000 RM. 4000000.—

RM. 25000000.—

Bei Erhöhung des Grundkapitals darf die Gesellschaft Aktien für einen höheren Betrag als den Nennbetrag auf den Namen oder den Inhaber[6 u. 47] ausgeben. Den neuen Aktien darf auch ein Vorzugsrecht auf Gewinnanteil und auf vorzugsweise Befriedigung aus

Muster A.	Muster B.
der Liquidationsmasse bei Auflösung der Gesellschaft[78] und ein erhöhtes Stimmrecht[56] beigelegt werden. Bei Neuausgabe von Aktien können diese an der Dividende des laufenden Jahres abweichend von § 214 Abs. 2 HGB. beteiligt werden[25].	der Abwicklungsmasse bei Auflösung[78] der Gesellschaft beigelegt werden. Bei Neuausgabe von Aktien können diese an der Dividende des laufenden Jahres abweichend von § 53 AGesetz beteiligt werden[25].

§ 4.

Die Aktien werden unter fortlaufenden Nummern ausgefertigt, mit Gewinnanteilscheinen[41] für mindestens 10 Jahre und einem Erneuerungsschein zum Bezuge neuer Gewinnanteilscheine versehen.

Die Form der Aktien, Interims-(Zwischen-), Gewinnanteil- und Erneuerungsscheine setzt der Vorstand im Einvernehmen mit dem Aufsichtsrat fest[41].

Die Gesellschaft ist berechtigt, aber nicht verpflichtet, die Legitimation des Inhabers oder Überbringers von Aktien, Interimsscheinen (Zwischenscheinen),[87] Gewinnanteilscheinen oder Erneuerungsscheinen zu prüfen.

§ 5.

Die Ausgabe der Aktienurkunden erfolgt erst nach Leistung des vollen Nennbetrages der Aktien oder des höheren Ausgabebetrages[87]. Das gilt nicht für die Namensaktien Gruppe B[47].

§ 6.

Aktien Gruppe B.

Die Einforderung der weiteren Einzahlungen[27] auf die Aktien Gruppe B erfolgt auf Grund eines Beschlusses des Aufsichtsrats; die Einzahlungen sind gleichmäßig von allen Aktionären der Gruppe B einzufordern.

Bei nicht rechtzeitiger Leistung der eingeforderten Einzahlungen sind 5% Verzugszinsen vom Fälligkeitstage ab und eine Vertragsstrafe von 10% des rückständigen Betrages zu entrichten[27]. Die Vertragsstrafe kann der Aufsichtsrat aus Billigkeitsgründen ermäßigen oder erlassen.

Muster A.

Solange die eingeforderte Einzahlung nicht geleistet ist, ruht das Stimmrecht und ist der Aktionär nicht berechtigt, an den Generalversammlungen teilzunehmen[27].

Muster B.

Der Vorstand ist mit Zustimmung des Aufsichtsrats befugt, gemäß HGB. § 219 (§ 58 AGesetz) die säumigen Aktionäre ihrer Aktien und geleisteten Einzahlungen zugunsten der Gesellschaft für verlustig zu erklären.

Gerät ein Aktionär der Gruppe B in Zahlungsschwierigkeiten oder verlegt er seinen Wohnsitz in das Ausland, so kann der Vorstand von dem Aktionär Sicherheitsleistung für die weiteren Einzahlungen verlangen[27]. Wird dem Verlangen innerhalb einer vom Vorstand gesetzten Frist nicht Folge geleistet, können die Aktien, für die die weiteren Einzahlungen nicht sichergestellt sind, eingezogen werden[86].

§ 7.

Übertragbarkeit der Aktien Gruppe B[33].

Muster A:

Die Namensaktien Gruppe B können unter Lebenden nur auf Mitglieder des Vereins Deutscher Ingenieure übertragen werden. Eine Übertragung an andere Personen bedarf der Zustimmung des Präsidenten der Industrie- und Handelskammer Berlin.

Muster B:

Die Übertragung der Namensaktien Gruppe B an Personen, die noch nicht Inhaber solcher Aktien sind, bedarf der Zustimmung der Gesellschaft. Die Zustimmung wird von dem Vorstand auf Grund eines Beschlusses des Aufsichtsrats erteilt.

Die Zustimmung kann nur aus wichtigen Gründen verweigert werden. Als solche gelten insbesondere ausländischer Wohnsitz und fremde Staatsangehörigkeit des Erwerbers.

Stirbt der Inhaber einer Namensaktie Gruppe B, so kann die Aktie eingezogen werden,[86] wenn innerhalb dreier Monate, nachdem der Erbfall der Gesellschaft angezeigt ist, der Aufsichtsrat die Einziehung in der Generalversammlung (Hauptversammlung) beantragt.

Muster A.

§ 8.

Vorzugsaktien[78] Gruppe C.

Die Vorzugsaktien Gruppe C erhalten aus dem zur Verteilung gelangenden Gewinn vorweg einen Gewinnanteil bis zu 4% ihres Nennbetrages, ferner nach Ausschüttung eines Gewinnanteils von 4% an alle Aktionäre aus einem etwaigen Überrest den anteilmäßig auf sie entfallenden Gewinnanteil.

Muster B.

§ 8.

Vorzugsaktien[78] Gruppe C.

Die Vorzugsaktien Gruppe C erhalten aus dem zur Verteilung gelangenden Gewinn vorweg zusammen mit den Vorzugsaktien Gruppe D einen Gewinnanteil bis zu 4% ihres Nennbetrages, ferner nach Ausschüttung eines Gewinnanteils von 4% an alle Aktionäre und nach Ausschüttung eines weiteren Gewinnanteils von 2% an die Vorzugsaktionäre Gruppe D aus einem etwaigen Überrest den anteilmäßig auf sie entfallenden Gewinnanteil. Etwa an die Vorzugsaktionäre Gruppe D nachzuzahlende Rückstände aus Vorjahren gehen dem Gewinnanspruch der Vorzugsaktionäre Gruppe C vor.

§ 9.

Vorzugsaktien Gruppe D ohne Stimmrecht[68].

Die Vorzugsaktien Gruppe D erhalten aus dem zur Verteilung gelangenden Gewinn vorweg zusammen mit den Vorzugsaktien Gruppe C einen Gewinnanteil von 4% ihres Nennbetrages, ferner nach Ausschüttung eines Gewinnanteils von 4% an alle Aktionäre aus einem etwaigen Überrest vorweg einen weiteren Gewinnanteil von 2%.

Gelangt in einem Jahr der Gewinnanteil von 6% an die Vor-

Muster A. | Muster B.

zugsaktien Gruppe D nicht zur Auszahlung, so ist der Fehlbetrag in den folgenden Jahren vorweg nachzuzahlen; dabei sind die für ein Geschäftsjahr zu gewährenden Vorzugsbeträge erst nach Begleichung sämtlicher Rückstände zu zahlen.

Im Falle der Auflösung erhalten die Vorzugsaktien Gruppe D aus dem Abwicklungserlös vorweg den vollen Nennbetrag und etwa rückständige Gewinnanteile.

Die Vorzugsaktien Gruppe D gewähren kein Stimmrecht, soweit nicht die Voraussetzungen des § 116 Abs. 2 des Aktiengesetzes gegeben sind.

§ 10.

Umwandlung von Aktien.

Auf Antrag des Aktionärs können 10 Aktien über je 100 RM. in eine Aktie von 1000 RM. und 10 Aktien über je 1000 RM. oder 100 Aktien über je 100 RM. in eine Aktie von 10000 RM. umgetauscht werden[58].

Die auf den Inhaber lautenden Aktien Gruppe A können auf Verlangen des Aktionärs in auf Namen lautende Aktien umgewandelt werden[47].

Die auf Namen lautenden Vorzugsaktien Gruppe C können jederzeit auf Verlangen des Aktionärs in auf Namen oder den Inhaber lautende Stammaktien umgewandelt werden[78].

§ 11.

Zwangseinziehung[86].

Soweit in dieser Satzung eine zwangsweise Einziehung von Aktien gestattet ist, darf sie nur gegen Vergütung des Nennbetrages der Aktien oder, falls die Einlage noch nicht voll geleistet ist, nur gegen Vergütung der geleisteten Einzahlung erfolgen.

Muster A. Muster B.

Die Einziehung hat zu Lasten des sich aus der Jahresbilanz ergebenden Reingewinns oder der Rücklage zur Ergänzung der Dividende (§ 44) zu erfolgen.

§ 12.

Kraftloserklärung von abhandengekommenen und vernichteten Aktien[51].

Muster A: Abhandengekommene und vernichtete Aktien können von der Gesellschaft in den Gesellschaftsblättern aufgerufen und, falls sich die Besitzer nicht melden, nach Ablauf einer Frist von mindestens drei Monaten seit dem Aufruf von der Gesellschaft für kraftlos erklärt werden.

Muster B: Eine Kraftloserklärung abhanden gekommener und vernichteter Aktien im Aufgebotsverfahren gemäß § 66 des Aktiengesetzes findet nicht statt.

§ 13.

Genehmigtes Kapital[35].

Muster B: Der Vorstand ist bis zum 31. Dezember 1941 ermächtigt, das Grundkapital um 3000000 RM. bis zu 28000000 RM. durch Ausgabe neuer Aktien gegen Einlagen zu erhöhen.

Die neuen Aktien sind nur mit Zustimmung des Aufsichtsrats auszugeben.

Über den Inhalt der Aktienrechte und die Bedingungen der Aktienausgabe entscheidet der Vorstand mit Zustimmung des Aufsichtsrats nach Maßgabe folgender Bestimmungen:

a) Die Aktien lauten auf den Inhaber. Ihr Nennbetrag ist

Muster A.	Muster B.
	1000 RM. Die Aktien können mit Vorzugsrechten bei der Verteilung des Gewinns und des Gesellschaftsvermögens ausgestattet werden; sie können jedoch nicht mit Rechten ausgegeben werden, die den Rechten aus den Vorzugsaktien ohne Stimmrecht Gruppe D vorgehen. b) Auf die Aktien sind mindestens 50% des Nennbetrages und das Aufgeld vor der Anmeldung der Durchführung der Kapitalerhöhung zur eintragung in das Handelsregister einzuzahlen. c) Das Bezugsrecht der Aktionäre ist ausgeschlossen. d) Die Aktien sind zum Nennbetrag mit einem Aufgeld von mindestens 10% auszugeben. Der Beschluß der Hauptversammlung über die Genehmigung weiteren Kapitals bedarf einer Mehrheit, die $^4/_5$ des bei der Beschlußfassung vertretenen Grundkapitals und die Hälfte des vorhandenen Grundkapitals umfaßt; die Beschlußfassung muß in gesonderter Abstimmung der einzelnen Aktiengattungen erfolgen.

§ 14.

Teilschuldverschreibungen.

Muster A.	Muster B.
Die Gesellschaft ist berechtigt, vorbehaltlich etwa erforderlicher staatlicher Genehmigung Teil-	Die Gesellschaft ist berechtigt, vorbehaltlich etwa erforderlicher staatlicher Genehmigung bis zur

Muster A.

schuldverschreibungen bis zur Höhe des jeweiligen Grundkapitals auszugeben.

Muster B.

Höhe des jeweiligen Grundkapitals Teilschuldverschreibungen auszugeben, soweit nicht gemäß § 174 AGesetz eine Beschlußfassung der Hauptversammlung vorgeschrieben ist [42 u. 80].

Die Höhe sowie die Bedingungen für Verzinsungen, Rückzahlungen, Begebung und Form der Anleihen unterliegen der Zustimmung des Aufsichtsrats.

§ 15.

Genußschein [36].

Die Gesellschaft ist berechtigt, Genußscheine auszugeben, die einen Anspruch auf einen Gewinnanteil und auf einen Anteil am Liquidationserlös gewähren.

Die Genußscheininhaber sind nicht berechtigt, an den Generalversammlungen teilzunehmen; sie haben kein Stimmrecht und können Beschlüsse der Generalversammlung nicht anfechten.

Für die Feststellung ihres Anspruchs auf Anteil am Reingewinn ist die von der Generalversammlung genehmigte [31] Jahresbilanz maßgebend.

In gemeinschaftlichen Angelegenheiten treten die Genußscheininhaber in einer Versammlung zusammen, in der durch Mehrheitsbeschluß mit einfacher Stimmenmehrheit entschieden wird.

Genußrechte [36].

Die Gewährung von Genußrechten ist nur auf Grund eines Beschlusses der Hauptversammlung zulässig. Der Beschluß bedarf einer Mehrheit, die mindestens die Hälfte des bei der Beschlußfassung vertretenen Grundkapitals umfaßt.

Muster A. Muster B.

Bekanntmachungen[14].

§ 16.

Muster A: Die durch Gesetz oder Gesellschaftssatzungen vorgeschriebenen Bekanntmachungen erfolgen, soweit nicht mehrmalige Veröffentlichungen vorgeschrieben sind, durch einmalige Einrückung in den „Deutschen Reichsanzeiger und Preußischen Staatsanzeiger".

Muster B: Die Bekanntmachungen der Gesellschaft erfolgen, soweit durch Gesetz oder Satzung nicht mehrmalige Veröffentlichungen vorgeschrieben sind, durch einmalige Einrückung in die Gesellschaftsblätter. Gesellschaftsblätter sind: der „Deutsche Reichsanzeiger" und die „Berliner Börsenzeitung". Die Bekanntmachungen sollen außerdem in dem „Völkischen Beobachter" und den „Leipziger Neuesten Nachrichten" erfolgen; die Wirksamkeit der Bekanntmachung hängt jedoch von diesen Veröffentlichungen nicht ab.

Bekanntmachungen des Vorstandes erfolgen in der für die Firmenzeichnung geltenden Form, Bekanntmachungen des Aufsichtsrats mit der Unterschrift des Vorsitzenden (Vorsitzers) oder seines Stellvertreters unter der Firma mit dem Zusatz „Der Aufsichtsrat".

Organe der Gesellschaft. (Muster A) **Verwaltungsträger der Gesellschaft.** (Muster B)

§ 17.

Muster A: Die Organe der Gesellschaft sind:

a) der Vorstand,
b) der Aufsichtsrat,
c) die Generalversammlung.

Muster B: Verwaltungsträger der Gesellschaft sind:

a) der Vorstand,
b) der Aufsichtsrat,
c) die Hauptversammlung.

a) Der Vorstand

§ 18.

Muster A: Der Vorstand besteht aus einer oder mehreren Personen[85] und wird vom Aufsichtsrat gewählt,

Muster B: Der Vorstand besteht aus einer oder mehreren Personen[85]. Er wird durch den Aufsichtsrat bestellt[17], der

Muster A.

der auch die Zahl der Mitglieder des Vorstandes festsetzt.

Die Bestellung der Mitglieder des Vorstandes erfolgt zu notariellem Protokoll[72b].

Amtsdauer, Besoldung oder sonstige Bedingungen der Anstellung vereinbart der Vorsitzende des Aufsichtsrats, im Behinderungsfalle sein Stellvertreter[7].

Die Bestellung und Anstellung von Mitgliedern des Vorstandes auf die Dauer von mehr als zehn Jahren[17] bedarf der Genehmigung der Generalversammlung. Der erste Vorstand kann von der ersten Generalversammlung[17] gewählt werden. Der Aufsichtsrat ist jederzeit zum Widerruf der Bestellung berechtigt[82]. Durch den Vorsitzenden des Aufsichtsrats können die Mitglieder des Vorstandes auch vorläufig ihres Amtes enthoben werden.

Muster B.

auch die Zahl der Mitglieder des Vorstandes festsetzt.

Der Aufsichtsrat schließt auch die Anstellungsverträge mit den Mitgliedern des Vorstandes ab[7].

Der Aufsichtsrat ist auch zum Widerruf der Bestellung berechtigt, wenn ein wichtiger Grund vorliegt[82]. Ein solcher ist die Entziehung des Vertrauens durch die Hauptversammlung.

Der Aufsichtsrat kann einem aus seiner Mitte bestellten Ausschuß[11] die Befugnis zur Bestellung und Abberufung des Vorstandes und zum Abschluß der Anstellungsverträge übertragen.

§ 19.

Vorstand kann nur eine männliche Person werden, die das Reichsbürgerrecht hat, im Deutschen Reich wohnt und das 25. Lebensjahr vollendet hat[85].

Jedes Vorstandsmitglied hat RM. 10 000 Aktien der Gesellschaft bei einer vom Aufsichtsrat zu bestimmenden Stelle als Sicherheit zu hinterlegen. Der Aufsichtsrat kann Befreiungen von dieser Bestimmung zulassen.

Die Mitglieder des Vorstandes dürfen weder dem Vorstand noch

Muster A. Muster B.

dem Aufsichtsrat anderer Gesellschaften angehören; der Aufsichtsrat kann von dieser Beschränkung Befreiung erteilen.

§ 20

Muster A.

Alle die Gesellschaft verpflichtenden Erklärungen müssen abgegeben werden:

1. wenn der Vorstand aus nur einem Mitgliede besteht, durch dieses,
2. wenn der Vorstand aus mehreren Mitgliedern besteht:
   a) entweder von einem Mitglied des Vorstandes, dem die Befugnis alleiniger Vertretung ausdrücklich beigelegt ist, oder
   b) von zwei Mitgliedern des Vorstandes gemeinschaftlich, oder
   c) von einem Mitgliede des Vorstandes in Gemeinschaft mit einem Prokuristen oder einem Handlungsbevollmächtigten[45],
3. von zwei Prokuristen gemeinschaftlich[60].

Die Beschlußfassung darüber, ob ein Mitglied des Vorstandes und welches zur selbständigen Vertretung und Zeichnung berechtigt sein soll, steht dem Aufsichtsrat zu *).

*) Der Aufsichtsrat kann einem Mitglied des Vorstandes mit oder ohne Verleihung des Titels Generaldirektor

Muster B.

Die Gesellschaft wird vertreten:[73 u. 76].

1. wenn der Vorstand nur aus einem Mitglied besteht, durch dieses,
2. wenn der Vorstand aus mehreren Mitgliedern besteht,
   a) entweder von einem Mitglied, dem die Befugnis alleiniger Vertretung ausdrücklich beigelegt ist, oder[73 u. 76].
   b) von zwei Mitgliedern des Vorstandes gemeinschaftlich, oder
   c) von einem Mitglied des Vorstandes in Gemeinschaft mit einem Prokuristen[60 u. 73].

Die Beschlußfassung darüber, ob ein Mitglied des Vorstandes und welches zur alleinigen Vertretung berechtigt sein soll, steht dem Aufsichtsrat[73] oder, falls zu diesem Zweck ein Ausschuß des Aufsichtsrats[11] bestellt ist, diesem zu *).

*) Ernennt der Aufsichtsrat ein Mitglied zum Vorsitzer des Vorstandes[76], ohne ihm gleichzeitig die

Muster A.

den Vorsitz im Vorstand übertragen und die Befugnisse des Vorsitzenden durch Geschäftsanweisung regeln[76]; er kann ein solches Vorstandsmitglied zur Alleinvertretung ermächtigen[73].

Muster B.

Alleinvertretungsbefugnis zu verleihen, so steht diesem nicht das Recht zu, bei Meinungsverschiedenheiten im Vorstand zu entscheiden. Die Stimme eines solchen Vorsitzers entscheidet nur bei Stimmengleichheit im Vorstand[40].

§ 21.

Muster A.

Der Aufsichtsrat gibt dem Vorstand eine Geschäftsordnung, in der auch die Geschäfte unter den Mitgliedern des Vorstandes verteilt werden[40]. Der Vorstand hat den Weisungen des Aufsichtsrats zu folgen[54 u. 9] *).

*) Weiteres Beispiel: Der Vorstand leitet die Gesellschaft und trifft alle Maßnahmen der Geschäftsführung, soweit nicht das Gesetz oder die Satzung[77] anderen Organen diese Befugnisse zuerteilt. Der Vorstand gibt sich eine Geschäftsordnung. Bei Meinungsverschiedenheiten der Mitglieder des Vorstandes ist die Entscheidung des Aufsichtsrats einzuholen[9].

Muster B.

Der Vorstand leitet die Gesellschaft und führt deren Geschäfte nach Maßgabe des Gesetzes[77]; er ist verpflichtet, die Beschränkungen einzuhalten, die die Satzung oder der Aufsichtsrat für den Umfang seiner Befugnisse festgesetzt hat oder die sich aus einem Beschluß einer von ihm hierzu einberufenen Hauptversammlung ergeben[73 u. 77].

Der Vorstand gibt sich, wenn er aus mehreren Mitgliedern besteht, eine Geschäftsordnung; sie bedarf der Zustimmung des Aufsichtsrats[40].

Muster A. Muster B.

b) Aufsichtsrat.

§ 22.

Zusammensetzung des Aufsichtsrats.

Der Aufsichtsrat besteht aus mindestens drei von der Generalversammlung gewählten Personen[84], die nicht Aktionäre zu sein brauchen.

Der Aufsichtsrat besteht aus mindestens sechs, höchstens achtzehn Mitgliedern[84]. Hiervon werden mindestens vier, höchstens zwölf Mitglieder von der Hauptversammlung gewählt[79].

Bis zur Hälfte der Anzahl der von der Hauptversammlung gewählten Mitglieder des Aufsichtsrats werden weitere Mitglieder von den Inhabern der Namensaktien Gruppe B in den Aufsichtsrat entsandt[29].

Die Mitglieder des Aufsichtsrats müssen deutsche Reichsbürger männlichen Geschlechts sein, in Deutschland ihren Wohnsitz haben, sich im Besitz der bürgerlichen Ehrenrechte befinden und das 25. Lebensjahr vollendet haben; sie dürfen nicht Beamte der Gesellschaft, auch nicht im Interesse von Unternehmungen gleicher Art, sei es als Inhaber, Leiter, Aufsichtsratsmitglied oder Angestellter tätig sein[84].

§ 23.

Wahl des Aufsichtsrats.

Die Mitglieder des Aufsichtsrats werden von der Generalversammlung mit der Maßgabe gewählt, daß ihre Amtsdauer sich bis zur Beendigung derjenigen Generalversammlung erstreckt, welche über die Bilanz für das vierte Geschäftsjahr nach der Wahl beschließt.

Die von der Hauptversammlung zu wählenden Mitglieder des Aufsichtsrats werden mit der Maßgabe gewählt, daß ihre Amtsdauer[74] sich bis zur Beendigung derjenigen Hauptversammlung erstreckt, welche über die Entlastung des Aufsichtsrats für das vierte Geschäftsjahr nach der Wahl beschließt.

Die Generalversammlung (Hauptversammlung) kann bei jeder Wahl eine kürzere Amtsdauer festsetzen.[74]

Muster A. | Muster B.

Alljährlich scheidet aus dem Aufsichtsrat mindestens ein Mitglied aus und so oft noch ein weiteres Mitglied, als nötig ist. Bis sich ein Turnus dem Amtsalter nach gebildet hat, entscheidet über die Person des oder der jährlich Ausscheidenden das Los.

Jedes Mitglied des Aufsichtsrats kann sein Amt freiwillig jederzeit niederlegen[30].

Muster A.

Scheiden Mitglieder vor dem Ablauf ihrer Wahlperiode aus, so bilden die übrigen bis zur nächsten Generalversammlung den Aufsichtsrat, vorausgesetzt, daß noch mindestens drei gewählte Mitglieder vorhanden sind[15].

Sinkt die Zahl der Mitglieder unter die Mindestzahl, so ist unverzüglich eine Generalversammlung zur Ergänzung des Aufsichtsrats einzuberufen.

Muster B.

Scheiden gewählte Mitglieder vor dem Ablauf ihrer Wahlzeit aus, so bilden die übrigen Mitglieder des Aufsichtsrats bis zur nächsten Hauptversammlung den Aufsichtsrat, vorausgesetzt, daß noch mindestens vier gewählte und insgesamt sechs Mitglieder vorhanden sind.

Sinkt die Anzahl der von der Hauptversammlung gewählten Mitglieder unter die Mindestzahl von vier oder unter die doppelte Zahl der vorhandenen entsandten Mitglieder, so ist unverzüglich eine Hauptversammlung zur Ergänzung des Aufsichtsrats einzuberufen[29].

Ersatzwahlen erfolgen auf den Rest der Wahlzeit des ausgeschiedenen Mitgliedes.

Wird die Verstärkung der Zahl der Mitglieder des Aufsichtsrats durch eine außerordentliche Generalversammlung (Hauptversammlung) bewirkt, so gilt hinsichtlich der Amtsdauer der so Gewählten der Zeitraum von der Wahl bis zum Schlusse der nächsten ordentlichen Generalversammlung (Hauptversammlung) als ein volles Amtsjahr.

Über die Dauer des Amtes des ersten Aufsichtsrats entscheidet die gesetzliche Bestimmung.

Eine Wahl wird hinfällig, wenn sie nicht binnen einem Monat von dem Gewählten angenommen ist.

Muster A. | Muster B.

§ 24.

Entsendung von Aufsichtsratsmitgliedern[29].

Die Entsendung von Mitgliedern in den Aufsichtsrat erfolgt auf Grund einer Wahl der Inhaber der Namensaktien der Gruppe B; bei der Wahl entscheidet verhältnismäßige Stimmenmehrheit.

Die Wahl kann anläßlich der Hauptversammlung oder in einer besonderen Versammlung der Inhaber der Namensaktien Gruppe B stattfinden. Die Einberufung der Wahlsitzung hat durch den Vorstand oder den Vorsitzer des Aufsichtsrats mittels eingeschriebenen Briefes zu erfolgen, sobald das Amt eines entsandten Aufsichtsratsmitgliedes beendet ist.

Die Entsendung erfolgt auf die Dauer von höchstens sechs Jahren. Wiederholte Entsendung ist zulässig.

Die entsandten Mitglieder erhalten für ihre Tätigkeit keine Vergütung, nur Ersatz ihrer baren Auslagen.

§ 25.

Verfassung und Geschäftsordnung[39].

Muster A: Der Aufsichtsrat wählt alljährlich nach Schluß der ordentlichen Generalversammlung, ohne daß hierzu eine besondere Einladung der Mitglieder notwendig ist, unter dem Vorsitze des bis-

Muster B: Der Aufsichtsrat wählt alljährlich nach Schluß der Hauptversammlung, die über seine Entlastung zu beschließen hat, ohne daß hierzu eine besondere Einladung der Mitglieder notwendig

Muster A.

herigen Vorsitzenden, eventuell des Stellvertreters oder des dem Lebensalter nach ältesten Mitgliedes, aus seiner Mitte einen Vorsitzenden und dessen Stellvertreter *).

Muster B.

ist, unter dem Vorsitze des bisherigen Vorsitzers oder dessen Stellvertreters oder des dem Lebensalter nach ältesten Mitgliedes, aus seiner Mitte einen Vorsitzer[75] und dessen Stellvertreter *).

Wiederwahl ist statthaft.

Die Wahl ist zu wiederholen, sobald eines dieser Ämter zur Erledigung kommt oder nach übereinstimmender Erklärung der übrigen Mitglieder einer der Gewählten an der Verwaltung des Amtes dauernd behindert oder nicht dazu geeignet ist.

Die Mitglieder des Aufsichtsrats sowie der Vorsitzende (Vorsitzer) und dessen Stellvertreter weisen sich durch die Urschrift der Wahlverhandlung oder eine auf Grund der letzteren anzufertigenden notariellen (notarischen) Bescheinigung aus.

Urkunden des Aufsichtsrats erfordern die Unterschrift des Vorsitzenden (Vorsitzers) oder stellvertretenden Vorsitzenden (Vorsitzers).

Mindestens einmal vierteljährlich findet eine Sitzung des Aufsichtsrats zur Entgegennahme eines Berichts des Vorstandes über den Gang der Geschäfte statt, darüber hinaus so oft, als es das Wohl der Gesellschaft erfordert.

Die Berufung des Aufsichtsrats erfolgt durch den Vorsitzenden (Vorsitzer) oder dessen Stellvertreter oder in deren Auftrage oder Verhinderung durch den Vorstand unter Mitteilung der Tagesordnung; über Gegenstände, die nicht mit der Tagesordnung bekanntgegeben sind, kann ein Beschluß nur gefaßt werden, wenn alle anwesenden Mitglieder der sofortigen Beschlußfassung (ohne Ankündigung) zustimmen und die Beschlußfassung mit einer Mehrheit von ¾ der jeweiligen Mitglieder erfolgt[39].

Die Einberufung des Aufsichtsrats muß innerhalb einer Woche erfolgen, wenn sie von einem Mitglied des Aufsichtsrats oder des Vorstandes unter Angabe

Die Einberufung des Aufsichtsrats muß innerhalb einer Woche erfolgen, wenn sie von einem Mitglied des Aufsichtsrats oder vom Vorstand unter Angabe der Grün-

*) Kommt eine Wahl nicht zustande, so ist die Generalversammlung (Hauptversammlung) zur Wahl einzuberufen.

Muster A.

der Gründe und des Zweckes schriftlich beantragt wird; im übrigen git HGB. § 244 a.

Muster B.

de und des Zweckes schriftlich beantragt wird; wird dem Verlangen nicht entsprochen, so kann der Antragsteller unter Mitteilung des Sachverhalts selbst den Aufsichtsrat berufen[39].

Die Mitglieder des Vorstandes nehmen an den Sitzungen des Aufsichtsrats teil, soweit nicht der Aufsichtsrat eine Verhandlung in Abwesenheit des Vorstandes beschließt[39].

Der Aufsichtsrat ist beschlußfähig, wenn die Mehrheit, mindestens aber drei gewählte Mitglieder anwesend sind[15].

Die erste Aufsichtsratssitzung findet ohne besondere Einladung im Anschluß an die Errichtung der Gesellschaft statt.

Muster A: Die Art der Abstimmung bestimmt der die Versammlung leitende Vorsitzende. Es ist telefonische[39], telegrafische oder schriftliche Abstimmung möglich; auch können Mitglieder, die am Erscheinen in der Sitzung verhindert sind, ihre Stimme telegrafisch oder schriftlich abgeben[39].

Muster B: Die Art der Abstimmung bestimmt der die Versammlung leitende Vorsitzer.

Beschlüsse können anstatt in einer Sitzung durch schriftliche oder telegrafische Stimmabgabe gefaßt werden, wenn kein Mitglied diesem Verfahren widerspricht[39].

Für Beschlußfassungen und Wahlen ist die einfache Stimmenmehrheit erforderlich und ausreichend; bei Stimmengleichheit entscheidet die Stimme des Vorsitzenden (Vorsitzers), bei Wahlen jedoch das Los.

Über die Verhandlungen und Beschlüsse des Aufsichtsrats ist eine Niederschrift anzufertigen[72b]; in sie werden regelmäßig nur die Beratungsgegenstände und die Beschlußfassungen aufgenommen; nur auf besonderes Verlangen eines Mitglieds wird dessen Stimmabgabe angegeben; das Mitglied kann verlangen, daß eine von ihm innerhalb zweier Tage nach der Sitzung eingereichte schriftliche Begründung der Niederschrift beigefügt wird.

Die Niederschrift ist von dem Vorsitzenden (Vorsitzer) oder dessen Stellvertreter und einem von ihm als Schriftführer bestimmten Mitglied des Aufsichtsrats zu unterzeichnen[72b].

Muster A. | Muster B.

§ 26.

Stimmabgabe durch Abgeordnete[39].

Die Mitglieder des Aufsichtsrats, ausgenommen sein Vorsitzer und dessen Stellvertreter, können im Falle eigener Behinderung dritte Personen schriftlich ermächtigen, an ihrer Stelle an den Sitzungen des Aufsichtsrats und der Ausschüsse, denen sie angehören, teilzunehmen. Die Abgeordneten können bei den Beschlußfassungen schriftliche Stimmabgabe ihrer Auftraggeber überreichen.

Die Abgeordneten können dem Aufsichtsrat, jedoch nicht dem Vorstand angehören und müssen den Erfordernissen genügen, die für die Wählbarkeit der Aufsichtsratsmitglieder in § 13 Abs. 3 aufgestellt sind.

§ 27.

Obliegenheiten des Aufsichtsrats.

Muster A:

Unbeschadet der dem Aufsichtsrat durch das Gesetz oder die Satzung weiter zugewiesenen Rechte und Pflichten hat der Vorstand die Zustimmung des Aufsichtsrats zu allen Geschäften einzuholen, die über den Rahmen des gewöhnlichen Geschäftsverkehrs der Gesellschaft hinausgehen[77].

Muster B:

Der Aufsichtsrat hat die Geschäftsführung zu überwachen[9].

Unbeschadet der dem Aufsichtsrat durch Gesetz oder Satzung weiter zugewiesenen Obliegenheiten hat der Vorstand die Zustimmung des Aufsichtsrats zu folgenden Rechtsgeschäften einzuholen[9 u. 77]:

1. zur Beteiligung an anderen Unternehmungen,

Muster A.

Insbesondere bedarf der Vorstand, soweit nicht die Zustimmung der Generalversammlung einzuholen ist[46], der Zustimmung des Aufsichtsrats:

1. zum Erwerb, zur Veräußerung oder Verpfändung von Grundeigentum, Hypotheken, Grundschulden, Anlagen und Konzessionen;
2. zu Pacht- und Mietverträgen, durch die die Gesellschaft auf mehr als ein Jahr verpflichtet wird oder deren Pacht bzw. Mietzins 18 000 Reichsmark jährlich übersteigt, sowie zur Änderung und Aufhebung solcher Verträge;
3. zu Neu- und Umbauten, Neuschaffungen sowie zu Bestellungen oder Ankäufen, die über den Bedarf des regelmäßigen Betriebes hinausgehen;
4. zur Anstellung von Beamten mit einer Besoldung von mehr als 20 000 Reichsmark jährlich;
5. zur Aufnahme von Darlehen;
6. zum Abschluß und zur Auflösung von Interessengemeinschaftsverträgen und Syndikaten;
7. zur Errichtung von Zweigniederlassungen und Zweigbüros.

Muster B.

2. zum Abschluß und zur Auflösung von Interessengemeinschaftsverträgen und Syndikaten, soweit nicht § 256 AGesetz die Zustimmung der Hauptversammlung erfordert,
3. zur Aufnahme von Anleihen durch Ausgabe von Teilschuldverschreibungen, soweit nicht nach § 174 AGesetz die Zustimmung der Hauptversammlung erforderlich ist[42 u. 80];
4. zur Aufnahme neuer Geschäftszweige, zur Errichtung von Zweigniederlassungen und Zweigbüros.

Der Aufsichtsrat kann, unbeschadet der Vorschriften der §§ 95 und 96 AGesetz, einzelne der ihm obliegenden Geschäfte oder Gruppen von Geschäften nach Maßgabe besonderer Bestimmung neben dem nach § 8 dieser Satzung etwa eingesetzten Ausschuß noch weiteren aus seiner Mitte zu wählenden Ausschüssen[11] zur selbständigen Erledigung überweisen, ohne daß dadurch die Verantwortung des gesamten Aufsichtsrats berührt wird *).

Muster A.

Der Aufsichtsrat kann unbeschadet der Vorschriften des § 246 HGB. auch einzelne der ihm obliegenden Geschäfte oder Gruppen von Geschäften nach Maßgabe besonderer Bestimmung einzelnen seiner Mitglieder oder aus seiner Mitte zu wählenden Ausschüssen[9 u. 11] zur selbständigen Erledigung überweisen, ohne daß dadurch die Verantwortung des gesamten Aufsichtsrats berührt wird *).

Muster B.

---

*) Beispiel einer Satzungsbestimmung über die Bildung bestimmter Ausschüsse:

Muster A

Der Aufsichtsrat bildet[9 u. 11] aus seiner Mitte einen Personalausschuß und einen Arbeitsausschuß.

Jeder dieser Ausschüsse besteht aus drei Mitgliedern. Für jedes Mitglied ist ein anderes Mitglied des Aufsichtsrats als Stellvertreter für Fälle der Behinderung zu bestellen.

Jedem der Ausschüsse gehört der Vorsitzende des Aufsichtsrats, in dessen Behinderung der stellvertretende Vorsitzende des Aufsichtsrats an.

Dem Personalausschuß liegt die Bestellung und Abberufung des Vorstands und der Abschluß der Anstellungsverträge mit den Vorstandsmitgliedern ob. Der Vorstand kann nur mit Zustimmung des Personalausschusses Prokura erteilen und Anstellungsverträge abschließen, in denen dem Angestellten ein Jahresgehalt von mehr als 12000 RM. gewährt wird.

Muster B.

Der Aufsichtsrat kann aus seiner Mitte einen Personalausschuß und einen Arbeitsausschuß bilden[11]. Die Zusammensetzung dieser Ausschüsse ist dem Aufsichtsrat überlassen; jedoch sollen der Vorsitzer des Aufsichtsrats und in seiner Behinderung dessen Stellvertreter den Ausschüssen angehören.

Dem Personalausschuß kann die Bestellung und Abberufung des Vorstands und der Abschluß der Anstellungsverträge mit den Vorstandsmitgliedern übertragen werden. Die Erteilung von Prokuren und der Abschluß von Anstellungsverträgen, in denen ein Jahresgehalt von mehr als 12000 RM. gewährt wird, kann an die Zustimmung des Personalausschusses geknüpft werden.

Dem Arbeitsausschuß kann die Beratung des Vorstands in allen geschäftlichen Angelegenheiten zugewiesen werden; ihm kann auch die Vorbereitung der Aufsichtsratsitzungen und die Überwachung der Durchführung

Muster A.

Dem Arbeitsausschuß liegt die Beratung des Vorstands in allen geschäftlichen Angelegenheiten ob. Der Vorstand bedarf seiner Zustimmung zu der Vornahme folgender Rechtsgeschäfte:

a) zum Erwerb, zur Veräußerung oder Verpfändung von Grundeigentum, Hypotheken, Grundschulden, Anlagen und Konzessionen;
b) zu Pacht- und Mietverträgen, durch die die Gesellschaft auf länger als ein Jahr verpflichtet wird, oder deren Pacht bzw. Mietzins 18000 RM. jährlich übersteigt sowie zur Änderung und Aufhebung solcher Verträge;
c) zu Neu- oder Umbauten sowie Neuanschaffungen, die über den Bedarf des regelmäßigen Betriebes hinausgehen;
d) zur Aufnahme von Darlehen, außerhalb des Rahmens der üblichen Kreditinanspruchnahme.

Der Arbeitsausschuß hat ferner Jahresabschluß und Geschäftsbericht vorzuprüfen[11].

Ein von dem Vorsitzenden zu bestimmendes Mitglied des Arbeitsausschusses hat in allen Sitzungen des Vorstands mit beratender Stimme teilzunehmen.

Muster B.

der Aufsichtsratsbeschlüsse übertragen werden. Der Aufsichtsrat kann, unbeschadet seiner weiteren Befugnisse aus § 95 Abs. 5 des Aktiengesetzes, bestimmen, daß der Vorstand der Zustimmung des Arbeitsausschusses zur Vornahme folgender Rechtsgeschäfte bedarf[11]:

a) zum Erwerb, zur Veräußerung oder Verpfändung von Grundeigentum, Hypotheken, Grundschulden, Anlagen und Konzessionen;
b) zu Pacht- und Mietverträgen, durch die die Gesellschaft auf länger als ein Jahr verpflichtet wird, oder deren Pacht bzw. Mietzins 18000 Reichsmark jährlich übersteigt sowie zur Änderung und Aufhebung solcher Verträge;
c) zu Neu- oder Umbauten sowie Neuanschaffungen, die über den Bedarf des regelmäßigen Betriebes hinausgehen;
d) zur Aufnahme von Darlehen, außerhalb des Rahmens der üblichen Kreditinanspruchnahme.

Dem Arbeitsausschuß kann auch die Vorprüfung des Jahresabschlusses und des Geschäftsberichts übertragen werden[11].

§ 28.

Vergütung des Aufsichtsrats.

Die Mitglieder des Aufsichtsrats erhalten Ersatz der bei der Ausübung ihrer Tätigkeit erwachsenen baren Auslagen, ferner eine jährliche feste Vergütung von 1000 Reichsmark, der Vorsitzende von 2000 Reichsmark sowie all-

Bezüge des Aufsichtsrats[20].

Die von der Hauptversammlung gewählten Mitglieder des Aufsichtsrats erhalten Ersatz der bei der Ausübung ihrer Tätigkeit erwachsenen baren Auslagen und für jede Sitzung ein Anwesenheitsgeld von 100 RM.

Muster A.

jährlich einen Anteil von 10% des verteilbaren Reingewinns nach Vornahme sämtlicher Abschreibungen und Rücklagen, sowie nach Abzug eines für die Aktionäre bestimmten Betrages von 4 vom Hundert des eingezahlten Grundkapitals.

Von diesem Anteil von 10% erhält der Vorsitzende des Aufsichtsrats zwei Teile, jedes Mitglied einen Teil.

Muster B.

Sie erhalten ferner, unbeschadet der Vorschrift des § 98 Abs. 4 des AGesetzes, insgesamt einen Anteil von 4% des jährlichen Reingewinns, der gemäß § 98 Abs. 3 des AGesetzes zu errechnen ist[20 u. 21]. Die Verteilung des Gewinnanteils unter die Mitglieder ist Sache des Aufsichtsrats. Jedoch erhält der Vorsitzer mindestens 2000 Reichsmark, sein Stellvertreter mindestens 1500 RM. und jedes weitere Mitglied des Aufsichtsrats mindestens je 1000 RM., auch soweit der auf den Aufsichtsrat entfallende Gewinnanteil hierzu nicht ausreicht.

Für Reisen im Interesse der Gesellschaft oder zu Sitzungen können den Mitgliedern des Aufsichtsrats statt der Barauslagen feste Sätze gewährt werden. Für besondere Tätigkeit im Interesse der Gesellschaft können den betreffenden Mitgliedern besondere Vergütungen bewilligt werden.

Muster A:

Über die an den ersten Aufsichtsrat zu zahlende Vergütung entscheidet diejenige Generalversammlung, welche nach dem Ablauf eines Jahres seit Eintragung der Gesellschaft in das Handelsregister zur Beschlußfassung über die Jahresbilanz abgehalten wird.

Muster B:

Über die an den ersten Aufsichtsrat zu zahlende Vergütung entscheidet diejenige Hauptversammlung, welche über seine Entlastung beschließt[20].

Die auf die Vergütung des Aufsichtsrats etwa entfallenden besonderen Steuern trägt die Gesellschaft *).

---

*) Satzungsbestimmungen nach bisherigem Recht, die einem Verwaltungsrat geschäftsführende Befugnisse an Stelle des AR zuweist:

*) Das AGesetz läßt Beiräte nur zur Unterstützung des AR. und des Vorstands zu. Beispiel einer Satzungsbestimmung:

Muster A.

Verwaltungsrat[13].

Dem Verwaltungsrat liegt die Leitung der Gesellschaft ob. Seinen Weisungen hat der Vorstand Folge zu leisten[77]. Er erteilt dem Vorstand Richtlinien für die Geschäftsführung und gibt ihm eine Geschäftsordnung. Der Vorstand hat vor Vornahme aller Geschäfte, die über den gewöhnlichen Umfang des Geschäftsbetriebs hinausgehen, die Entscheidung des Verwaltungsrats einzuholen.

Der Verwaltungsrat besteht aus drei Mitgliedern, die von der Generalversammlung gewählt werden. Seine Mitglieder können gleichzeitig dem Aufsichtsrat angehören.

Muster B.

Beirat[13].

Der Aufsichtsrat hat, im Einvernehmen mit dem Vorstand einen Beirat aus drei Personen zu bilden, dem die Aufgabe obliegt, die Entwicklung der Technik auf dem Gebiet der Kabelmaschinen und der sonst unter § 2 fallenden Maschinen in der Welt zu verfolgen.

Die Mitglieder des Beirats sind zu den Sitzungen des Vorstands und des Aufsichtsrats hinzuzuziehen, soweit es sich um Fragen der Fortbildung der von der Gesellschaft hergestellten Maschinen oder der Aufnahme neuer Fabrikationsarten handelt. Sie haben beratende Stimme.

Die Mitglieder des Beirats müssen auf dem von der Gesellschaft bearbeiteten technischen Gebiet sachverständig sein.

Sie haben dem Vorstand und Aufsichtsrat über das Ergebnis ihrer Forschungen fortlaufend Bericht zu erstatten und Vorschläge über die Förderung des Unternehmens in technischer Beziehung zu unterbreiten.

Dem Beirat können auch Mitglieder des Aufsichtsrats angehören.

Die Mitglieder des Beirats erhalten eine mit dem Vorstand unter Zustimmung des Aufsichtsrats zu vereinbarende Vergütung.

c) Die Generalversammlung. (Muster A)

c) Die Hauptversammlung. (Muster B)

§ 29.

Muster A:

Einberufung[26].

Die ordentliche Generalversammlung findet regelmäßig am Sitze der Gesellschaft oder an einem anderen, vom Aufsichtsrat der Gesellschaft zu

Muster B:

Einberufung[26].

Die Hauptversammlungen finden regelmäßig in Berlin statt. Der Vorstand wie der Aufsichtsrat ist berechtigt, die Hauptversammlungen auch nach Frankfurt a. M.,

Muster A.

bestimmenden Orte[26] innerhalb Deutschlands in den ersten sechs Monaten des Geschäftsjahres statt.

Außerdem können jederzeit außerordentliche Generalversammlungen an einem vom AR. zu bestimmenden Orte[26] berufen werden.

Die Berufung zu der Generalversammlung geschieht durch den Vorstand oder den Aufsichtsrat durch einmalige Einrückung im Gesellschaftsblatte und muß mindestens siebzehn Tage — den Tag der Einberufung und den Tag der Generalversammlung nicht mitgerechnet — vor dem anberaumten Termine mit Angabe des Zweckes erfolgen.

Muster B.

Hamburg, Leipzig oder Breslau einzuberufen.

Die ordentliche Hauptversammlung (§ 36) ist in den ersten sieben Monaten des Geschäftsjahrs abzuhalten[59]. Außerdem können jederzeit außerordentliche Hauptversammlungen einberufen werden.

Die Einberufung der Hauptversammlung erfolgt unter gleichzeitiger Angabe des Zwecks durch einmalige Einrückung in den Gesellschaftsblättern[26]. Die letzte Veröffentlichung muß mindestens siebzehn Tage vor dem Versammlungstag — den Tag der Einberufung und den Tag der Hauptversammlung nicht mitgerechnet — erfolgen, derart, daß mindestens zwei Wochen seit der Einberufung gemäß § 30 dieser Satzung für die Hinterlegung der Aktien frei bleiben.

Neben Vorstand oder Aufsichtsrat ist der Vorsitzer des Aufsichtsrats oder sein Stellvertreter selbständig zur Einberufung der Hauptversammlung befugt[26].

§ 30.

Anmeldung und Hinterlegung der Aktien zur Generalversammlung [Hauptversammlung].

Zur Teilnahme an der Generalversammlung (Hauptversammlung) ist jeder Aktionär berechtigt[69].

Um in der Generalversammlung (Hauptversammlung) zu stimmen oder Anträge zu stellen[69], müssen die Aktionäre spätestens am dritten Tage vor der Generalversammlung (Hauptversammlung) bis zum

Muster A. Muster B.

Ende der Schalterkassenstunden, sofern aber dieser Tag ein Sonntag oder staatlich anerkannter allgemeiner[69] Feiertag ist oder die Banken an diesem Tage Geschäftsschluß haben, spätestens an dem diesen vorangehenden Werktage bis zum gleichen Zeitpunkt bei der Gesellschaftskasse oder bei einer Effektengirobank eines deutschen Wertpapierbörsenplatzes (deutschen Wertpapiersammelbank) oder bei anderen in der öffentlichen Bekanntmachung zu bezeichnenden Stellen ihre Aktien oder die über diese lautenden Hinterlegungsscheine einer Effektengirobank eines deutschen Wertpapierbörsenplatzes (deutschen Wertpapiersammelbank) hinterlegen und bis zur Beendigung der Generalversammlung (Hauptversammlung) dort belassen.

Die Hinterlegung der Aktien kann auch bei einem deutschen Notar erfolgen, sofern der von diesem ausgestellte Hinterlegungsschein spätestens am zweiten Tag vor der Generalversammlung (Hauptversammlung) bis zum Ende der Schalterkassenstunden, falls aber dieser Tag ein Sonntag oder ein staatlich anerkannter allgemeiner Feiertag ist oder die Banken an diesem Tage Geschäftsschluß haben, spätestens an dem diesen vorangehenden Werktage bis zum gleichen Zeitpunkt bei der Gesellschaft eingereicht wird und der Hinterlegungsschein die Bemerkung enthält, daß die Herausgabe der Aktien nur gegen Rückgabe des Scheins erfolgen darf. In der öffentlichen Bekanntmachung braucht hierauf auch dann nicht hingewiesen zu werden, wenn die Angabe von sonstigen Hinterlegungsstellen erfolgt ist. Die Kosten der Hinterlegung bei einem deutschen Notar trägt der betreffende Aktionär.

Die Hinterlegung ist auch dann ordnungsmäßig erfolgt, wenn Aktien mit Zustimmung einer Hinterlegungsstelle für sie bei einer anderen Bankfirma bis zur Beendigung der Generalversammlung (Hauptversammlung) im Sperrdepot gehalten werden[69].

Durch Bekanntgabe in der Einladung zur Generalversammlung (Hauptversammlung) kann die Berechtigung zur Ausübung des Stimmrechts in der Generalversammlung (Hauptversammlung) von der fristgemäßen Einreichung eines doppelten Nummernverzeichnisses der hinterlegten Aktien abhängig gemacht werden.

Bei der Anmeldung und Hinterlegung ist anzugeben, ob die Aktien oder welcher Teil der Aktien dem anmeldenden Aktionär oder einem Dritten gehören[53].

Muster A. | Muster B.

§ 31.

Stimmrecht[67].

Muster A: Jede Aktie gewährt das Stimmrecht.

Muster B: Jede Aktie gewährt das Stimmrecht. Ausgenommen sind die Vorzugsaktien ohne Stimmrecht (Gruppe D), sofern nicht die Voraussetzungen des § 116 Abs. 2 des Aktiengesetzes gegeben sind[68].

Je RM. 100 des Nennbetrages der Aktien gewähren eine Stimme.

Muster B: Dies gilt auch für die nicht volleingezahlten Aktien Gruppe B in dem Umfang, in dem Einlagen auf sie geleistet sind[67].

Vereinigt ein Aktionär durch seinen Aktienbesitz mehr als 30000 Stimmen in seiner Person, so gewährt für Beschlußfassungen über die Wahl des Aufsichtsrats der hierüber hinausgehende Aktienbesitz nur auf je RM. 200 eine Stimme bis zu 50000 Stimmen[3]. Mehr als 50000 Stimmen kann ein Aktionär bei Beschlußfassungen über die Wahl des Aufsichtsrats nicht haben. Bei der Feststellung des Aktienbesitzes eines Aktionärs und seiner Stimmenzahl werden Aktien, deren Stimmrecht er im Namen eines Dritten ausübt, nicht mitgezählt; deren Stimmrecht bleibt unberührt[3].

Muster A: Wer durch die Beschlußfassung entlastet oder von einer Verpflichtung befreit werden soll, kann ein Stimmrecht weder für sich noch für andere ausüben. Das gleiche gilt von einer Beschlußfassung, welche die Vornahme eines Rechtsgeschäfts mit einem Aktionär[67] oder die Einleitung eines Rechtsstreits zwischen ihm und der Gesellschaft betrifft.

Muster B: Wer durch die Beschlußfassung entlastet oder von einer Verpflichtung befreit werden soll, kann ein Stimmrecht weder für sich noch für andere ausüben[67]. Das gleiche gilt von einer Beschlußfassung über die Geltendmachung eines Anspruchs gegen den Aktionär.

Muster B: Aktionäre, die bei der Anmeldung und Hinterlegung oder auf Befragen in der Hauptversammlung die Auskunft darüber

Muster A. | Muster B.

verweigern, ob der auf ihren Namen angemeldete Aktienbesitz ihnen oder einem Dritten gehört, sind von der Abstimmung ausgeschlossen[3, 53 u. 69].

§ 32.

Vertretung der Aktionäre.

Das Stimmrecht kann auch durch einen Bevollmächtigten ausgeübt werden, und zwar auf Grund einer schriftlichen Vollmacht, welche in der Verwahrung der Gesellschaft verbleibt[18].

Muster A.

Die Aktionäre können sich jedoch nur durch andere Aktionäre vertreten lassen.

Ausländer können ihr Stimmrecht nicht ausüben, sondern müssen sich durch einen im Inland ansässigen reichsdeutschen Bevollmächtigten vertreten lassen[18].

Ehefrauen werden, ohne daß es der Vorlegung einer Vollmacht bedarf, durch ihren Ehemann, Witwen durch einen volljährigen Sohn vertreten[18].

Juristische Personen oder Personenmehrheiten werden durch einen Geschäftsführer oder Prokuristen vertreten, auch wenn diese nur gemeinsam mit anderen Personen vertretungsberechtigt sind[18].

Muster B.

Als Bevollmächtigte sind nur im Inland ansässige reichsdeutsche Personen zugelassen[18].

§ 33.

Leitung der Generalversammlung [Hauptversammlung][55].

Den Vorsitz in der Generalversammlung (Hauptversammlung) führt, unbeschadet der Vorschrift im § 254 Abs. 3 HGB. (§ 106 Abs. 4

Muster A. Muster B.

des AGesetzes), der Vorsitzende (Vorsitzer) des Aufsichtsrats oder dessen Stellvertreter, in Verhinderung beider ein von den anwesenden Mitgliedern des Aufsichtsrats aus ihrer Mitte zu bestimmendes Mitglied. Ist keines derselben erschienen oder zur Eröffnung der Versammlung bereit, so eröffnet der instrumentierende (beurkundende) Notar oder Richter die Versammlung und läßt von dieser einen Vorsitzenden (Vorsitzer) wählen.

Der Vorsitzende (Vorsitzer) prüft die Berechtigung der erschienenen Aktionäre zur Teilnahme und zur Ausübung des Stimmrechts[69] und die Vollmachten ihrer Vertreter[18]. Er entscheidet über die Zulassung zur Versammlung und zu Abstimmungen. Er kann hierüber auch eine Entscheidung der Generalversammlung (Hauptversammlung) herbeiführen[46 u. 55].

Der Vorsitzende (Vorsitzer) leitet die Verhandlungen, bestimmt die Art der Abstimmung und ernennt, falls erforderlich, die Stimmzähler[2].

Bei Wahlen, die nicht einstimmig durch Zuruf erfolgen, findet geheime Abstimmung durch Stimmzettel statt.

Der Vorsitzende (Vorsitzer) bestimmt die Reihenfolge, in der die Gegenstände der Tagesordnung zu verhandeln sind[55].

Er ist befugt, diejenigen Maßnahmen zu treffen, die zur Aufrechterhaltung der Ordnung in der Generalversammlung (Hauptversammlung) und zur ordnungsmäßigen Erledigung der Tagesordnung erforderlich sind. Über die Berechtigung einer Entziehung des Wortes oder eines Ausschlusses aus der Versammlung entscheidet auf Antrag des betroffenen Aktionärs die Generalversammlung (Hauptversammlung). Sie entscheidet auch über einen Antrag auf Schluß der Erörterung und über einen Vertagungsantrag, soweit nicht ein gesetzlicher Vertagungsgrund gegeben ist[55].

§ 34.

Auskunftsrecht des Aktionärs.

Ein Recht auf Auskunftserteilung in der Generalversammlung hat der einzelne Aktionär nur, wenn sein Aktienbesitz den zwanzigsten Teil des Grund-

Muster A.

kapitals ausmacht oder seine Anfrage von Aktionären unterstützt wird, deren Aktien zusammen mit seinen Aktien den zwanzigsten Teil des Grundkapitals betragen[10].

Muster B.

§ 35.

Beschlußfassung.

Für Beschlußfassungen der Generalversammlung (Hauptversammlung) ist einfache Mehrheit der abgegebenen Stimmen erforderlich und ausreichend, soweit nicht das Gesetz oder die Satzung zwingend eine größere oder andere Mehrheit erfordert[16].

Ergibt bei einer Wahl[16] die erste Abstimmung keine Mehrheit der abgegebenen Stimmen, so erfolgt engere Wahl zwischen den Vorgeschlagenen, die im ersten Wahlgang die meisten Stimmen erhalten haben. Bei Stimmengleichheit erfolgt die Entscheidung sowohl darüber, wer in engere Wahl zu bringen ist, als über deren Ergebnis durch das vom Vorsitzenden (Vorsitzer) zu ziehende Los.

Muster A.

§ 36.

Ordentliche Generalversammlung.

In der ordentlichen Generalversammlung hat der Vorstand den mit dem Bericht des Aufsichtsrats versehenen Geschäftsbericht über den Vermögensstand und die Verhältnisse der Gesellschaft nebst der Jahresbilanz und der Gewinn- und Verlustrechnung für das verflossene Geschäftsjahr vorzulegen. Die Vorlagen sind zwei Wochen vor dem letzten Hinterlegungstage (§ 30) im Geschäftsraum der Gesellschaft zur Einsicht der Aktionäre auszulegen.

Die Generalversammlung beschließt über die Genehmigung

Muster B.

§ 36.

Ordentliche Hauptversammlung[59].

Der ordentlichen Hauptversammlung ist der Jahresabschluß und Geschäftsbericht[38] für das vorangegangene Geschäftsjahr mit dem Bericht des Aufsichtsrats vorzulegen. Die Vorlagen sind zwei Wochen vor dem letzten Hinterlegungstag (§ 30) im Geschäftsraum der Gesellschaft zur Einsicht der Aktionäre auszulegen.

Die Hauptversammlung beschließt über

1. die Feststellung des Jahresabschlusses, falls Vorstand und Aufsichtsrat sich für die Feststellung durch die Hauptver-

Muster A.

des Jahresabschlusses[31 u. 46] und die Gewinnverteilung, über die Entlastung des Aufsichtsrats und des Vorstandes sowie über die Wahl des Bilanzprüfers. Ferner erfolgen die Wahlen zum Aufsichtsrat sowie die Erledigung etwa sonst vorliegender rechtzeitig eingebrachter Anträge.

§ 37.

Beschränkung der Geschäftsführung durch die Generalversammlung[46].

Nur auf Grund eines Beschlusses der Generalversammlung können die folgenden Rechtsgeschäfte und geschäftlichen Maßnahmen vorgenommen werden:

a) Aufnahme von Anleihen durch Ausgabe von Teilschuldverschreibungen,

b) Beteiligungen an anderen Unternehmungen,

c) Aufnahme neuer Geschäftszweige.

Muster B.

sammlung entscheiden oder der vom Vorstand aufgestellte Jahresabschluß die Billigung des Aufsichtsrats nicht gefunden hat[31 u. 46],

2. die Gewinnverteilung[43] und
3. die Entlastung des Vorstands und des Aufsichtsrats[28].

Sie wählt den Abschlußprüfer[1] und nimmt die erforderlichen Neuwahlen zum Aufsichtsrat vor.

§ 38.

Satzungsänderungen[64].

Satzungsänderungen, die den Sitz der Gesellschaft, die Bestimmungen über die Wahl und Zusammensetzung des Aufsichtsrats und die für die Wahlfähigkeit erforderlichen Eigenschaften der Aufsichtsratsmitglieder betreffen, können nur mit einer Mehrheit beschlossen werden, die mindestens $^4/_5$ des bei der Beschlußfassung vertretenen Grundkapitals umfaßt[16 u. 64].

Kommt ein Beschluß hierüber nicht zustande, so kann in einer erneut einberufenen Generalversammlung (Hauptversammlung) der

Muster A.

Beschluß mit einer Mehrheit von $^3/_5$ der abgegebenen Stimmen gefaßt werden.

Der Vorstand ist ermächtigt, unter Zustimmung des Vorsitzenden des Aufsichtsrats alle Änderungen der Satzung vorzunehmen, die der Handelsregisterrichter verlangen sollte[64].

Muster B.

Satzungsänderungen, die nur die Fassung der Satzung betreffen, können von dem Aufsichtsrat beschlossen werden[64].

§ 39.

Kapitalerhöhung[49]. Ausschluß des Bezugsrechts[19].

Ein Beschluß der Hauptversammlung über die Erhöhung des Grundkapitals bedarf einer Mehrheit, die mindestens die Hälfte des bei der Beschlußfassung vertretenen Grundkapitals[16 u. 49] umfaßt. Es ist gesonderte Abstimmung der Aktionäre der Aktien Gruppe A und B einerseits sowie der Gruppe C andrerseits erforderlich.

Wird in dem Beschluß das Bezugsrecht der Aktionäre ausgeschlossen[19], so bedarf er bei der gemeinsamen Abstimmung der Aktionäre einer Mehrheit, die mindestens $^4/_5$ des bei der Beschlußfassung vertretenen Grundkapitals umfaßt, sowie einer Mehrheit der Hälfte des vorhandenen Grundkapitals, bei den gesonderten Abstimmungen einer Mehrheit, die mindestens drei Viertel des bei der Beschlußfassung vertretenen Grundkapitals umfaßt.

Geschäftsjahr. Jahresabschluß. Gewinnverteilung.

§ 40.

Das Geschäftsjahr ist das Kalenderjahr.

Muster A.

§ 41.

Innerhalb der ersten drei Monate nach Ablauf des Geschäftsjahrs hat der Vorstand für das abgelaufene Geschäftsjahr die Bilanz, eine Gewinn- und Verlustrechnung sowie einen den Vermögensstand und die Verhältnisse der Gesellschaft entwickelnden Bericht dem Aufsichtsrat und mit dessen Bemerkungen innerhalb weiterer drei Monate der Generalversammlung vorzulegen.

§ 42.

Reservefonds.

In den gesetzlichen Reservefonds sind jährlich 10% des Reingewinns einzustellen, bis 15% des Grundkapitals erreicht sind. Über die in HGB. § 262 vorgeschriebenen Zuweisungen hinaus sind Überschüsse aus der Verwertung von Aktien, deren die Inhaber für verlustig erklärt sind, sowie die Zinsen und Vertragsstrafen, die wegen nicht rechtzeitiger Leistung der eingeforderten Einzahlungen auf die Aktien zu zahlen sind, in den gesetzlichen Reservefonds einzustellen.

Neben dem gesetzlichen Reservefonds sind besondere Reservefonds mit folgender Zweckbestimmung zu bilden:

1. ein Dividendenergänzungsfonds,

Muster B.

§ 41.

Innerhalb der ersten fünf Monate nach Ablauf des Geschäftsjahrs hat der Vorstand für das abgelaufene Geschäftsjahr den Jahresabschluß[31] und Geschäftsbericht[38] dem Aufsichtsrat und mit dessen Stellungnahme, die innerhalb eines weiteren Monats zu erfolgen hat, der Hauptversammlung vorzulegen.

§ 42.

Rücklagen[62].

In die gesetzliche Rücklage sind jährlich 10% des Reingewinns einzustellen, bis 15% des Grundkapitals erreicht sind. Über die in § 130 des Aktiengesetzes vorgeschriebenen Zuweisungen hinaus sind Überschüsse aus der Verwertung von Aktien, deren die Inhaber für verlustig erklärt sind, sowie die Zinsen und Vertragsstrafen, die wegen nicht rechtzeitiger Leistung der eingeforderten Einzahlungen auf die Aktien zu zahlen sind[27], in die gesetzliche Rücklage einzustellen[62].

Neben der gesetzlichen Rücklage sind besondere Rücklagen mit folgender Zweckbestimmung zu bilden[62]:

1. eine Rücklage zur Ergänzung der Dividende,

Muster A.

2. ein Arbeiter- und Angestellten-Unterstützungsfonds,
3. ein Erneuerungsfonds,
4. ein Dispositionsfonds.

Der Dividendenergänzungsfonds dient der Auffüllung der Dividenden bis zu 4%, wenn in einem Jahr die verteilbare Dividende diesen Satz nicht erreicht.

Aus dem Unterstützungsfonds sind erkrankte oder bedürftige Arbeiter mit angemessenen Beträgen zu unterstützen.

Der Erneuerungsfonds ist zu Neuanschaffungen, Verbesserungen und zur Instandhaltung der Betriebsanlagen bestimmt.

Der Dispositionsfonds wird für unvorhergesehene Fälle zum Ausgleich von Wertminderungen oder zur Deckung von Verlusten angesammelt.

Die Höhe der Zuweisungen zu den Fonds und der Entnahmen aus den Fonds bestimmt der Aufsichtsrat[31].

Muster B.

2. eine Rücklage zur Unterstützung von Arbeitern und Angestellten,
3. eine Rücklage zur Erneuerung der Betriebsanlagen,
4. eine Rücklage für unvorhergesehene Fälle.

Die Rücklage zu 1 dient der Auffüllung der Dividenden bis zu 4%, wenn in einem Jahr die verteilbare Dividende diesen Satz nicht erreicht.

Aus der Rücklage zu 2 sind erkrankte oder bedürftige Arbeiter mit angemessenen Beträgen zu unterstützen.

Die Rücklage zu 3 ist zu Neuanschaffungen, Verbesserungen und zur Instandhaltung der Betriebsanlagen bestimmt.

Die Rücklage zu 4 wird für unvorhergesehene Fälle zum Ausgleich von Wertminderungen oder zur Deckung von Verlusten angesammelt.

Die Rücklagen werden aus dem Bruttoreingewinn, soweit dieser 4% des Grundkapitals übersteigt, gebildet. Die Höhe der jährlichen Zuweisungen bestimmt der den Jahresabschluß feststellende Verwaltungsträger[31]. Der Gesamtbetrag der freien Rücklagen darf die Hälfte des Grundkapitals nicht übersteigen.

§ 43.

Abschreibungen[22].

In der Jahresbilanz sind, sofern nicht höhere Abschreibungen

Muster A. | Muster B.

erforderlich erscheinen, folgende Abschreibungen jährlich auf die Anlagewerte vorzunehmen:

3% auf Gebäude,
10% auf Maschinen und Werkzeuge,
20% auf Kraftfahrzeuge.

Abschreibungen, die hierüber hinausgehen, und Abschreibungen auf andere Bilanzposten setzt der Aufsichtsrat fest[31].

Die wegen dubioser Forderungen abzuschreibenden oder als Delkrederekonto einzusetzenden Beträge vereinbaren Vorstand und Aufsichtsrat; bei Meinungsverschiedenheiten entscheidet die Generalversammlung[31].

§ 44.

Gewinnverteilung[43].

Der Reingewinn, der sich nach Vornahme der nach Gesetz und Satzung erforderlichen Abschreibungen, Wertberichtigungen, Rückstellungen und Rücklagen ergibt[31 u. 43], wird in folgender Weise verwendet:

1. zur Ausschüttung eines Gewinnanteils bis zu 4% an alle Aktionäre unter Berücksichtigung der §§ 8 und 9 der Satzung[78],

2. zur Zahlung des Gewinnanteils an den Aufsichtsrat gemäß § 28 der Satzung[20],

3. der Rest wird unter Berücksichtigung der §§ 8 und 9 der Satzung an die Aktionäre ausgeschüttet, soweit nicht die Hauptversammlung beschließt, ihn anders zu verwenden, insbesondere auf neue Rechnung vorzutragen[43].

§ 45.

Gewinnanspruch der Aktionäre.

Der Gewinn wird im Verhältnis der Nennbeträge der Aktien verteilt[25]. Das gilt für die Aktien Gruppe B auch bereits für die Zeit, in der sie noch nicht voll eingezahlt sind[25].

Muster A. Muster B.

Auflösung.

§ 46.

Beschlußfassung über die Auflösung[8].

Eine Beschlußfassung der Generalversammlung (Hauptversammlung) über die Auflösung der Gesellschaft bedarf einer Mehrheit, die mindestens vier Fünftel des bei der Beschlußfassung vertretenen Grundkapitals[16] umfaßt. Sie muß in einer zweiten gesondert einberufenen Generalversammlung (Hauptversammlung) mit der gleichen Mehrheit wiederholt werden.

Muster A.

§ 47.

Bestellung der Liquidatoren.

Es sind zwei Liquidatoren zu bestellen.

Die Generalversammlung kann die Bestellung und Abberufung der Liquidatoren dem Aufsichtsrat übertragen[4].

Muster B.

§ 47.

Bestellung der Abwickler[4].

Abwickler ist die Deutsche Treuhandgesellschaft.

Lehnt diese die Übernahme des Amtes ab, so werden vier Abwickler von der Hauptversammlung bestellt. Je zwei der Abwickler sind gemeinsam berechtigt, die Gesellschaft zu vertreten. Der Aufsichtsrat kann bestimmen, daß ein einzelner Abwickler allein zur Vertretung der Gesellschaft befugt ist.

§ 48.

Verteilung des Abwicklungserlöses.

Aus dem Abwicklungserlös werden zunächst die Vorzugsrechte befriedigt, die den Aktien Gruppe D an dem Abwicklungserlös gewährt sind.

Im übrigen erfolgt seine Verteilung unter die Aktionäre nach dem Verhältnis der auf die Aktien geleisteten Einzahlungen[5].

Erläuterungen

Abberufung des Vorstandes: siehe „Widerruf der Bestellung".

Anm. 1. **Abschlußprüfung.** Nach der Aktiennovelle 1931 konnte ein Jahresabschluß ohne Pflichtprüfung festgestellt werden, wenn die Generalversammlung die Wahl eines Bilanzprüfers unterließ und weder Vorstand noch AR. noch ein Aktionär die Bestellung des Bilanzprüfers bei Gericht beantragte (HGB. § 262b); ein ohne Bilanzprüfung den Jahresabschluß feststellender Beschluß war nur anfechtbar (Schlegelberger § 262a Anm. 6). Das AktG. erklärt in § 135 einen ohne Prüfung festgestellten Jahresabschluß für nichtig. Die Gesetzesbestimmungen über die Prüfung des Jahresabschlusses (§§ 135ff.) sind damit zu öffentlichrechtlichen Schutzvorschriften erhoben. Sie sind zwingenden Rechts.

Die Satzungen enthalten meist keine Bestimmungen über die Abschlußprüfung, da die gesetzliche Regelung im wesentlichen unabänderlich ist. Bisweilen wird die Wahl des Abschlußprüfers als Gegenstand der Tagesordnung der ordentlichen Hauptversammlung bestimmt. Das ist zweckmäßig (vgl. Muster A u. B § 36).

In Ermangelung von Satzungsbestimmungen erfolgt die Wahl des Abschlußprüfers mit einfacher Stimmenmehrheit. Allgemeine Vorschriften der Satzungen über Wahlen finden auch auf die Wahl des Abschlußprüfers Anwendung (vgl. Muster A und B §§ 33 u. 35). Schlegelberger (§ 262b Anm. 2) will alte Satzungsbestimmungen, die schon vor Einführung der Pflichtprüfung durch die Aktiennovelle 1931 galten, auf die Wahl des Abschlußprüfers nur angewendet wissen, wenn sie das Zustandekommen der Wahl erleichtern, sie aber ausschalten, wenn sie die Wahl von erschwerenden Voraussetzungen abhängig machen (z. B. einer $^3/_4$ Mehrheit); für die Zukunft soll von der Einführung von Erschwerungen auch die Wahl des Abschlußprüfers getroffen werden. Man wird jetzt nach Ablauf von sechs Jahren diese Unterscheidung nicht mehr machen dürfen. Ist bis jetzt eine unterschiedliche Behandlung der Wahl des Abschlußprüfers nicht beschlossen, gelten auch für sie die in der Satzung allgemein für Wahlen gegebenen Vorschriften.

Da § 135 die Wahl einer oder mehrerer Personen zuläßt, kann die Satzung die Zahl der Prüfer vorschreiben. Sie kann aber im übrigen die freie Entschließung der Hptvers. nicht aufheben, insbesondere nicht den Prüfer (etwa eine Prüfungsgesellschaft) selbst benennen. Das Gesetz will, daß jährlich der Prüfer neu und zwar frei von der Hptvers. ausgewählt wird. Dagegen kann die Satzung für die Eignung der Prüfer im Rahmen des § 137 und darüber hinaus Erfordernisse aufstellen, z. B. anordnen, daß nur eine Wirtschaftsprüfungsgesellschaft, nicht ein Einzelprüfer bestellt werden darf.

Die Bestimmungen über den Widerspruch gegen die Auswahl des Prüfers (§ 136) können weder eingeschränkt noch erweitert werden. Insbesondere kann die zum Widerspruch berechtigte Minderheit von $^1/_{10}$ des Grundkapitals nicht erhöht werden — das würde das Minderheitsrecht verkürzen —. Sie kann auch nicht herabgesetzt werden; denn das gerichtliche Widerspruchsverfahren ist nur den in § 136 Abs. 2 genannten Personenmehrheiten gewährt. Die Satzung kann daher auch nicht bestimmen, daß an Stelle des Vorstandes jedes seiner Mitglieder, an Stelle des AR. sein Vorsitzer widerspruchsberechtigt ist.

Die Satzung kann den AR. ermächtigen, neben der Abschlußprüfung durch den gewählten oder bestellten Prüfer noch eine besondere Prüfung des Jahresabschlusses vornehmen zu lassen, wenn er es für erforderlich erachtet. Notwendig ist eine solche Bestimmung nicht. Der AR. wird z. B. in Fällen, in denen er die Versagung oder Einschränkung des Bestätigungsvermerks als unberechtigt ansieht, jedoch wegen dieser Beanstandungen des Prüfers den Jahresabschluß nicht billigen will (§ 125), eine anderweitige Prüfung veranlassen können und müssen, um der Hptvers. die zur Feststellung des Jahresabschlusses erforderlichen Unterlagen geben zu können.

Für Meinungsverschiedenheiten, die zwischen dem Vorstand und den Abschlußprüfern über die Auslegung der Vorschriften über den Jahresabschluß entstehen, sieht Art. X der 1. DV. die Entscheidung einer Spruchstelle vor. Die Spruchstelle — ein Zivilsenat des Kammergerichts und des OLG. München — kann nur vom Vorstand und den Abschlußprüfern angerufen werden, nicht auch vom Aufsichtsrat (§ 30 der 1. DV.).

Abschreibungen: siehe „Bilanzansätze".

Abstimmung. Sie ist die Form der Ausübung des Stimmrechts **Anm. 2.**
der Aktionäre. § 114 Abs. 7 überläßt die Bestimmung hierüber der Satzung (HGB. § 252 Abs. 4). Sie kann bestimmen, daß die Abstimmung durch Stimmzettel, durch Handaufheben, durch Aufstehen oder Sitzenbleiben oder durch Zuruf zu erfolgen hat. Sie kann die Ernennung von Stimmzählern vorsehen. Enthält die Satzung keine Vorschrift, so be-

stimmt der Vorsitzer die Art der Abstimmung. Er kann hierbei auch Abstimmung durch Zuruf wählen. Ob er bei Streit über die Art der Abstimmung die Entscheidung der Hauptversammlung selbst herbeiführt, steht in seinem Ermessen; erforderlich ist es nicht (Staub § 252 Anm. 28; RG. in DNotZ. 29, 344). Die Satzungen treffen vielfach Bestimmungen darüber, wer die Abstimmungsart festsetzt und die Stimmzähler ernennt (vgl. „Leitung der Hptvers.; Muster A u. B § 33).

Abstimmung im Aufsichtsrat: siehe „Geschäftsordnung des AR."

Änderungen der Satzung: siehe „Satzungsänderungen".

Anm. 3. **Aktien mit beschränktem Stimmrecht.** In Übereinstimmung mit HGB. § 252 läßt § 114 Abs. 1 Satz 3 Beschränkungen des Stimmrechts für den Fall zu, daß ein Aktionär mehrere Aktien besitzt. In diesem Fall kann die Satzung für das Stimmrecht dieses Aktionärs einen Höchstbetrag oder Abstufungen des Stimmrechtsumfangs festsetzen. So kann sie vorsehen, daß bei einem Aktienbesitz von mehr als 1000000 RM. nur dieser Höchstbetrag zählt oder daß ein Aktionär nur höchstens 1000 Stimmen haben kann. Oder die Satzung kann vorschreiben, daß ein Aktionär bis zu einem Aktienbesitz von 100000 RM. das volle Stimmrecht hat, für weitere 100000 RM. nur je 2 Aktien eine Stimme, für die nächsten 100000 RM. nur je 3 Aktien eine Stimme, für die nächsten 100000 RM. nur je 4 Aktien und so fort eine Stimme gewähren (vgl. auch Muster A u. B § 31). Die Satzung kann gemäß § 114 Abs. 1 sogar bestimmen, daß jeder Aktionär nur eine Stimme hat, indem sie den Höchstbetrag stimmberechtigten Aktienbesitzes auf 1000 RM. festsetzt (Teichmann-Köhler § 114 Anm. 2d; Brodmann § 252 Anm. 2a; a. M. Staub § 252 Anm. 12); durch eine derartige Bestimmung geht die Satzung zu einer Stimmabgabe nach Köpfen über.

Derartige Stimmrechtsbeschränkungen können nur für bestimmte Beschlußfassungen, z. B. Aufsichtsratswahlen und Satzungsänderungen, aber auch allgemein vorgesehen werden. Sie gelten nur für den Aktienbesitz, der dem Aktionär selbst oder als Legitimationsaktionär gehört. Die Satzung kann nicht bestimmen, daß Aktien, deren Stimmrecht der Aktionär im Namen eines dritten Eigentümers ausübt, mitgerechnet werden (Muster A u. B § 31; Staub § 252 Anm. 12).

Die Anwendung des § 114 Abs. 1 Satz 3 macht nicht einen Teil der Aktien zu stimmrechtslosen Aktien, sondern vermindert nur den Umfang des Stimmrechts bei Vereinigung der Aktien in einer Hand (Brodmann § 252 Anm. 1a). Diese Verminderung trifft nicht nur bei Beschlußfassungen, in denen die Stimmenmehrheit zu entscheiden hat, sondern auch für Beschlußfassungen nach Kapitalmehrheit ein; auch hierbei soll nur der Höchstbetrag oder der abgestufte Betrag des Aktienbesitzes zählen (vgl. „Beschlußfassung in der Hptvers."). In diesem Sinne hat die Schering AG. unter Anwendung des § 114 ein beschränktes Stimmrecht für gehäuften Aktienbesitz (3000000 RM. Höchstbetrag) kürzlich eingeführt, um künftige Überfremdung auszuschließen (vgl. DAZ. 1937 Nr. 341, 363 u. 394, Frankf.Zeit. 1937 Nr. 368 u. 426). Gegen die Gültigkeit der Beschlüsse ist nichts einzuwenden.

Die Satzungen, die bisher solche Stimmrechtsbeschränkungen vorsehen, bestimmen vielfach, daß der AR. den Höchstbetrag oder die Abstufungen im Stimmrecht festzusetzen hat. Das erscheint nach § 114 unzulässig. Die Satzung selbst muß die Festsetzungen treffen. Die alten Satzungsbestimmungen sind daher abzuändern.

Im Falle der Schering AG. hat man die Stimmrechtsbeschränkungen durch die Vorschrift der Satzung wirksam zu gestalten versucht, daß der Vorsitzer von den Aktionären die schriftliche Erklärung darüber verlangen kann, daß die Stimmrechtsbeschränkung innegehalten ist und kein Verstoß gegen sie vorliegt. Man will vermeiden, daß eine Tarnung eines den Höchstbetrag überschreitenden Aktienbesitzes durch Einschiebung von Strohmännern im Wege der Legitimationsübertragung erfolgt, und bestimmt deshalb, daß das Stimmrecht, falls die vom Vorsitzer erforderte Erklärung nicht abgegeben wird, entfällt. Einen Schutz gegen solche Tarnung bieten bereits die Vorschriften der §§ 114 Abs. 4 und 300 des AGesetzes (Offenlegung der Legitimationsübertragung im Teilnehmerverzeichnis, Gewährung des Bankenstimmrechts nur bei schriftlicher Ermächtigung des Aktionärs). § 114 Abs. 7 gibt aber darüber hinaus die Möglichkeit, die Bedingungen für die Ausübung des Stimmrechts festzusetzen und insbesondere in Fällen der Legitimationsübertragung Erfordernisse aufzustellen, die zur Verhinderung der Umgehung von Stimmrechtsbeschränkungen die wahren Eigentumsverhältnisse klarlegen (vgl. Anm. 53, insbesondere auch über die Zulässigkeit gänzlichen Ausschlusses der Legitimationsübertragung). Daraus folgt die Zulässigkeit der im Falle Schering AG. vorgesehenen Satzungsbestimmungen. Es handelt sich nicht um eine willkürliche und strafweise Aberkennung des Stimmrechts, entgegen dem Grundsatz des § 114 Abs. 1 S. 1, sondern um eine Sicherung zulässiger Stimmrechtsbeschränkungen durch Festsetzung von Bedingungen für die Stimmrechtsausübung, wie sie das Erfordernis der Aktienhinterlegung u. dergl. mehr darstellen und durchaus üblich sind.

Aktiengesellschaft als Firmenbestandteil: siehe „Firma".

Amtsdauer: siehe „Bestellung des Vorstands", „Wahl des AR.".

Anmeldung zur Hauptversammlung: siehe „Teilnahmerecht und Stimmrecht".

Anm. 4. **Abwickler.** Für die Abwicklung (Liquidation) treten an die Stelle des Vorstands die Abwickler. Ihre Aufgabe ist grundsätzlich von der des Vorstands verschieden. Der durch die Auflösung der AG. begründeten Zweckänderung entspricht die Änderung des Aufgabenkreises und der Stellung der Abwickler. Die Verwaltung und Verwertung des Vermögens zum Zwecke seiner Ausschüttung an die Aktionäre erfordert nicht mehr die unabhängige eigenverantwortliche Führerstellung, wie sie in § 70 dem Vorstand für die Leitung der werbenden Gesellschaft verliehen ist. Daraus ergeben sich wesentliche Abweichungen gegenüber der für den Vorstand getroffenen Regelung:

Abwickler braucht nicht notwendig eine natürliche Person zu sein. Auch eine juristische Person kann zum Abwickler bestellt werden (§ 206 Abs. 1; Muster B § 47).

Abwickler sind die Vorstandsmitglieder, wenn nicht die Satzung oder ein Beschluß der Hauptversammlung andere Personen bestellt (§ 206). Der Aufsichtsrat ist — abweichend von § 75 für den Vorstand — nicht zur Bestellung der Abwickler berufen. Auch die Satzung kann den AR. hierzu nicht ermächtigen (RG. 49 A 122 für den inhaltlich gleichen § 295 HGB.). Die Satzung kann nur eine oder mehrere Personen bestimmt bezeichnen (vgl. Muster B § 47).

Die Abberufung der Abwickler liegt der Hauptversammlung ob. Die Abberufung kann jederzeit erfolgen (§ 206 Abs. 2). Vorliegen eines wichtigen Grundes ist nicht Voraussetzung (anders § 75). Der AR. ist auch zur Abberufung nicht befugt. Die Satzung kann ihn hierzu nicht ermächtigen. Der AR. kann aber, wie auch eine Aktionärminderheit von $^1/_{20}$ des Grundkapitals, gemäß § 206 Abs. 2 aus wichtigen Gründen die Abberufung der Abwickler und die Bestellung anderer Abwickler bei dem Registerrichter beantragen. Er ist hiernach nicht auf den Weg der Einberufung einer Hauptversammlung gemäß § 95 Abs. 4 gewiesen. Die Satzung kann diese zwingende Regelung nicht ändern.

Sind mehrere Abwickler bestellt, so gilt Gesamtvertretung durch alle. In der Satzung oder bei der Bestellung kann Abweichendes bestimmt werden: z. B. gemeinsame Vertretung durch je zwei Abwickler, aber auch Einzelvertretung. Die Satzung kann — übereinstimmend mit der Regelung für die Vorstandsbestellung — den AR. ermächtigen, für einzelne Abwickler Alleinvertretungsbefugnis zu bestimmen (vgl. Muster B § 47).

Die **Vertretungsmacht** der Abwickler ist nach außen durch die Satzung nicht beschränkbar (§ 210 Abs. 4); sie ist aber im Vergleich zu der Vertretungsmacht des Vorstands **gesetzlich eingeschränkt**: nämlich **auf den Geschäftskreis der Abwicklung** (§ 210 Abs. 1). Der Abwickler hat nur Abwicklungsgeschäfte vorzunehmen (RG. in LZ. 1912, 153). Überschreitet er diesen Geschäftskreis, so handelt er ohne Vertretungsmacht (BGB. § 179). Die Satzung kann diese gesetzliche Einschränkung ebensowenig wie ein Beschluß der Hauptversammlung aufheben.

Die **Geschäftsführungsbefugnis** unterliegt der gleichen Beschränkung, außerdem den durch Gesetz oder Satzung dem Vorstand auferlegten Beschränkungen. Insbesondere ist hier auf § 95 Abs. 5 zu verweisen: der Abwickler ist an die Zustimmung des AR. gebunden, soweit die Satzung dies für den Vorstand vorschreibt oder der AR. es verlangt. Den Abwicklern gegenüber ist obendrein die **Stellung der Hauptversammlung** erweitert. Da ihnen die Führerstellung des Vorstands nicht zukommt, fällt ihnen gegenüber die Beschränkung der Hauptversammlung durch § 103 Abs. 2 weg: in Fragen der Abwicklung kann die Hauptversammlung nicht nur auf Verlangen der Abwickler, sondern selbständig oder auf Anruf des AR. entscheidende, die Abwickler bindende Beschlüsse fassen. Nur ein Beschluß, der den Abwicklern Weisungen für abwicklungswidrige Geschäfte gäbe, wäre für sie unbeachtlich. Dieser gegenüber der Hauptversammlung eingeengten Stellung entspricht es, daß nicht den Abwicklern, sondern der Hauptversammlung die Feststellung der Jahresabschlüsse während der Abwicklung zusteht (§ 211 Abs. 2). Diese Vorschrift ist zwingend.

Auch für die Geschäftsführungsbefugnis gilt der Grundsatz des Gesamthandelns. Ist Einzelvertretung oder Gesamtvertretung durch zwei vorgesehen, so gilt das gleiche im Zweifel, wenn die Satzung oder ein Beschluß der Hauptversammlung oder eine Anweisung des AR. nichts anderes bestimmt, für die Geschäftsführung (a. M. Schlegelberger AktG. § 209 Anm. 14). Jeder Abwickler kann jedoch der Handlung des anderen Abwicklers widersprechen. Die Entscheidung liegt dann bei der Mehrheit. Die Satzung kann eine andere Regelung vorsehen.

Die **Vergütung** der Abwickler bestimmt der Anstellungsvertrag. Sind die Vorstandsmitglieder Abwickler, so beziehen sie die in ihrem Anstellungsvertrag vorgesehene Vergütung fort. Eine Gewinnbeteiligung kann jedoch nicht aufrechterhalten werden, da die AG. während der Abwicklung nicht mehr Gewinne erzielt (vgl. „Abwicklung“).

Die Dauer der Bestellung und Anstellung ist für die Abwickler nicht, wie für den Vorstand, auf fünf Jahre (§ 75) begrenzt.

Anm. 5. **Abwicklung.** Die Abwicklung (früher Liquidation) dient dem Zweck, die Geschäfte der aufgelösten AG. „abzuwickeln", das Vermögen zu versilbern, die Verbindlichkeiten zu tilgen und das verbleibende Restvermögen an die Aktionäre auszuschütten. Grundsätzlich hat jede Auflösung die Abwicklung zur Folge. Die Satzung kann hieran nichts ändern. Eine gesetzliche Ausnahme bildet der Konkursfall (§ 205 Abs. 1). Ohne Abwicklung endet die AG. im Falle der Verschmelzung und Umwandlung und wenn sie als vermögenslos von dem Registerrichter gelöscht wird.

Während der Abwicklung bleiben auf die Gesellschaft die Vorschriften des AGesetzes, die für die werbende AG. gegeben sind, anwendbar, soweit das Gesetz nicht Sonderbestimmungen vorsieht oder sich aus dem Zweck der Abwicklung nichts anderes ergibt (§ 205 Abs. 2). Im Gegensatz zur werbenden AG. ist die in der Abwicklung begriffene Gesellschaft nicht mehr auf Durchführung des Gesellschaftszweckes, nicht mehr auf Erwerb und Gewinnerzielung, sondern auf Verteilung des Abwicklungserlöses unter die Aktionäre gerichtet. Daraus ergeben sich wichtige Änderungen, die von dem Gesetzgeber teils selbst vorgesehen, teils bei der Handhabung des Gesetzes aus dem veränderten Zweck zu folgern sind.

Über die veränderte Stellung der Abwickler gegenüber dem Vorstand, über ihre Bestellung und Abberufung vgl. „Abwickler".

Die Stellung des Aufsichtsrats wird durch die Auflösung der AG. nicht verändert. Die Unvereinbarkeit des Amts des AR.s mit dem Amt des Vorstands besteht auch gegenüber dem Amt der Abwickler. Deshalb ist eine Satzungsbestimmung ungültig, daß sämtliche Mitglieder des Vorstands und des Aufsichtsrats Liquidatoren sind. Eine derartige Bestimmung kann auch aus dem weiteren Grunde nicht zulässig sein, weil sie den AR. als Überwachungsorgan für die Abwicklung beseitigt. Der AR. bleibt auch für die Abwicklung notwendiger Verwaltungsträger der AG. § 209 Abs. 3 schreibt in Übereinstimmung mit HGB. § 298 Abs. 3 vor, daß die Abwickler wie der Vorstand der Überwachung durch den Aufsichtsrat unterliegen. Der AR. kann daher ein einzelnes Abwicklungsgeschäft oder bestimmte Arten solcher Geschäfte von seiner Zustimmung abhängig machen (§ 95 Abs. 5). Satzungsbestimmungen, die für den Vorstand die Zustimmung des AR. zum

Abschluß bestimmter Geschäfte für erforderlich erklären, binden auch die Abwickler.

Da der AR. auch gegenüber den Abwicklern nur Überwachungsorgan ist, kann die Satzung nicht bestimmen, daß die Abwickler an die Weisungen des AR. gebunden sind.

Einzelne Satzungen enthalten die Bestimmung, daß der AR. auch während der Liquidation in der Zusammensetzung, in der er zur Zeit des Liquidationsbeschlusses besteht, für die längste gesetzlich zulässige Zeitdauer im Amt bleibt. Derartige Bestimmungen bleiben gültig. Die Satzungen können auch weiterhin vorsehen, daß — im Gegensatz zu der von ihnen für die werbende Gesellschaft getroffenen Regelung — Neuwahlen zum AR. während der Liquidation nur erforderlich sind, wenn die Zahl seiner Mitglieder unter drei sinkt. Ungültig dagegen sind Bestimmungen, nach denen ein Ausscheiden von AR.-Mitgliedern während der Abwicklung nicht stattfindet, auch wenn die sonst gesetzlich oder satzungsmäßig vorgeschriebene Amtsdauer überschritten ist, oder nach denen der bei der Auflösung im Amt befindliche AR. als für die Abwicklung neu gewählt gilt. Derartige Bestimmungen widersprechen den zwingenden Vorschriften des § 87 Abs. 1 und 2. Man kann nicht sagen, daß der Zweck der Abwicklung die Aufrechterhaltung des gesetzgeberischen Gedankens, die Amtsdauer der AR.-Mitglieder auf eine Höchstzeit von vier Jahren zu beschränken, nicht erfordere (§ 205 Abs. 2). — Eine Satzungsbestimmung, nach der die die Auflösung beschließende Generalversammlung eine Neuwahl des AR. vorzunehmen hat, bleibt unberührt.

Die Stellung der Hauptversammlung ist während der Abwicklung grundlegend geändert. Der Ausschluß ihrer Entscheidungsbefugnis in Fragen der Geschäftsführung besteht nicht fort (vgl. „Abwickler"). Demgemäß ist sie auch allein berufen, die Jahresabschlüsse während der Abwicklung festzustellen.

Die Verteilung des nach Tilgung aller Verbindlichkeiten verbleibenden Vermögens unter die Aktionäre kann durch die Satzung ausgeschlossen sein (z. B. bei Gesellschaften mit gemeinnützigem Zweck); es kann auch vorgesehen sein, daß jeder Aktionär nur seine Einlage zurückerhält, ein Überschuß des Abwicklungserlöses aber einem Dritten zufällt. Die Art der Verteilung bestimmt § 212 in Übereinstimmung mit HGB § 300. Grundsätzlich ist das Verhältnis der Aktiennennbeträge entscheidend. Sind Vorzugsaktien mit Vorrechten für die Verteilung des Abwicklungserlöses ausgegeben, so wird hierdurch eine abweichende Verteilungsart begründet. Sind die Einlagen nicht auf alle Aktien in demselben Verhältnis geleistet, so werden zunächst die eingezahlten Beträge zurückerstattet; der Überschuß wird nach dem Verhältnis der Aktiennennbeträge verteilt (§ 212 Abs. 3). Die Satzung kann aber auch hier eine andere Verteilung vorschreiben, z. B. auch für die Verteilung des Überschusses das Verhältnis der eingezahlten Beträge zugrundelegen (vgl. Muster B § 48). Die bisherigen Satzungsbestimmungen werden durch das AGesetz nicht berührt.

Die Satzungen sehen bisweilen die Hinterlegung des Abwicklungserlöses, soweit er von den Aktionären binnen bestimmter Frist nicht erhoben ist, vor. Die Bestimmung enthält Selbstverständliches. Auch finden sich Vorschriften über eine Ausschlußfrist zur Abhebung der Beträge mit der Wirkung des Verfalls zugunsten der Gesellschaft. Auch derartige Bestimmungen bleiben unberührt. Sie können auch nachträglich durch satzungsändernden Beschluß in die Satzung aufgenommen werden (BGB. § 225; Brodmann § 300 Anm. 3e; a. M. Staub § 300 Anm. 5).

Anm. 6. **Anonymität im Aktienrecht.** Die Forderung auf Beseitigung der Anonymität im Aktienwesen betraf in erster Reihe die Inhaberaktien. Die Inhaberaktie ist jedoch im AGesetz nicht beseitigt worden. Wie im bisherigen Recht die Inhaberaktie die Regel bildete, obwohl HGB. § 183 Abs. 1 die Namensaktie als die Norm bezeichnet, werden auch in Zukunft die Satzungen die bevorzugte Form der Inhaberaktie beibehalten. Die Regel des § 17 Abs. 1, daß die Aktien, wenn die Satzung nichts anderes vorsieht, als Namensaktien ausgegeben werden müssen, wird weiterhin durch die satzungsmäßige Regelung in die Ausnahme verwandelt werden.

Für die Beibehaltung des bisherigen Rechtszustands war die Erkenntnis maßgebend, daß die Beseitigung der Inhaberaktie, wie das Beispiel von England und Amerika zeigt, den gewünschten Erfolg nicht verbürgen würde und die freie Übertragbarkeit grundsätzlich unentbehrlich ist, wenn nicht die *wirtschaftlichen* Grundlagen des Aktienwesens erschüttert werden sollen. Die Einschränkung der Anonymität ist daher im AGesetz auf andere Weise erreicht: Zunächst sind einzelne Aktienformen, deren Verwendung sich besonders schädlich und kraß auswirkte, ausgeschaltet oder gegen Mißbrauch gesichert worden: hier sind das grundsätzliche Verbot der Mehrstimmrechtsaktien und ihre nur ausnahmsweise Zulassung mit behördlicher Genehmigung (§ 12 Abs. 2; vgl. Anm. 56) und die Unschädlichmachung der Vorratsaktien (§ 51; vgl. Anm. 74) zu nennen. Sodann ist die Anonymität dort beseitigt, wo eine Herausstellung der Verantwortlichkeiten wesentlich ist: in der Verwaltung. Die Stellung des Vorstands ist gestärkt (§ 70), seine Zuständigkeit erweitert (§ 125), seine Unabhängigkeit in der Geschäftsführung gewährleistet (§ 95 Abs. 5, § 103 Abs. 2). Demgegenüber ist der Aufsichtsrat auf die Überwachung des Vorstandes beschränkt (§ 95 Abs. 1 u. 5). Weder ihm noch gar einem besonderen — nach außen anonymen Verwaltungsrat kann die Leitung der Gesellschaft übertragen werden (vgl. Anm. 54 u. 13). Die Hauptversammlung ist in Fragen der Geschäftsführung grundsätzlich ausgeschaltet (§ 103 Abs. 2; vgl. Anm. 46). Daneben hat das AGesetz die Publizität der verantwortlichen Verwaltungsträger, des Vorstands und des AR., durch die Vorschriften der §§ 100 u. 92 Abs. 2 erweitert.

Die Satzung kann an der gesetzlichen Zuständigkeitsabgrenzung nichts mehr ändern (vgl. Anm. 9, 46 u. 77). Die mit dem AGesetz beabsichtigte Einschränkung der Anonymität und die Abstellung von Mißbräuchen, zu denen sie geführt hatte, erscheint damit gesichert.

Anstellungsvertrag der Vorstandsmitglieder. Wie die Bestellung, **Anm. 7.**
so liegt auch der Abschluß der Anstellungsverträge der Vorstandsmitglieder dem AR. ob (§ 75). Satzungsbestimmungen, die dem Vorsitzer des AR., einem Personalausschuß oder einer anderen Stelle diese Befugnis erteilen, sind ungültig. Einem Ausschuß des AR. könnte diese Befugnis nur durch den Aufsichtsrat selbst verliehen werden (§ 92 Abs. 4; vgl. Anm. 11 und Muster A u. B § 18). Bei Abschluß der Anstellungsverträge des Vorst. wird die AG. von dem AR. vertreten (§ 97). Sieht die Satzung Vertretung des AR. für den Abschluß der Anstellungsverträge durch den Vorsitzer des AR. oder durch einen Personalausschuß vor, so schließt dieser den Vertrag mit Wirkung für die AG. ab (RG. in JW. 1928, 215).

Der Anstellungsvertrag kann auf höchstens fünf Jahre abgeschlossen werden (§ 75). Satzungsbestimmungen, die z. B. den Abschluß auf eine längere Zeit als zehn Jahre an die Zustimmung der Hauptversammlung knüpfen, sind gegenstandslos, weil ein Vertrag von so langer Dauer nach § 75 nicht mehr abgeschlossen werden kann (Muster A § 18).

Dietrich (JW. 1937, 652) hält es für zulässig, einen Anstellungsvertrag auf 5 Jahre mit der Maßgabe abzuschließen, daß er sich jeweils um weitere 5 Jahre verlängert, falls nicht von einer Partei mit bestimmter Frist gekündigt wird. Eine solche Vertragsregelung erscheint im Einklang mit der neuen Vorschrift des § 75 und auch dem praktischen Bedürfnis entsprechend (a. M. Godin-Wilhelmi § 75 Anm. 4); sie erfordert jedoch eine Einschränkung. Nach der zwingenden Vorschrift des

§ 75 muß der AR. frei in seiner Entschließung über eine erneute Bestellung bleiben. Ein sich ohne Kündigung verlängernder Vertrag darf nicht einen Zwang zur Neubestellung bedeuten, wenn die Kündigung seitens des AR. nicht ausgesprochen ist. Die Neubestellung kann erst nach Ablauf der Fünfjahresfrist erfolgen (Schlegelberger Akt. Ges. § 75 Anm. 5). Die Vertragsbestimmung darf daher nur dahin verstanden werden, daß die Verlängerung auf weitere 5 Jahre gilt, vorbehaltlich erneuter Bestellung des Vorstands durch den AR. Zweckmäßig wird dieser Vorbehalt ausdrücklich in dem Anstellungsvertrag vorgesehen. Satzungsbestimmungen, die dem widersprechen würden, sind ebenso wie Vertragsbestimmungen derartigen Inhalts nichtig.

Zulässig erscheint es dagegen, den AR. für den Abschluß dieser Anstellungsverträge an die Zustimmung der Hauptversammlung zu binden (vgl. „Aufsichtsrat“). Nach § 103 kann die Satzung über die im Gesetz bestimmten Fälle hinaus Beschlußfassungen der Hauptversammlung vorsehen, wenn hierdurch nicht die gesetzliche Abgrenzung der Zuständigkeiten gestört wird. So könnte in der Satzung bestimmt werden, daß Anstellungsverträge der Vorstandsmitglieder, in denen Ruhegehaltsverpflichtungen und Hinterbliebenenversorgung übernommen werden, der Zustimmung der Hauptversammlung bedürfen.

Über die Festsetzung der Bezüge und die Gewährung einer Gewinnbeteiligung vgl. Anm. 21.

Anwesenheitsrecht in der Hauptversammlung: siehe „Teilnahmerecht anderer Personen“.

Anm. 8. **Auflösung der Gesellschaft.** Für die Gestaltung der Satzung sind nur die Auflösungsgründe des § 203 Ziff. 1 u. 2, die dem § 292 HGB. entsprechen: Ablauf der in der Satzung bestimmten Zeit (vgl. „Dauer der Gesellschaft“) und Auflösungsbeschluß der Hauptversammlung von Bedeutung.

Satzungsbestimmungen, die den Auflösungsbeschluß von dem Antrag des Vorstandes oder des AR. oder der Mehrheit der AR.-Mitglieder oder von dem Antrag einer bestimmten Aktionärminderheit oder Aktionärmehrheit oder von einem gemeinsamen Antrag der Verwaltungsträger abhängig machen, sind insoweit ungültig, als sie das Recht auf Einberufung der Hauptversammlung oder auf Beschlußfassung durch die Hauptversammlung beschränken. Ungültig sind auch Satzungsbestimmungen, die die Gültigkeit des Auflösungsbeschlusses an die Zustimmung des Vorstandes oder des AR. oder der Mehrheit der AR.-Mitglieder knüpfen. Die Satzung kann an dem Recht des Vorstands, eine Hauptversammlung zur Beschlußfassung über die Auflösung der Gesellschaft einzuberufen und die Auflösung zu beantragen, wenn er nach Lage der Dinge dies für erforderlich hält, nichts ändern. Ein Auflösungsbeschluß der vom Vorstand einberufenen Hauptversammlung ist, wenn der AR. widerspricht, nicht deshalb anfechtbar, weil die Satzung einen Antrag des AR. auf Auflösung voraussetzt. Das gleiche gilt von einem Auflösungsbeschluß, der auf Grund eines Antrags des AR. und in einer von dem AR. gemäß § 95 Abs. 4 einberufenenen Hauptversammlung unter Widerspruch des Vorstandes gefaßt wird, obwohl die Satzung einen Antrag des Vorstands hierzu voraussetzt. Ebensowenig kann die Satzung vorschreiben, daß der Antrag von einer Minderheit von Aktionären, die mehr als $1/_{20}$ des Grundkapitals umfaßt, gestellt sein muß. Das würde der Vorschrift des § 106 Abs. 2 widersprechen, die einer Minderheit von $1/_{20}$ des Grundkapitals das unentziehbare Recht auf Einberufung einer Hauptversammlung gibt und ausdrücklich bestimmt, daß die Satzung nur eine geringere Minderheit zulassen kann. Die beanstandeten Satzungsbestimmungen verkennen, was im HGB. § 292 Ziff. 2 gemeint ist, wenn der Satzung die Aufstellung „noch anderer Erfordernisse“ für den Auflösungsbeschluß überlassen wird (vgl. „Beschlußfassung in der Hauptversammlung“); sie greifen in unzulässiger Weise in die Zuständigkeitsabgrenzung des Gesetzes ein und sind daher zu streichen. Die Satzung könnte lediglich gemäß § 106 Abs. 2 vorschreiben, daß eine geringere Aktionärminderheit als $1/_{20}$ des Grundkapitals berechtigt ist, die Einberufung der Hauptversammlung zur Beschlußfassung über die Auflösung der AG. zu verlangen. Eine Erschwerung der Auflösung durch die Satzung ist hiernach nicht dadurch zu erreichen, daß das Antragsrecht beschränkt oder die Zustimmung der anderen Verwaltungsträger neben dem Beschluß der Hauptversammlung erfordert wird, sondern nur dadurch, daß für die Beschlußfassung an Stelle der zwingend vorgeschriebenen Kapitalmehrheit von $3/_4$ des vertretenen Grundkapitals eine größere Kapitalmehrheit oder neben ihr noch weitere Erfordernisse aufgestellt werden: z. B. $3/_4$ Mehrheit der abgegebenen Stimmen oder zweimalige Beschlußfassung in getrennten Hauptversammlungen (vgl. Anm. 16).

Die Satzung kann weitere Auflösungsgründe nicht vorsehen. Zwar bestimmt § 203 Abs. 2, daß die Bestimmungen über die Auflösung (§§ 203—215) auch gelten, wenn die AG. aus anderen Gründen aufgelöst wird. Diese Vorschrift bezieht sich aber auf weitere gesetzliche Gründe (z. B. § 288: Auflösung durch das Reichswirtschaftsgericht bei Gefährdung des Gemeinwohls; § 7 des Gesetzes über das

Kreditwesen v. 5. 12. 1934: Untersagung des Geschäftsbetriebs durch den Bankenkommissar) oder auf Fälle, in denen, wie z. B. bei Verlegung des Gesellschaftssitzes in das Ausland, die Auflösung notwendige Folge der Beschlußfassung über die Sitzverlegung ist. Die alten Satzungen enthalten trotzdem vielfach Bestimmungen, die die Auflösung der AG. bei Eintritt bestimmter Bedingungen — ohne Beschlußfassung der Generalversammlung — vorschreiben. Sie sind zu Unrecht gemäß HGB. § 292 Ziff. 1 — Auflösung nach Zeitablauf — für gültig erachtet worden. So lassen einzelne Satzungen die Auflösung der AG. eintreten, wenn eine Bilanz ergibt, daß ein bestimmter Teil des Grundkapitals verloren ist oder eine bestimmte Minderheit der Aktionäre die Gesellschaft kündigt. § 292 Z. 1 HGB. setzte aber eine kalendermäßig bestimmte Zeit voraus (Brodmann § 292 Anm. 3 a); weder für den Eintritt einer Bedingung noch für die Kündigung eines Aktionärs kann daher nach § 203 Z. 1 die Satzung die Zeit, mit deren Ablauf die AG. aufgelöst sein soll, „bestimmen" (Schlegelberger AktG § 203 Anm. 2; a. M. RG. 79, 422). Demgemäß sind derartige Satzungsbestimmungen für ungültig zu erachten und zu streichen.

Das Kündigungsrecht des Aktionärs oder einer Aktionärminderheit kann auch nicht als Sonderrecht begründet werden (a. M. Staub § 292 Anm. 22; Wenck Einberufung der Generalversammlungen S. 228). Dem stand § 292 Z. 2 HGB. und steht § 203 Z. 2 des AGesetzes entgegen: setzt die Auflösung einen Beschluß der Hauptversammlung voraus, der nur mit einer $^{3}/_{4}$ Kapitalmehrheit des vertretenen Grundkapitals gefaßt werden kann und für den die Satzung nur eine größere Kapitalmehrheit und noch weitere Erfordernisse erfordern kann, ist es unzulässig, in der Satzung einer geringeren Mehrheit oder gar jedem einzelnen Aktionär durch Gewährung des Kündigungsrechts die Auflösung zu überlassen. Unberührt bleiben die Abmachungen außerhalb der Satzung, die die Aktionäre verpflichten, bei Eintritt bestimmter Bedingungen oder auf Verlangen einer bestimmten Minderheit für die Auflösung der AG. zu stimmen.

Anm. 9. **Aufsichtsrat.** Der AR. ist der gesetzliche Verwaltungsträger der AG., dem die Überwachung der Geschäftsführung des Vorstands obliegt. Im Gegensatz zum bisherigen Recht hat das AktG. die Rechte und die Pflichten des AR. grundsätzlich auf die Überwachung beschränkt und den AR. von der Geschäftsführung ausgeschlossen (§ 95 Abs. I und 5; vgl. „Leitung der AG. durch den AR."). Ihm können entscheidende Befugnisse derart, daß er den Vorstand zur Vornahme von Geschäften anweist oder daß er bei Meinungsverschiedenheiten im Vorstand die Entscheidung trifft, nicht mehr übertragen werden (vgl. Muster A § 21); nur beratend kann er noch dem Vorstand zur Seite stehen. Die Satzung kann lediglich bestimmen, daß bestimmte Arten von Geschäften nur mit Zustimmung des AR. vorgenommen werden sollen (vgl. Muster A u. B § 21). Auch ohne Ermächtigung in der Satzung kann der AR. die Geschäfte bestimmen, zu deren Vornahme seine Zustimmung von dem Vorstand einzuholen ist (§ 95 Abs. 5; vgl. „Vorst. als Leiter der AG.). Eine weitere Ausdehnung der Befugnisse und Obliegenheiten des AR. auf das Gebiet der Geschäftsführung ist unzulässig. Nur das Gesetz selbst hat für einzelne wichtige Geschäftsführungsmaßnahmen, die den Kapitalaufbau der Gesellschaft betreffen, die interne Mitwirkung des AR. vorgesehen: so z. B. für die Ausgabe neuer Aktien auf genehmigtes Kapital und für die Festsetzung der Ausgabebedingungen (§§ 169, 171; vgl. Anm. 35).

Die Bestimmung des § 246 HGB. Abs. 3, nach der dem AR. weitere Obliegenheiten durch die Satzung übertragen werden können, ist nicht in das AGesetz eingegangen. Das schließt aber nicht aus, daß die Satzung — außerhalb des Gebiets der Geschäftsführung — in Ergänzung der gesetzlichen Bestimmungen weitere Obliegenheiten dem AR. überträgt (vgl. Einl. S. 7). Z. B. kann die Satzung vorsehen, daß dem AR. die Beschlußfassung über die Einforderung weiterer Einzahlungen (vgl. Anm. 27) oder über die Zustimmung zur Übertragung von Namensaktien (§ 61 Abs. 3) obliegt. Besonderes gilt für die Mitwirkung des AR. bei der Feststellung des Jahresabschlusses (vgl. Anm. 31). Satzungsbestimmungen, die dem AR. die Befugnis geben, Abschreibungen festzusetzen und die Bildung von Rücklagen vorzunehmen, sind nach dem AGesetz unzulässig.

§ 95 zählt einzelne besonders wichtige Aufsichtsbefugnisse des AR. gegenüber dem Vorstand auf: Recht auf Berichterstattung, auf Einsichtnahme in die Bücher und Schriften der AG., auf Prüfung der Gesellschaftskasse und Bestände an Wertpapieren und Waren. Diesem Auskunfts- und Prüfungsrecht des AR. entspricht die uneingeschränkte Offenbarungspflicht des Vorst.: er darf nichts Unrichtiges berichten und nichts verschweigen.

Die Satzung kann die Überwachungsbefugnisse weiter ausbauen und im einzelnen regeln, z. B. jedem einzelnen Mitglied nicht nur das Recht auf Berichterstattung an den Gesamtaufsichtsrat, sondern auch an sich selbst geben. Die Satzung kann aber die durch die zwingenden Vorschriften des § 95 festgelegten Befugnisse nicht mindern, z. B. nicht das Recht des einzelnen AR.-Mitglieds auf Berichterstattung bei Ablehnung des Vorstands von der Unterstützung zweier weiterer Mitglieder (wie HGB. § 246) anstelle des Vorsitzers abhängig machen, auch nicht ein Schweigerecht des Vorst. gegenüber dem AR. für Fälle, in denen eine Geheimhaltung den Belangen der AG. entspricht (etwa gemäß § 128 Abs. 3), einführen oder das Prüfungsrecht des AR. einschränken.

Der AR. hat ferner das Recht und die Pflicht, die Hauptversammlung einzuberufen, wenn das Wohl der Gesellschaft er erfordert (§ 95 Abs. 4). Diese Vorschrift kann sich mit Rücksicht auf § 103 Abs. 2 nicht auf Fälle beziehen, in denen eine Entscheidung über eine von dem Vorstand zu treffende geschäftliche Maßnahme in Frage steht und hierüber Streit zwischen Vorst. und AR. entstanden ist. Denn in Fragen der Geschäftsführung hat die Hauptversammlung entscheidende Befugnis nur, wenn sie auf Verlangen des Vorstands einberufen wird. Hieran kann die Satzung nichts ändern (vgl. Anm. 46). Dagegen wird § 95 Abs. 4 Fälle betreffen, in denen der AR. vor die Frage der Abberufung des Vorstands gestellt ist und vor Entscheidung hierüber der Hauptversammlung die Vertrauensfrage für sich und den Vorstand vorzulegen wünscht; Abberufung des Vorstands und Amtsniederlegung des Gesamtaufsichtsrats werden stets das „Wohl der Gesellschaft" berühren.

§ 96 zählt einige besonders wichtige Prüfungspflichten und Obliegenheiten des AR. auf: die Prüfung des Jahresabschlusses, des Gewinnverteilungsvorschlags und des Geschäftsberichts und die Berichterstattung hierüber an die Hauptversammlung. Über Art und Inhalt der Berichterstattung gibt Abs. 2 einzelne Vorschriften; auch § 128 Abs. 3 (Berichterstattung nach den Grundsätzen gewissenhafter und getreuer Rechenschaft und Schweigerecht bei entgegenstehenden überwiegenden Belangen der AG. oder des Gemeinwohls) schlägt hier ein.

Die Vorschriften der §§ 95, 96 sind zwingender Natur. Sie sind im öffentlichrechtlichen Interesse gegeben. Überwachung der Geschäftsführung mit dem Recht auf Einberufung der Hauptversammlung sowie Prüfung des Jahresabschlusses machen das Wesen des AR. aus und stellen „die handelsrechtlichen Mindestbefugnisse des AR." dar (RG. in JW. 1924, 1144). Die Satzung kann nichts bestimmen, was diese Befugnisse und Obliegenheiten einengt, weil ihnen die aus der Überwachungspflicht entspringende Haftung des AG. gegenübersteht. Die Satzung kann den Gesamtaufsichtsrat von diesen Obliegenheiten nicht entbinden, sie demgemäß nicht anderen Stellen übertragen (§ 95 Abs. 6; vgl. „Beirat"), auch nicht einem Ausschuß des AR. (vgl.

„Ausschüsse des AR."). Die Satzung kann nur einzelne Ausführungsbestimmungen geben, insbesondere das Prüfungsrecht des AR. durch Vorschriften sichern, z. B. daß jedem Mitglied monatliche Zwischenbilanzen und sonstige für die Beurteilung der Geschäftslage wichtige Unterlagen fortlaufend zur Verfügung zu stellen sind. Solche Ausführungsbestimmungen können auch die Möglichkeiten aufzeigen, wie der AR. durch Bildung von Ausschüssen oder Beauftragung einzelner Mitglieder seine Aufgaben erfüllen kann. Hierüber vgl. „Ausschüsse des AR.".

Niemals kann die Satzung den AR. für die Erfüllung der Aufgaben, die ihm Gesetz und Satzung zuweisen, an Weisungen der Hauptversammlung binden (RG. 117, 203).

Neben den „handelsrechtlichen Mindestbefugnissen" überträgt das AGesetz dem AR. noch bestimmte Obliegenheiten und Einzelentscheidungen, z. B. die Zustimmung zu Kreditgewährungen an Vorstand und leitende Angestellte (§ 80), vor allem die Bestellung des Vorstandes und den Abschluß der Anstellungsverträge mit ihm (§ 75), auch die Überwachung der Angemessenheit der Bezüge des Vorstandes (§ 78; vgl. Anm. 21). Der AR. wird damit dem Vorstand nicht in der Geschäftsführung übergeordnet; die Überordnung liegt lediglich in der Beaufsichtigung. Stimmt der AR. mit Maßnahmen des Vorstandes nicht überein, so kann er ihn, wenn ein wichtiger Grund vorliegt, abberufen (§ 75) oder, wenn das Wohl der AG. es erfordert (vgl. oben), die Hauptversammlung anrufen. Die Satzung kann auch diese weiteren dem AR. übertragenen Befugnisse und Obliegenheiten nicht auf andere Stellen, nicht der Hauptversammlung, auch nicht einem Ausschuß des AR. übertragen (vgl. „Ausschüsse des AR."). Wenn der AR. seinerseits gemäß § 92 Abs. 4 Bestellung und Abberufung des Vorstandes und Festsetzung seiner Bezüge einem Ausschuß überläßt, bleibt er als Gesamtaufsichtsrat immer noch für die Abberufung eines untüchtigen oder pflichtwidrig handelnden Vorstandes und für die Herabsetzung unangemessen gewordener Bezüge (§ 78 Abs. 2) verantwortlich.

Der AR. ist gesetzlicher Vertreter der AG. in den Fällen, in denen ihn das Gesetz hierzu anstelle des Vorst. bestimmt (§ 97), nämlich in den Fällen, in denen eine Vertretung der AG. gegenüber dem Vorst. erforderlich wird (vgl. auch § 199 Abs. 2). Eine Vertretung der AG. durch den AR. wird ferner angenommen, wenn der AR. zur Erfüllung der ihm obliegenden Aufgaben Verträge abzuschließen hat, z. B. zur Durchführung einer besonderen Prüfung einen Auftrag an einen Prüfer erteilt (bestr.; Staub § 246 Einl.).

Die Satzung kann die Vertretungsmacht des AR. über die gesetzlich vorgesehenen Fälle hinaus nicht ausdehnen (so schon RG. 85, 48), aber auch nicht einschränken, insbesondere die Befugnis zur Vertretung der AG. gegenüber dem Vorst. nicht einer anderen Stelle, z. B. einem besonderen Verwaltungsrat oder der Hauptversammlung übertragen.

Die Vertretung der AG. liegt dem AR. als Gesamtkollegium ob. Es gilt der Grundsatz der Gesamtvertretung durch alle Mitglieder (RG. JW. 1928, 215). Jedoch kann der Gesamtaufsichtsrat einzelnen seiner Mitglieder oder Dritten Untervollmacht erteilen (RG. a. a. O.); auch kann die Satzung bestimmen, daß ein einzelnes Mitglied, z. B. der Vorsitzer, die AG. in den Fällen, in denen die gesetzliche Vertretung durch den AR. vorgesehen ist, vertritt (vgl. hierüber „Vorsitzer des AR."). Die Satzung kann die Vertretungsbefugnis des AR. auch nach innen beschränken, z. B. den Abschluß der Anstellungsverträge des Vorst. von der Zustimmung der Hauptversammlung abhängig machen (Teichmann-Koehler § 97 Anm. 1; Baumbach § 97 Anm. 1).

Über die Verfassung des AR. vgl. „Geschäftsordnung des AR."

Über die Stellung des AR. während der Abwicklung vgl. Anm. 5.

Anm. 10. **Auskunftsrecht des Aktionärs.** Das Recht des einzelnen Aktionärs auf Auskunfterteilung in der Generalversammlung war bestritten. Die Rechtsprechung erkannte es dem einzelnen Aktionär ab und gestand es nur der Generalversammlung zu, es sei denn, daß ein gesetzliches Recht auf Aufklärung gegeben sei oder die Ablehnung der Auskunfterteilung gegen die guten Sitten verstoße (RG. 82, 182; hiergegen Brodmann § 259 Anm. 2b; Staub § 260 Anm. 20; Schlegelberger § 260a Anm. 46). § 112 des AGesetzes entscheidet die Streitfrage zugunsten des einzelnen Aktionärs. Jeder Aktionär hat in der Hauptversammlung ein Recht auf gewissenhafte und getreue Auskunfterteilung über Angelegenheiten der Gesellschaft, die mit dem Gegenstand der Verhandlung in Zusammenhang stehen. Dieses Auskunftsrecht hat seine Grenze an überwiegenden Belangen der Gesellschaft oder eines beteiligten Unternehmens und an den Erfordernissen des Gemeinwohls. Über Auskunfterteilung und Geheimhaltung entscheidet unter Beachtung dieser Grundsätze der Vorstand nach pflichtmäßigem Ermessen (Abs. 3).

Die Satzung kann an dieser zwingender Regelung nichts ändern, insbesondere nicht die Entscheidungsbefugnis über die Auskunfterteilung an Stelle des Vorstands der Hauptversammlung übertragen. Holt der Vorstand die Entscheidung der Hptvers. ein und verweigert er mit deren Zustimmung die Auskunft, erkennt jedoch später das Gericht auf

Anfechtbarkeit der mangels Auskunft gefaßten Beschlüsse, so ist der Vorstand nicht durch einen „gesetzmäßigen Beschluß der Hauptversammlung“ (§ 84 Abs. 4) gedeckt.

Satzungsbestimmungen, die das Recht des einzelnen Aktionärs auf Auskunft ausschließen oder beschränken, sind zu streichen oder dem § 112 anzupassen (vgl. Muster A § 34). Die Satzung kann aber das Auskunftsrecht des Aktionärs auch nicht über die Grenzen des § 112 hinaus erweitern; sie kann nicht bestimmen, daß dieses Recht auch außerhalb der Hauptversammlung besteht, auch nicht, daß ihm gegenüber das Geheimhaltungsrecht des Vorstandes im Umfang des Abs. 3 nicht besteht.

Ausschluß der Öffentlichkeit der Hauptversammlung: siehe „Teilnahmerecht anderer Personen“.

Ausschluß des Stimmrechts: siehe „Stimmrecht“.

Ausschüsse des Aufsichtsrats. Die aktienrechtliche Praxis hat bei **Anm. 11.** Großunternehmungen dazu geführt, daß der AR. aus seiner Mitte Ausschüsse bestellt, denen bestimmte Befugnisse der Überwachung und Geschäftsführung übertragen wurden. HGB. § 246 Abs. 1 sieht selbst vor, daß der AR. durch einzelne seiner Mitglieder die Bücher der AG. einsehen und die Bestände nachprüfen lassen kann. Andererseits schließt HGB. § 246 Abs. 4 die Übertragung von Obliegenheiten der AR.-Mitglieder auf andere Personen aus. Die Rechtsprechung hat daher die Bildung von Ausschüssen des AR. und die Beauftragung einzelner seiner Mitglieder nur in dem Sinne für zulässig erklärt, daß „die handelsgesetzlichen Mindestbefugnisse“, d. h. die gesetzlichen Obliegenheiten dem AR. als Ganzem verbleiben müssen (RG. JW. 1924, 1144; vgl. Muster A § 27 u. Anm. 9).

Das Akt.G. billigt die Bestellung von Ausschüssen. § 92 Abs. 4 führt als ihre Aufgabe beispielsweise die Vorbereitung der Verhandlungen und Beschlüsse des AR. oder die Überwachung der Ausführung seiner Beschlüsse an. Die amtliche Begrd. erklärt aber auch die Übertragung bestimmter *entscheidender* Befugnisse an einen Ausschuß von AR.-Mitgliedern für zulässig. Auch hier gilt, daß solche Übertragung nur unbeschadet der Vorschriften der §§ 95 u. 96, die die Obliegenheiten des Gesamtaufsichtsrats umschreiben, erfolgen kann und die Verantwortung des Gesamtaufsichtsrats nicht berührt (§ 95 Abs. 6). Wie nach bisherigem Recht, kann daher das Überwachungsrecht in seiner Gesamtheit oder die Prüfung des Jahresabschlusses und die Entscheidung über seine Billigung (§ 125) nicht einem Ausschuß übertragen werden. Dagegen ist die Übertragung zulässig hinsichtlich der nicht zu den „handelsrechtlichen Mindestbefugnissen" des AR. gehörigen weiteren gesetzlichen Obliegenheiten, z. B. der Vorstandsbestellung. Dabei haftet der gesamte AR. für sorgfältige Auswahl der Ausschußmitglieder; er muß sich über ihre Tätigkeit berichten lassen und bei nicht ordnungsmäßiger Ausübung ihrer Tätigkeit eingreifen. Wenn z. B. der mit dem Abschluß der Anstellungsverträge des Vorst. betraute Ausschuß des AR. es unterläßt, die Bezüge des Vorstands gemäß § 78 Abs. 2 herabzusetzen, muß der Gesamtaufsichtsrat einschreiten. Darüber hinaus aber befreit die Tätigkeit der Ausschüsse die übrigen Mitglieder des AR. von ihrer Verantwortung (RGZ. 93, 338). Die Beschlußfassung der Ausschüsse ersetzt diejenige des AR. (Baumbach § 92 Anm. 4).

Der Unterschied gegenüber dem bisherigen Recht besteht darin, daß nicht mehr einzelne Mitglieder des AR., sondern nur noch eine Mehrheit von Mitgliedern, ein „Ausschuß", mit den fraglichen Aufgaben betraut werden kann und daß, wie dem AR., auch einem Ausschuß des AR. nicht mehr selbständige Geschäftsführungsbefugnisse übertragen werden können (vgl. „Leitung der AG. durch den AR."). Ein ständiger Auftrag an einzelne Mitglieder ist auf die Prüfung der Bücher, der Gesellschaftskasse und der Bestände beschränkt (§ 95 Abs. 3); außerdem wird, wo die Natur der Sache es gebietet, ein Auftrag für einzelne Überwachungsmaßnahmen an ein einzelnes Mitglied zulässig sein, z. B. für die Teilnahme an den Vorstandssitzungen, für Verhandlungen im Einzelfall u. dergl. — Nur entscheidende Befugnisse können niemals einem einzelnen Mitglied des AR. übertragen werden.

Die **Satzung** kann, soweit die „gesetzlichen Mindestbefugnisse" des AR. nicht berührt werden, die Bildung von Ausschüssen für die Erfüllung sonstiger gesetzlicher Aufgaben vorsehen; sie kann sie aber *nicht vorschreiben* (vgl. Muster A u. B § 27 nebst Beispiel; Schlegelberger AktG. § 92 Anm. 39). Ob der AR. seine Verantwortung als Gesamtkollegium oder in Einzelgruppen seiner Mitglieder erfüllen will und wie er seinen Arbeitsbereich unter diese Gruppen verteilt, ist nach § 92 Abs. 4 *ihm* überlassen. Die Satzung kann ihn in dieser Frage nicht binden (a. M. Baumbach § 92 Anm. 4), sondern ihm nur Möglichkeiten eröffnen. Soweit er von diesen Gebrauch macht und dabei sorgfältig auswählt, ist er entlastet.

Soweit die Satzung neben den gesetzlichen Obliegenheiten dem AR. weitere Aufgaben außerhalb des Bereichs der Geschäftsführung übertragen kann, ist sie frei, auch unmittelbar einen Ausschuß des AR. hiermit zu betrauen (Schlegelberger AktG. § 92 Anm. 40). Der Gesamtaufsichtsrat hat in solchen Fällen nur die Auswahl der Ausschußmitglieder zu besorgen. Dagegen kann er nicht, wie in den gesetzlichen Fällen seiner Zuständigkeit, die Ausführung der Aufgabe an sich ziehen. In Betracht kommt z. B. die Bildung eines sachverständigen Ausschusses des AR. durch die Satzung zu dem Zweck, die Entwicklung der Technik auf dem Gebiet, in dem die AG. tätig ist, zu verfolgen und den Vorstand auf Grund seiner Beobachtungen und Ermittlungen zu beraten.

Die alten Satzungsbestimmungen sind nach diesen Grundsätzen auf ihre Gültigkeit hin zu prüfen. Die allgemeine Klausel des Musters A § 27, die für die Bestellung von Ausschüssen des AR. üblich geworden war, kann mit den Änderungen, die sich aus dem Hinweis auf die Vorschriften des AGesetzes ergeben, beibehalten werden. Sie ist aber durch § 92 Abs. 4 überflüssig geworden. Soweit dagegen die alten Satzungen die Bildung von Ausschüssen vorschreiben, ist zu unterscheiden, ob es sich um Aufgaben handelt, die nach dem AGesetz dem AR. als solchem zustehen oder um Aufgaben, die die Satzung dem AR. über die gesetzlichen Obliegenheiten hinaus zuweist. Im ersteren Fall sind die Satzungsbestimmungen zu streichen, insoweit, als etwa — schon nach bisherigem Recht in unzulässiger Weise — „handelsrechtliche Mindestbefugnisse" des AR. einem Ausschuß übertragen sein sollten; sie sind im übrigen dahin zu ändern, daß der AR. befugt ist, einen Ausschuß zu bilden. So kann die Satzung bestimmen, daß die Bestellung des Vorstands und der Abschluß der Anstellungsverträge mit seinen Mitgliedern einem Personalausschuß übertragen werden kann und daß ein Arbeitsausschuß zur Beratung des Vorstandes in allen geschäftlichen Angelegenheiten, zur Vorbereitung der Verhandlungen des AR. und zur Überwachung der Ausführung seiner Beschlüsse gebildet werden kann. Dabei könnte auch vorgesehen werden, daß die Vornahme bestimmter Arten von Rechtsgeschäften für den Vorstand an die Zustimmung dieses Arbeitsausschusses geknüpft und ihm die Vorprüfung des Jahresabschlusses überwiesen werden kann. Unzulässig wäre es dagegen, in der Satzung bereits zu bestimmen, daß die Vornahme dieser Rechtsgeschäfte an die Zustimmung des Arbeitsausschusses geknüpft ist, und zwar auch dann, wenn die Satzung diese Bestimmung unbeschadet des Rechts des gesamten Aufsichtsrats, sich die Zustimmung im Einzelfall vorzubehalten, treffen würde (vgl. Muster A u. B § 27 nebst Beispiel).

Für Aufgaben, die dem AR. durch die Satzung über die gesetzlichen Obliegenheiten hinaus übertragen werden können, kann die Satzung auch die Zuweisung dieser Aufgabe unmittelbar an einen Ausschuß des AR. vornehmen und die Bildung dieses Ausschusses und seine Zusammensetzung vorschreiben.

In allen Fällen, in denen der AR. einem Ausschuß die Entscheidung in gesetzlich ihm zugewiesenen Obliegenheiten übertragen kann, ist die Zuweisung dieser Aufgabe an ein einzelnes Mitglied des AR., etwa seinen Vorsitzer oder dessen Stellvertreter ausgeschlossen. Insbesondere kann weder die Satzung noch der AR. selbst die Bestellung des Vorstandes und den Abschluß der Anstellungsverträge mit dessen Mitgliedern dem Vorsitzer des AR. übertragen. Ebenso ist es ausgeschlossen, wie dies bisher vielfach üblich war, einen „Delegierten" des AR. zu ernennen, der alle Befugnisse des AR. gegenüber dem Vorstand auszuüben berechtigt ist.

Die Bildung eines Ausschusses muß durch den Gesamtaufsichtsrat erfolgen (§ 92 Abs. 4). Es ist nicht mehr zulässig, daß die Satzung sie dem Vorsitzer des AR. überträgt. Die Bildung eines Ausschusses setzt eine Mindestzahl von zwei Mitgliedern voraus.

Nach diesen Grundsätzen sind die Satzungen, soweit sie Ausschüsse des AR. vorsehen oder einzelnen Mitgliedern des AR. Geschäftsführungs- oder Überwachungsbefugnisse erteilen, umzugestalten.

Bankenstimmrecht: siehe „Legitimationsübertragung".

Bauzinsen: siehe über Streichung der betr. Satzungsbestimmung Einleitung S. 11.

Anm. 12. **Bedingte Kapitalerhöhung.** Sie war bereits durch die 8. DV. betr. Kapitalherabsetzung in erleichteter Form v. 13. 3. 1934 zugelassen und hat im AktG. in den §§ 159 ff. ihre Regelung gefunden. Ihre Besonderheit liegt darin, daß die Kapitalerhöhung unter der aufschiebenden Bedingung der Ausübung eines unentziehbaren Umtausch- oder Bezugsrechts beschlossen und durchgeführt wird. Sie soll nach § 159 Abs. 2 nur dem Zweck der Gewährung von Umtausch- oder Bezugsrechten an Gläubiger von Wandelschuldverschreibungen oder zur Vorbereitung des Zusammenschlusses mehrerer Unternehmungen dienen.

Für die Regelung in der Satzung ist wenig Raum: nach § 160 bedarf der Beschluß über die bedingte Kapitalerhöhung einer Mehrheit von mindestens ¾ des vertretenen Grundkapitals und bei Vorhandensein mehrerer Aktiengattungen gesonderter Abstimmung. Die Satzung kann diese Mehrheit nicht herabsetzen, sondern nur durch eine größere Kapitalmehrheit ersetzen und noch andere Erfordernisse aufstellen (vgl. „Beschlußfassung in der Hptvers."). Die Satzungsbestimmung über das Grundkapital wird mit der Beschlußfassung über die bedingte Kapitalerhöhung noch nicht unrichtig. Erst ihre Durchführung führt, wie bei der gewöhnlichen Kapitalerhöhung, zur Erhöhung des Grundkapitals. Während jedoch bei der gewöhnlichen Kapitalerhöhung die Erhöhung des Grundkapitals erst mit der Eintragung ihrer Durchführung ins Handelregister eintritt (§ 156), ist bei der bedingten Kapitalerhöhung das Grundkapital mit der Ausgabe der Bezugsaktien erhöht. Die Anmeldung der Durchführung und der entsprechenden Satzungsänderung über die Höhe des Grundkapitals und seine Einteilung hat gemäß § 168 alljährlich in dem Umfang zu erfolgen, in dem Bezugsaktien im abgelaufenen Geschäftsjahr ausgegeben sind. Da der satzungsändernde Beschluß nur die Fassung der Satzung betrifft, kann er von dem AR. gefaßt werden, wenn er hierzu durch einen Beschluß der Hptvers. oder allgemein durch die Satzung ermächtigt ist (§ 145).

Beirat. Das bisherige Recht stand der Bildung von Verwaltungsgremien neben Vorstand und AR. nicht entgegen. Mangels einer scharfen zwingenden Abgrenzung der Zuständigkeiten zwischen Vorstand, AR. und Generalversammlung im Gesetz sahen die Satzungen nicht nur die Übertragung von Aufgaben des Vorstandes an den AR. (vgl. „Leitung der AG. durch den AR."), sondern auch die Bildung weiterer Instanzen vor, denen teils Aufgaben der Geschäftsführung, teils Obliegenheiten der Überwachung übertragen wurden. Konnte dies auch nur unbeschadet der gesetzlichen Obliegenheiten des AR. erfolgen, so wurde doch hiermit eine oft wesentliche Verschiebung in den Zuständigkeiten der gesetzlichen Verwaltungskörper erreicht. Es wurde für zulässig erachtet, einen „Verwaltungsrat" oder „Beirat" zu bilden, dem — anonym nach außen — die Leitung der AG. dadurch übertragen wurde, daß seinen Weisungen der Vorstand zu folgen hatte. Häufiger war die Bildung solcher Beiräte als Aufsichtsorgan neben dem AR. oder als Ausschuß des AR. Bezeichnend ist, daß sie zur Umgehung der Bestimmungen der Aktienrechtsnovelle vom 1931 Art. VIII Abs. 3 und 4 über die Gesamtzahl der AR.-Mitglieder (höchstens 30) und über die Höchstzahl der von einer Person zu bekleidenden AR.-Stellen (20) empfohlen wurde. **Anm. 13.**

Das AGesetz verbietet die Bildung eines Beirats nicht; das Gesetz selbst erwähnt ihn in § 128 Abs. 2 Z. 7. Es bleibt zulässig, einen Verwaltungsrat zur Überwachung der Geschäftsführung und zur Beratung über bestimmte Angelegenheiten zu bilden und zwar unbeschränkt in der Zahl der Mitglieder (ohne Rücksicht auf § 86). Ein derartiger Verwaltungsrat kann z. B. bei einer Konzernmuttergesellschaft gebildet werden und die Aufgabe haben, durch seine Mitglieder bestimmte Nachprüfungen innerhalb des Konzerns vorzunehmen oder bestimmte technische Fragen zu beraten und hierüber an Vorstand und AR. Bericht zu erstatten und den gesetzlichen Verwaltungsträgern Vorschläge zu unterbreiten. Niemals aber können durch die Schaffung eines solchen beratenden oder kontrollierenden Verwaltungsrats die Zuständigkeit, die Obliegenheiten und die Verantwortlichkeit der gesetzlichen Verwaltungsträger, wie sie das AGesetz jetzt zwingend vorschreibt, verschoben und abgeändert werden (vgl. auch § 95 Abs. 5). Abweichende Satzungsbestimmungen sind nichtig und daher, soweit sie in den geltenden Satzungen enthalten sind, zu streichen. Baumbach (§ 86 Anm. 1 B. u. § 95 Anm. 5) erklärt es für zulässig, die Vornahme bestimmter Arten von Geschäften an die Zustimmung eines Beirats zu knüpfen. Das widerspricht § 95 Abs. 5. Die Vorschrift läßt eine Beschränkung der Geschäftsführungsbefugnisse des Vorstandes in der Richtung zu, daß er nur mit Zustimmung des AR. bestimmte Arten von Geschäften tätigen darf; sie räumt damit dem AR. ausnahmsweise eine Mitwirkung bei der Geschäftsführung ein. Eine Übertragung dieser Befugnis auf einen anderen, als den hierzu ausdrücklich bestimmten gesetzlichen Verwaltungsträger, erscheint ausgeschlossen.

Die Bildung des Beirats oder ähnlicher Einrichtungen muß in der Satzung vorgesehen werden (so auch Baumbach §86 Anm. 1B). Ein Verwaltungsrat wird auch weiterhin als geschäftsführender Ausschuß mehrerer Unternehmungen, die durch Interessengemeinschafsvertrag verbunden sind, gebildet werden können. Das berührt nicht die Verfassung der AG. und nicht die verfassungsmäßige Stellung ihres Vorstands (vgl. „Vorstand als Leiter der AG.").

Anm. 14. **Bekanntmachungen.** Für die Bekanntmachungen der AG. gilt § 18. Er stimmt inhaltlich mit HGB. § 182 Abs. 3 überein. Änderungen der Satzungsbestimmungen über die Veröffentlichungen der AG. werden daher nicht in Betracht kommen. Jede durch Gesetz oder Satzung vorgeschriebene Bekanntmachung „in den Gesellschaftsblättern" ist in den Deutschen Reichsanzeiger einzurücken. Die Satzung (nicht der Vorstand oder der AR., auch nicht auf Grund einer Ermächtigung der Satzung) kann neben dem Deutschen Reichsanzeiger zwingend andere Blätter für die öffentlichen Bekanntmachungen bestimmen. Führt die Satzung die Gesellschaftsblätter namentlich auf, so muß unter ihnen der Deutsche Reichsanzeiger enthalten sein.

Die Satzung kann aber neben der Bekanntmachung in den Gesellschaftsblättern auch noch die Veröffentlichung in anderen Blättern vorsehen, ohne daß es für die Wirksamkeit der Bekanntmachung auf diese zusätzliche Veröffentlichung ankommen soll (vgl. Muster B § 16).

Diese Blätter werden nicht Gesellschaftsblätter. Die Satzung kann den gesetzlich vorgeschriebenen Fällen der öffentlichen Bekanntmachung, z. B. des Jahresabschlusses (§ 143), eines Wechsels der AR.-Mitglieder (§ 91), jeder Einberufung der Hauptversammlung (§ 105 Abs. 2) andere Fälle hinzufügen. Soweit das Gesetz nicht mehrmalige Bekanntmachung vorschreibt (z. B. für den Aufruf der Gläubiger bei der Abwicklung, § 208), genügt einmalige Einrückung in die Gesellschaftsblätter. Die Satzung kann auch in weiteren Fällen die mehrmalige Bekanntmachung vorschreiben, dabei aber wiederum unterscheiden, ob die mehrmalige Veröffentlichung zur Wirksamkeit der Bekanntmachung erforderlich ist oder nicht.

Beschlußfähigkeit des AR. In dem bisherigen Recht ging die allgemeine Meinung davon aus, daß bei ordnungsmäßiger Einberufung aller AR.-Mitglieder die Sitzung des AR. beschlußfähig ist, auch wenn nur ein Mitglied erscheint (RG. 82, 388 für den AR. einer GmbH.). Die Satzungen trafen deshalb vielfach Bestimmungen, in denen eine höhere Mindestzahl anwesender AR.-Mitglieder als Voraussetzung für eine Beschlußfassung in einer AR.-Sitzung vorgeschrieben wurde. Bisweilen wird auch vorgesehen, daß die Anwesenheit des Vorsitzenden oder seines Stellvertreters zur Beschlußfähigkeit erforderlich ist (OLG. Stuttgart in JRundsch. 1933 Nr. 1446). **Anm. 15.**

Die Auffassung, daß bei ordnungsmäßiger Einberufung ein Beschluß auch bei Anwesenheit nur eines Mitglieds gefaßt werden kann, wird schon für das bisherige Recht nicht als richtig anerkannt werden können. Wenn HGB. § 243 für den AR. die Mindestzahl von drei Mitgliedern vorschrieb, setzte es für das Tätigwerden dieses Kollegium, insbesondere für seine Beschlußfassungen ein Zusammenwirken von mindestens drei Personen voraus. Für das neue AGesetz wird das Gleiche gelten müssen. Darauf deuten die Vorschriften über die Zulässigkeit der Bildung von AR.-Ausschüssen hin, die die Übertragung von entscheidenden Befugnissen an einzelne AR.-Mitglieder ausschließen (§ 92 Abs. 4; vgl. „Ausschüsse des AR."). Man wird daher die Bestimmung des § 86, die eine Zahl von drei Mitgliedern für den AR. vorschreibt, dahin auszulegen haben, daß der AR. nur beschlußfähig ist, wenn diese gesetzliche Zahl in der Sitzung anwesend ist, und daß, wenn die Satzung eine höhere Zahl von Mitgliedern als feste Zahl oder Mindestzahl vorsieht, die Anwesenheit dieser höheren Zahl Voraussetzung für die Beschlußfähigkeit einer AR.-Sitzung ist.

Diese Auslegung macht Satzungsbestimmungen der vorerwähnten Art, durch die eine von der Gesamtzahl des AR. abweichende niedrigere

Zahl für die Beschlußfähigkeit des AR. festgesetzt wird, erforderlich, damit nicht bei Verhinderung nur eines Mitglieds Beschlußunfähigkeit vorliegt. Diese Bestimmungen wären nur dann entbehrlich, wenn die Satzung eine Mindestzahl für die Mitglieder des AR. vorsieht, dessen tatsächliche Gesamtzahl aber höher ist und so ein Spielraum für Fortfall und Behinderungen einzelner Mitglieder in den AR.-Sitzungen gelassen ist.

Die Satzungsbestimmungen über die zur Beschlußfähigkeit des AR. erforderliche Zahl der AR.-Mitglieder werden hiernach in Zukunft nicht den Zweck haben, die Beschlußfähigkeit zu erschweren, indem sie Beschlußfassungen des AR. durch ein einzelnes Mitglied ausschließen — gesetzliches Mindesterfordernis der Beschlußfähigkeit ist die Anwesenheit von mindestens drei Mitgliedern —; vielmehr liegt die Bedeutung dieser Satzungsbestimmungen in einer Erleichterung der Beschlußfähigkeit, indem sie an Stelle der satzungsmäßig vorgesehenen Gesamtzahl der AR.-Mitglieder eine geringere Mindestzahl anwesender AR.-Mitglieder für die Beschlußfähigkeit zulassen (vgl. Muster A u. B § 25).

Hiernach sind die bestehenden Satzungsbestimmungen zu überprüfen. Enthält die Satzung über die Zahl der AR.-Mitglieder keine Bestimmung und gilt demgemäß die gesetzliche Zahl von drei für die Zusammensetzung des AR., so kann die Satzung für die Beschlußfähigkeit des AR. keine abweichende Zahl vorsehen; denn bei Anwesenheit von weniger als drei Mitglieder kann ein AR. nicht mehr beschlußfähig sein. Schreibt die Satzung eine bestimmte Zahl von AR.-Mitgliedern, etwa fünf, vor, so empfiehlt es sich, die Beschlußfähigkeit schon bei Anwesenheit von drei oder vier Mitgliedern vorzusehen. Sonst entsteht schon bei Fortfall eines Mitglieds die Notwendigkeit der Ersatzwahl oder der gerichtlichen Bestellung eines Ersatzmannes (§ 89). Je größer die vorgeschriebene bestimmte Gesamtzahl der AR.-Mitglieder ist, um so mehr ist es erforderlich, eine niedrigere Mindestzahl anwesender Mitglieder für die Beschlußfähigkeit festzusetzen. Sieht die Satzung eine Mindestzahl für die Zusammensetzung des AR. vor, so braucht eine geringere Zahl für die Beschlußfähigkeit nur dann festgesetzt zu werden, wenn die tatsächliche Zahl der gewählten Mitglieder die satzungsmäßige Mindestzahl nicht genügend übersteigt. Die Bestimmung, daß zur Beschlußfähigkeit des AR. die Anwesenheit der Hälfte der AR.-Mitglieder genügt, ist in Zukunft nur noch zulässig, wenn der AR. aus mindestens sechs Mitgliedern besteht.

Besondere Bedeutung können die Satzungsbestimmungen über die Beschlußfähigkeit des AR. erlangen, wenn neben den von der Hauptversammlung gewählten AR.-Mitglieder auch „entsandte" Mitglieder vorhanden sind (§ 88). Die Vorschrift des § 88 Abs. 1 Satz 2, daß die Gesamtzahl der entsandten Mitglieder den dritten Teil aller AR.-Mitglieder nicht übersteigen darf, gilt nur für die Zusammensetzung des AR., nicht für seine Beschlußfähigkeit. Die Satzung kann den Einfluß der einen oder der anderen Gruppe der AR.-Mitglieder dadurch sichern, daß sie für die Beschlußfähigkeit des AR. die Anwesenheit einer bestimmten Mindestzahl der zu bevorzugenden Gruppe vorschreibt.

Beschlußfassung in der Hauptversammlung. Die Beschlüsse der Hauptversammlung werden durch Abstimmung (vgl. Anm. 2) gefaßt. Einfache Stimmenmehrheit, „Mehrheit der abgegebenen Stimmen", genügt regelmäßig (§ 113). Nicht abgegebene Stimmen anwesender Aktionäre oder die Stimmen der nach § 114 Abs. 5 und 6 von dem Mitstimmen ausgeschlossenen Aktionäre werden dabei nicht gezählt. **Anm. 16.**

Das Stimmrecht wird nach den Aktiennennbeträgen ausgeübt (§ 114 Abs. 1 Satz 2). Grundsätzlich entspricht hiernach der Umfang des Stimmrechts der Kapitalbeteiligung (vgl. hierzu für nicht volleingezahlte Aktien: „Stimmrecht"). Solange es aber noch Mehrstimmrechtsaktien gibt (§ 12 Abs. 2, EG. § 9) und soweit für einen größeren Aktienbesitz nach der Vorschrift des § 114 Abs. 1 Satz 3 Beschränkungen in dem Umfang des Stimmrechts von der Satzung eingeführt sind, kann Stimmenmehrheit und Kapitalmehrheit auseinanderfallen: in ersterem Fall kann Stimmenmehrheit ohne Kapitalmehrheit, im letzteren Fall Kapitalmehrheit ohne Stimmenmehrheit gegeben sein.

§ 113 entspricht HGB. § 251. Auch HGB. § 251 ließ einfache Stimmenmehrheit genügen. Für besonders wichtige Fälle (Satzungsänderung, Kapitalerhöhung und -herabsetzung usw.) schrieb das HGB. eine Mehrheit von $^3/_4$ des vertretenen Grundkapitals (§§ 275, 278, 288) vor. Die Auslegung dieser Bestimmungen war streitig. RG. 125 S. 356 hat eine Klärung dahin gebracht, daß diese Vorschriften nur auf die Kapitalbeteiligung abstellen und bei Berechnung der Kapitalmehrheit ein erhöhtes Stimmrecht nicht mitzählt. Nach der amtl. Begründung (vgl. dort unter Hauptversammlung „Stimmrecht") hat das AktG. diese Entscheidung des RG., die den Mehrstimmrechtsaktien den Giftzahn ausbrach, zum Ausgangspunkt für die Regelung des Stimmrechts und seine Unterscheidung zwischen Stimmen- und Kapitalmehrheit genommen. Hieraus ergibt sich für die Auslegung des Gesetzes und für die Möglichkeiten einer Regelung in der Satzung folgendes:

Nach § 113 ist eine Mehrheit der abgegebenen Stimmen für

jeden Beschluß der Hauptversammlung erforderlich. Niemals kann daher die Satzung vorsehen, daß bei Stimmengleichheit ein Beschluß als gefaßt gilt oder die Stimme des Vorsitzers oder Losziehung hierüber entscheidet oder daß gar eine Minderheit zustimmender Aktionäre genügt (Brodmann § 251 Anm. 1a; Staub § 251 Anm. 2). Einfache Stimmenmehrheit genügt, wenn nicht Gesetz oder Satzung eine größere Mehrheit oder noch andere Erfordernisse vorschreiben (§ 113 Abs. 1).

Das Gesetz hat einzelne Ausnahmen, in denen es eine größere Stimmenmehrheit vorschreibt, vorgesehen (z. B. § 88: Abberufung des AR. mit $^3/_4$ der abgegebenen Stimmen), in allen wichtigeren Fällen der Beschlußfassung aber das Erfordernis einer Kapitalmehrheit von $^3/_4$ des bei der Beschlußfassung vertretenen Grundkapitals aufgestellt. Es sind dies die Fälle der Satzungsänderung (§ 146), der Nachgründung (§ 45), der Kapitaländerung (§§ 149, 160, 169, 174, 175, 182) und des Ausschlusses des Bezugsrechts (§ 153), der Auflösung (§§ 203 und 215), der Verschmelzung (§§ 234, 247), der Vermögensübertragung (§§ 253—255), der Umwandlung (§§ 257, 263) und der Eingehung von Gewinngemeinschaften und Betriebsüberlassungsverträgen (§ 256). Für alle diese Fälle gilt, da § 113 „andere Erfordernisse“ als eine erhöhte Stimmenmehrheit nicht an Stelle, sondern nur neben der einfachen Stimmenmehrheit zuläßt, für die Abstimmung ein doppeltes Erfordernis: Mehrheit von $^3/_4$ des vertretenen Grundkapitals und einfache Stimmenmehrheit. Stammaktionäre und Mehrstimmrechtsaktionäre werden, wenn letztere nicht die erforderliche Kapitalmehrheit haben, nur bei Übereinstimmung zu einem Beschluß gelangen (amtliche Begründung). Die Majorisierung der einen Gruppe durch die andere ist regelmäßig ausgeschlossen. In diesem Negativum liegt auch für diese Fälle die Bedeutung der Mehrstimmrechtsaktien. — Die Aktien mit beschränktem Stimmrecht (§ 114 Abs. 1 Satz 3) zählen auch bei der Feststellung der Kapitalmehrheit nur in dem beschränkten Umfang mit, nicht etwa gerade in diesen lebenswichtigen Fällen nach den vollen Aktiennennbeträgen (Brodmann § 275 Anm. 1b, Staub § 251 Anm. 4). Jedoch kann die Satzung die Beschränkung des Stimmrechts für diese Fälle ausschließen.

In all' den genannten Fällen ist die Kapitalmehrheit zwingend vorgeschrieben. Ausnahmen von dem Erfordernis einer Kapitalmehrheit von ¾ des vertretenen Grundkapitals sind in dreifacher Weise zugelassen:

a) es kann eine größere Kapitalmehrheit vorgeschrieben werden (Nachgründung § 45, Änderung des Gegenstands des Unternehmens § 146, bedingte Kapitalerhöhung § 160, genehmigtes Kapital § 169, Kapitalherabsetzung §§ 175 und 182, Bezugsrecht § 153, Auflösung § 203, Fortsetzung der Gesellschaft § 215, Verschmelzung §§ 257 und 263, Vermögensübertragung §§ 253—255, Gewinngemeinschaft § 256);

b) es kann eine andere Kapitalmehrheit, also eine größere oder eine geringere, vorgesehen werden (gewöhnliche Kapitalerhöhung § 149, Ausgabe von Wandelschuldverschreibungen, Gewinnschuldverschreibungen und Genußrechten § 174);

c) nur für gewöhnliche Satzungsänderungen, die nicht den Gegenstand des Unternehmens betreffen, läßt § 146 an Stelle der ¾ Kapitalmehrheit „eine andere Mehrheit" zu. Damit ist die Möglichkeit geschaffen, für gewöhnliche Satzungsänderungen auch die einfache **Stimmen**mehrheit genügen zu lassen Unklar erscheint Baumbach (§ 146 Anm. 2), wenn er einerseits statt der Kapitalmehrheit des § 146 eine kleinere Mehrheit, „auch eine Stimmenmehrheit" zulassen will, andererseits aber erklärt, daß dem Gesetz nie 75% der abgegebenen Stimmen genügen. —

Die Satzungen haben zahlreich in den Fällen gewöhnlicher Satzungsänderungen nur die einfache Stimmenmehrheit vorgesehen. Sie enthalten vielfach die allgemeine Bestimmung, daß einfache Stimmenmehrheit genügt und erforderlich ist, „soweit nicht das Gesetz zwingend eine größere oder andere Mehrheit erfordert" (Muster A u. B § 35). Für das bisherige Recht bedeutete diese Bestimmung, daß nur in den Fällen der Kapitalherabsetzung, der Vermögensübertragung und Verschmelzung, der Änderung des Gegenstandes des Unternehmens und der Auflösung der AG. — nur hier handelte es sich um zwingende Vorschriften des HGB. — eine Kapitalmehrheit von ¾ des vertretenen Grundkapitals erforderlich, in allen übrigen Fällen einfache Stimmenmehrheit genügend war. Auch nach dem AGesetz bleibt eine derartige Bestimmung zulässig und gültig. Ihre Reichweite ist nur wesentlich eingeschränkt. Sie würde nur noch die gewöhnlichen Satzungsänderungen betreffen, da, wie oben dargelegt, das zwingende Erfordernis einer Kapitalmehrheit auf alle übrigen oben zu a und b genannten Fälle ausgedehnt ist.

Die Satzungen haben aber vielfach auch den entgegengesetzten Weg der Erschwerung der Erfordernisse eingeschlagen und zwar in besonders wichtig erscheinenden Fällen auch gewöhnlicher Satzungsänderungen, z. B. für die Beschlußfassung über die Sitzverlegung oder für Änderung von Satzungsbestimmungen, die Schutz gegen eine Überfremdung der Gesellschaft gewähren sollten (Erfordernis deutscher Staatsangehörigkeit und deutschen Wohnsitzes der Mitglieder von Vorstand und Aufsichtsrat, sonstige Gewährleistung der Unabhängigkeit gegenüber ausländischen Unternehmungen), vor allem für Kapitalerhöhungsbeschlüsse. Die Satzungen haben dabei Erschwerungen an Stelle oder neben dem Erfordernis einer Kapitalmehrheit von ¾ des vertretenen Grundkapitals eingeführt. Alle diese Satzungsbestimmungen sind mit Rücksicht auf die neuen Vorschriften des Aktiengesetzes, die die Fälle des zwingenden Erfordernisses der genannten Kapitalmehrheit erheblich ausdehnen, auf ihre Gültigkeit hin zu prüfen. Dabei ist zu beachten, daß in allen Fällen über das Gesetz hinausgehende Erfordernisse zulässig bleiben, also statt 75% des vertretenen Grundkapitals ein höherer Bruchteil oder neben diesen 75% z. B. 50% des gesamten Grundkapitals oder 75% der abgegebenen oder 80% der vorhandenen Stimmen oder 80% der Stimmen der erschienenen Aktionäre erfordert werden können (vgl. die Sonderbestimmungen in allen oben S. 84 genannten Fällen und als Beispiel Muster B 39).

Desgleichen können die Satzungen auch in den Fällen, in denen nach dem Gesetz einfache Stimmenmehrheit genügt, größere Mehrheiten und noch andere Erfordernisse verlangen (§ 113). Die Satzungen haben hiervon weitgehenden Gebrauch gemacht und solche Erschwerungen für Beschlußfassungen in wichtig erscheinenden Fällen aufgestellt: z. B. für die Einziehung von Aktien, den Widerruf der Bestellung von AR.-Mitglieder, die Ausgabe von Schuldverschreibungen, die Eingehung und Auflösung von Interessengemeinschaften. Für derartige Satzungsbestimmungen ist zu beachten, daß sie durch das AGesetz ungültig geworden sind, soweit sie Beschlußfassungen in Fragen der Geschäftsführung betreffen (§ 103 Abs. 2); im übrigen bleiben sie aufrechterhalten, soweit nicht das AGesetz zwingend besondere Erfordernisse für die Beschlußfassung aufstellt (z. B. für Interessengemeinschaftsverträge: § 256 oder für die Ausgabe von Genußrechten: § 174).

Zu erwähnen sind endlich die Bestimmungen alter Satzungen, die eine erhöhte Mehrheit nur vorschreiben, wenn die Beschlußfassung nicht von dem Vorstand oder AR. beantragt ist oder der Antrag von Aktionären nicht die Zustimmung des Vorstandes und AR. gefunden hat. Auch derartige Bestimmungen bleiben gültig, soweit sie zwingenden Bestimmungen des Aktiengesetzes nicht entgegenstehen. Unzulässig wäre unter der Geltung des Aktiengesetzes z. B. eine derartige Bestimmung für einen Kapitalerhöhungsbeschluß (§ 149 im Gegensatz zu HGB. § 278 in Verbindung mit § 275 Abs. 1).

Die Satzungsbestimmungen, daß einfache Stimmenmehrheit entscheidet, „soweit nicht gesetzliche Vorschriften entgegenstehen", gibt nur wieder, was HGB. § 251 ohnehin besagte und § 113 AGesetz vorschreibt. Sie ist nicht in dem Sinne zu verstehen, daß gewöhnliche Satzungsänderungen mit einfacher Stimmenmehrheit beschlossen werden können (DJZ. 1921, 496).

Unter „anderen Erfordernissen" versteht das AGesetz, wie schon das HGB., andere Zählarten für die an der Abstimmung beteiligten oder vorhandenen Aktionäre oder weitere Erfordernisse der Abstimmung. Andere Zählarten sind bereits oben erwähnt: Kapitalmehrheit neben Stimmenmehrheit, Stimmenmehrheit der vorhandenen Aktionäre oder der erschienenen Aktionäre statt Mehrheit der abgegebenen Stimmen. Weitere Erfordernisse der Abstimmung sind z. B. das Erfordernis der Zustimmung bestimmter Aktionäre, z. B. der Namensaktien, oder die Anwesenheit eines bestimmten Teils des Grundkapitals (50% des Grundkapitals) oder Vertretung mindestens der Hälfte aller vorhandenen Stimmen in der Hauptversammlung — sie ist nur beschlußfähig, wenn diesen Erfordernissen genügt ist — oder gesonderte Abstimmung nach Aktiengattungen in Fällen, in denen sie nicht vom Gesetz vorgeschrieben ist, oder wiederholte Abstimmung in zwei getrennten Hauptversammlungen. Häufig bestimmen die Satzungen, daß eine erhöhte Mehrheit oder Anwesenheit eines bestimmten Teils des Grundkapitals erforderlich ist, jedoch falls diesem Erfordernis nicht genügt wird, in einer zweiten Hauptversammlung ohne Rücksicht auf die Erschwerung mit einfacher Stimmenmehrheit Beschluß gefaßt werden kann (vgl. Muster A u. B § 38). Die Regelung, daß für die zweite Hauptversammlung die Erschwerung nicht gilt, ergibt sich nicht von selbst, sondern ist ausdrücklich vorzusehen (KGJ. 26, 230). Ebenso muß ausdrücklich in der Satzung vorgesehen werden, daß die zweite Hauptversammlung unmittelbar im Anschluß an die erste ergebnislose Hauptversammlung abgehalten werden darf; ohne eine derartige Satzungsbestimmung können nicht beide Hauptversammlungen auf den gleichen Tag einberufen werden (Brodmann § 251 Anm. 2b, Staub § 251 Anm. 5). Vielfach sehen die alten Satzungen noch — ohne Beachtung der Entscheidung des RG. Bd. 125 S. 356 — vor, daß die zweite Generalversammlung auch in Fällen, in denen zwingend eine bestimmte Kapitalmehrheit vorgeschrieben ist, mit einfacher Stimmenmehrheit entscheiden darf. Derartige Satzungsbestimmungen sind nichtig und dem neuen AGesetz anzupassen.

Keinesfalls kann die Satzung als „anderes Erfordernis" beliebige weitere Voraussetzungen für die Beschlußfassung vorschreiben, etwa Zustimmung des AR. oder dritter Personen. Derartige Bestimmungen würden in die zwingende Zuständigkeitsabgrenzung des Gesetzes eingreifen und die Herrschaftsrechte der Aktionäre, insbesondere das Recht, in Angelegenheiten der Gesellschaft durch Beschlußfassung in der Hauptversammlung zu entscheiden, aufheben; nur das Gesetz, nicht die Satzung kann dieses Recht als solches einschränken (§ 102). Es muß sich stets um Erfordernisse der Beschlußfassung der Aktionäre als solcher handeln.

Auch für Wahlen gilt grundsätzlich das Erfordernis einfacher Stimmenmehrheit. Nach § 113 Abs. 2 (in Übereinstimmung mit § 251 Abs. 2) kann jedoch die Satzung andere Bestimmungen treffen. Sie kann statt der absoluten Stimmenmehrheit die relative Mehrheit vorsehen; sie kann bei Stimmengleichheit den Vorsitzer oder das Los entscheiden lassen (vgl. Muster A u. B § 35). Die „Verhältniswahl" ist unzulässig, da sie den Grundsatz, daß jede Aktie das Stimmrecht gewährt, außer acht läßt (Brodmann § 243 Anm. 2b, Staub § 251 Anm. 3a). Für die Bestellung des AR. läßt § 88 neu neben der Wahl durch die Hauptversammlung die Entsendung von AR.-Mitgliedern durch bestimmte Aktionäre zu (vgl. Anm. 29).

Über das Stimmrecht vgl. Anm. 67, besondere Bedingungen für seine Ausübung Anm. 69, die Form seiner Ausübung Anm. 2, über das Verhältnis von Stimmrecht und Teilnahmerecht Anm. 69.

Beschränktes Stimmrecht: siehe „Stimmrecht des Aktionärs", „Aktien mit beschränktem Stimmrecht".

Beschränkungen der Vertretungsbefugnisse des Vorstands: siehe „Vertretung".

Bestellung des Aufsichtsrats durch das Gericht: siehe „Beschlußfähigkeit des AR.".

Anm. 17. **Bestellung des Vorstands.** Die Satzung braucht — entgegen dem bisherigen Recht (§ 182) — nicht mehr eine Bestimmung hierüber zu enthalten. § 75 schreibt zwingend vor, daß der AR. den Vorstand bestellt. Entgegenstehende Bestimmungen sind nichtig, insbesondere auch solche, die die Vorstandsbestellung der Hauptversammlung übertragen. Zu streichen sind daher Satzungsbestimmungen, die dem Vorsitzer des AR., einem Ausschuß des AR. oder einem besonderen Verwaltungsrat die Bestellung des Vorstands übertragen. Unzulässig werden auch Bestimmungen, die ein Vorschlagsrecht Dritter oder ein Bestätigungsrecht einer Aufsichtsbehörde vorsehen. Zulässig bleibt nur die Satzungsbestimmung, daß der AR. einen Ausschuß zur Bestellung des Vorstandes bilden kann (vgl. „Ausschüsse des AR."). Dietrich JW. 1937, 1455 erklärt Satzungsbestimmungen, die einem Ausschuß des AR. die Bestellung des Vorstands übertragen, weiterhin für zulässig (dagegen Anm. 11).

Die Bestellung erfolgt auf höchstens 5 Jahre (§ 75). Für Vorstandsmitglieder, die bei Inkrafttreten des Aktiengesetzes im Amt sind, beginnt die Frist am 1. 10. 1937 (EG. § 7). Die geltenden Satzungen enthalten regelmäßig nichts über die Dauer der Bestellung; einzelne Satzungen schreiben vor, daß die Mitglieder des Vorstandes auf bestimmte Zeit oder nicht über eine bestimmte Zeit hinaus zu bestellen sind (vgl. Muster A § 18). Diese Satzungsbestimmungen sind zu ändern, soweit sie der vorgeschriebenen Höchstdauer von fünf Jahren widersprechen.

Über gesetzliche und satzungsmäßige Beschränkungen der Wahlfähigkeit vgl. Anm. 86, über die Bestellung eines Vorsitzers vgl. Anm. 76.

Eine besondere Form der Bestellung ist im AGesetz, wie bisher, nicht vorgeschrieben. Nach HGB. war nur der erste Vorstand, wenn er von der Generalversammlung gemäß § 190 Abs. 3 zu wählen war, gemäß HGB. § 259 zu gerichtlichem oder notariellem Protokoll zu bestellen. Nach § 23 des AGesetzes bestellt auch den ersten Vorstand der AR. Es genügt also stets die Schriftform der Aufsichtsratsbeschlüsse, wenn nicht die Satzung, wie das bisher nicht selten war, für AR.beschlüsse über eine Vorstandsbestellung notarische Beurkundung vorschreibt (vgl. Muster A § 18; vgl. auch Anm. 72 zu b). Derartige Satzungsbestimmungen bleiben aufrechterhalten.

Bevollmächtigung für die Hauptversammlung. Die Aktionäre **Anm. 18.**
können sich in der Hauptversammlung, insbesondere bei der Ausübung ihres Stimmrechts vertreten lassen (§ 114 Abs. 3). Das ist zwingendes Recht. Die Satzung kann die Vertretung nicht ausschließen und nicht persönliche Wahrnehmung der Rechte durch die Aktionäre vorschreiben; sie kann aber auch nicht dem Aktionär das Recht auf persönliche Stimmabgabe nehmen und Vertretung, z. B. für Frauen oder Ausländer, zwingend vorschreiben (RG. 55, 41; vgl. Muster A § 32). Dagegen kann die Satzung bestimmen, daß die Vertreter bestimmte Eigenschaften haben müssen, z. B. Inländer oder Reichsbürger sein müssen oder Mitglieder des Vorstandes oder des AR. oder Frauen nicht sein dürfen. Zulässig ist auch die Bestimmung, daß nur Aktionäre Vertreter sein können (RG. 80, 385; 132, 158; vgl. Muster A u. B § 32).

Für die Form der Vollmacht ist Schriftform vorgeschrieben. Sie ist erforderlich und genügend. Die Satzung kann nicht beglaubigte

Vollmachten verlangen und nicht mündliche oder telegraphische Vollmachten genügen lassen (Brodmann § 252 Anm. 3b; Staub § 252 Anm. 16). Sie kann auch nicht für bestimmte Fälle von der Beibringung der Vollmacht absehen, indem sie z. B. Ehemänner ohne Rücksicht auf das Güterrecht für ihre Ehefrauen oder ein Vorstandsmitglied oder einen Prokuristen oder einen Gesellschafter ohne Rücksicht auf seine Vertretungsbefugnis für sein Unternehmen als vertretungsberechtigt erklärt (vgl. Muster A § 32).

Die Vollmacht ist in der Hauptversammlung vorzulegen. Nachträgliche Beibringung ist nicht statthaft. Die Sicherheit der Feststellung eines richtigen Abstimmungsergebnisses erfordert klare Verhältnisse über das Recht zum Mitstimmen wie über die Vollmachtserteilung; das Interesse am Ausschluß unnötiger Anfechtungsprozesse kommt hinzu. Deshalb kann auch die nachträgliche Beibringung einer vor der Hauptversammlung ausgestellten Vollmacht, die das RG. Bd. 106 S. 261 genügen läßt, nicht zulässig sein (Brodmann § 252 Anm. 3c, Staub § 252 Anm. 19; a. M. Baumbach § 114 Anm. 4). Die Satzung kann Gegenteiliges nicht vorsehen, auch nicht bestimmen, daß die Hauptversammlung über die Zulassung von Vertretern ohne Vorlegung schriftlicher Vollmacht entscheiden kann (vgl. hierzu auch „Leitung der Hauptversammlung").

Für jede Aktie kann das Stimmrecht nur durch einen Bevollmächtigten ausgeübt werden. Nur der Inhaber mehrerer Aktien kann seinen Aktienbesitz teilen und mehrere Vertreter bestellen. Sie können aber das Stimmrecht nur einheitlich ausüben (vgl. „Stimmrecht"). Andererseits kann eine Person für mehrere Aktionäre Vertreter sein; in diesem Fall kann er für seine Vollmachtgeber verschieden stimmen.

Anm. 19. **Bezugsrecht.** In Übereinstimmung mit HGB. § 282 gewährt § 153 jedem Aktionär bei Kapitalerhöhungen ein Bezugsrecht auf die neuen Aktien. Dieses Bezugsrecht konnte in dem Beschluß der Generalversammlung über die Kapitalerhöhung ausgeschlossen werden (HGB. § 282 Abs. 1). Hierzu genügte, wenn die Satzung für den Kapitalerhöhungsbeschluß einfache Stimmenmehrheit vorsah, diese geringe Mehrheit. Nach herrschender Meinung war es nicht einmal erforderlich, den Ausschluß des Bezugsrechts in der Tagesordnung der Generalversammlung anzukündigen (RG. 107, 76; 108, 325).

Demgegenüber erschwert § 153 den Ausschluß des Bezugsrechts: er muß „ausdrücklich und fristgemäß" angekündigt sein (§ 153 Abs. 4; Versäumung der Ankündigung führt zur Anfechtbarkeit des Beschlusses); ferner wird für die Beschlußfassung über die Kapitalerhöhung, wenn sie die Ausschließung des Bezugsrechts enthält, als Mindesterfordernis eine Kapitalmehrheit von $^3/_4$ des vertretenen Grundkapitals verlangt. Das gilt auch dann, wenn sonst für die Kapitalerhöhung eine geringere Kapitalmehrheit genügt (vgl. Anm. 49). Die Satzung kann für die Beschlußfassung über eine Kapitalerhöhung, bei der das Bezugsrecht der Aktionäre auszuschließen ist, nur eine größere Kapitalmehrheit verlangen und noch weitere Erfordernisse aufstellen (§ 153 Abs. 3; vgl. Muster B § 39).

In Übereinstimmung mit dem bisherigen Recht kann die Satzung den Ausschluß des Bezugsrechts nicht, wie die Festsetzung der Bezugsbedingungen für die neuen Aktien, dem Vorstand oder dem AR. überlassen. Die Beschlußfassung der Hauptversammlung ist zwingend vorgeschrieben. Desgleichen kann der Ausschluß des Bezugsrechts nicht gesondert von der Kapitalerhöhung beschlossen werden (§ 153 Abs. 3).

Nach § 154 Abs. 2 sind, wie schon nach § 283 HGB., Zusicherungen von Bezugsrechten auf neu ausgegebene Aktien, die vor dem Beschluß über die Kapitalerhöhung gemacht werden, der Gesellschaft gegenüber unwirksam. Das gilt für Zusicherungen an Dritte wie zugunsten der Aktionäre. Es kann daher, wie schon nach dem bisherigen Recht, auch die Satzung derartige Zusicherungen zugunsten der Aktionäre nicht enthalten. Sie kann nicht bestimmen, daß alle Aktionäre bei jeder künftigen Kapitalerhöhung das Bezugsrecht auf die jungen Aktien haben sollen oder daß das gesetzliche Bezugsrecht bei keiner künftigen Kapitalerhöhung ausgeschlossen oder beeinträchtigt werden dürfe. Denn die Satzung muß das gesetzliche Bezugsrecht, so wie es gegeben ist, also mit der Möglichkeit, es in dem Kapitalerhöhungsbeschluß auszuschließen, unverändert bestehen lassen, wenn sie nicht gegen § 154 verstoßen soll (RGZ. 51, 330; Brodmann § 282 Anm. 6a; Staub § 282 Anm. 8).

Gründerbezugsrechte, die vor der Aktiennovelle von 1884 begründet waren, sind von der Rechtsprechung aufrechterhalten worden (RG. 108, 31), bis die Entscheidung des RG. vom 7. 2. 1936 (DJ. 1936, 614) mit ihnen aufräumte. § 12 EG. schreibt vor, daß solche Bezugsrechte nicht mehr ausgeübt werden können. Damit ist auch die Frage, ob die Satzung vorweg und ein für allemal Bezugsrechte auf junge Aktien begründen könne, durch das Gesetz selbst verneint.

Bezüge des Aufsichtsrats werden in der Satzung oder durch die Hauptversammlung festgesetzt. Bei der Festsetzung der Vergütung des AR. und etwaiger sonstiger Bedingungen seines Vertragsverhältnisses **Anm. 20.**

wird die AG. durch die Hauptversammlung vertreten (RG. 63, 208); vgl. Anm. 46 S. 137.

Den Mitgliedern des ersten AR. kann nur die Hauptversammlung eine Vergütung zubilligen (§ 98 Abs. 2). Bezüge können in einer festen Jahresvergütung und einer Gewinnbeteiligung bestehen. Sie müssen im Einklang mit den Aufgaben der einzelnen AR.-Mitglieder und mit der Lage der AG. festgesetzt werden (§ 98).

Gewinnbeteiligungen sollen außerdem zu den Aufwendungen zugunsten der Gefolgschaft oder von Wohlfahrtseinrichtungen in angemessenem Verhältnis stehen (Abs. 4). Für die Berechnungsart der Gewinnbeteiligung gibt § 98 eine zwingende Vorschrift, die über HGB. § 243 hinausgeht und noch weitere Einschränkungen bringt, als für die Vorstandstantiemen in § 77 vorgesehen sind (vgl. „Bezüge des Vorstands"); entgegenstehende Festsetzungen in der Satzung sind nichtig (§ 98 Abs. 3 Satz 2). Die üblichen Bestimmungen der Satzung über die Gewinnverteilung sind, soweit sie nicht nur die Höhe des Gewinnanteils, sondern auch seine Berechnungsart regeln, entsprechend § 98 zu ändern (vgl. Muster B § 28).

Entsprechen die Bezüge des AR. nicht den der neuen Volksanschauung entnommenen Grundsätzen des § 98, so hat der Vorstand eine Herabsetzung durch die Hauptversammlung zu fordern. Sind die Bezüge durch die Satzung festgelegt, so genügt zu der Satzungsänderung ein Beschluß mit einfacher Stimmenmehrheit (§ 98 Abs. 1). Die Satzung kann eine höhere Mehrheit nicht vorschreiben. Jede Verwaltung wird zu prüfen haben, ob die in der Satzung vorgesehenen Bezüge den Erfordernissen, die § 98 für die Angemessenheit aufstellt, entsprechen und notfalls der Hauptversammlung eine Satzungsänderung vorschlagen müssen.

Die Gesamtbezüge des AR. sind im Geschäftsbericht anzugeben (§ 128 Abs. 2 Z. 7; vgl. hierzu „Bezüge des Vorstands").

Satzungsbestimmungen über die Vergütung des AR. treten — entgegen der Regelung des Art. VIII der Aktiennovelle 1931 — nicht außer Kraft (EG. § 8).

Anm. 21. **Bezüge des Vorstandes.** Die Bezüge des Vorstandes werden im Anstellungsvertrag vereinbart, den der AR. mit den Mitgliedern des Vorstandes schließt (vgl. „Anstellungsvertrag"). Der AR. hat dabei gemäß § 78 die Pflicht dafür zu sorgen, daß die Gesamtbezüge (Gehälter, Gewinnbeteiligung, Provisionen usw.) in einem angemessenen Verhältnis zu den Aufgaben des einzelnen Vorstandsmitgliedes und zur Lage der AG. stehen. Eine wesentliche Verschlechterung in den Verhältnissen der AG. berechtigt und verpflichtet den AR. zur Herabsetzung der Bezüge. Diese neuartige Regelung ist in Fortentwicklung der Rechtsgedanken getroffen, die das RG. in seiner bedeutsamen Entscheidung Bd. 148, 81 nach nationalsozialistischer Weltanschauung für die Bemessung von Gehaltsbezügen und Ruhegehältern niedergelegt hat. Sie bildet zwingendes Recht. Die Satzung kann sie nicht abändern und dem Vorstand weder mittelbar noch unmittelbar einen Schutz gegen die Herabsetzung gewähren, insbesondere nicht die Herabsetzung von der Genehmigung der Hauptversammlung abhängig machen; nur das Gesetz selbst hat dem Vorstand für den Fall einer Herabsetzung der Bezüge ein Kündigungsrecht gegeben.

Eine Gewinnbeteiligung des Vorstandes kann der Dienstvertrag oder die Satzung festsetzen oder, wenn diese der Hauptversammlung die Entscheidung hierüber vorbehält, die Hauptversammlung beschließen. Maßgebend ist für die Berechnung des Gewinnanteils die zwingende Vorschrift des § 77, die über HGB. § 237 hinausgeht. Festsetzungen, die der gesetzlichen Regelung entgegenstehen, sind nichtig (§ 77 Abs. 2 Satz 2). Die Gewinnbeteiligung des Vorstands berechnet sich nach dem Reingewinn, der sich nach Vornahme von Abschreibungen und Wertberichtigungen sowie nach Bildung von Rücklagen und Rückstellungen ergibt. Gleichgültig ist, wie nach bisherigem Recht, ob es sich um notwendige oder freiwillige Abschreibungen und Rücklagen, um offene oder stille Reserven handelt. Maßgebend ist der nach der Jahresbilanz zur Verteilung gelangende Gewinn, der Überschuß der Aktivposten über die Passivposten (§ 131 Abs. 3), bei dessen Errechnung die für das Bilanzjahr zu machenden Abschreibungen, Wertberichtigungen, Rücklagen und Rückstellungen bereits in der Jahresbilanz vorzunehmen sind (§ 131 Abs. 2).

Zu den Rücklagen gehört nicht der Gewinnvortrag auf das nächste Jahr (so Trumpler S. 305 mit treffender Begründung; a. M. Schlegelberger AktG. § 77 Anm. 10 u. die früher herrschende Meinung); Verlustvorträge früherer Jahre schmälern notwendig den Reingewinn (a. M. Trumpler S. 305). Entscheidend ist nicht, was an die Aktionäre als Dividende ausgeschüttet wird, sondern der gesamte Gewinn, der, sei es als Dividende, sei es als Gewinnbeteiligung des Vorstands, des AR. oder der Angestellten, sei es als Gewinnquote der Genußscheininhaber oder als „Bonus" verteilt oder der zur Einziehung von Aktien oder zur Gewährung von Gratisaktien verwendet wird. Maßgebend ist die Jahresbilanz, wie sie vom Vorstand unter Billigung des AR. aufgestellt ist (§ 125), jedoch mit den Änderungen, die sich unter Umständen aus einem von dem Gewinnverteilungsvorschlag des Vorstandes abweichenden Gewinnverteilungsbeschluß der Hauptversammlung ergeben und gemäß § 126 Abs. 3 nachträglich von dem Vorstand vorzunehmen sind (so Dietrich JW. 1937, 651; a. M. Baumbach § 126 Anm. 3). Abzuziehen sind auch die Rücklagen für soziale Zwecke, selbst wenn sie im laufenden Jahre zur Verwendung gelangen sollen (RG. 91, 313), dagegen nicht unmittelbare Zuwendungen z. B. an Gefolgschaftsmitglieder, selbständige Pensionskassen und Wohlfahrtseinrichtungen (Trumpler S. 304).

Neu gegenüber dem bisherigen Rechtszustand ist die Vorschrift, daß bei der Berechnung der Vorstandstantieme auch der Teil des Reingewinns, der durch die Auflösung von **Rücklagen** entstanden ist, abzusetzen ist. Wird also ein Dividendenergänzungsfonds zum Zweck der Ausschüttung einer gleichbleibenden Dividende angegriffen, so kann die Gewinnbeteiligung des Vorstands nicht von dem aufgelösten Teil dieses Fonds gewährt werden. Diese Bestimmung will dem Vorstand eine Gewinnbeteiligung an Beträgen nehmen, die aus den Ergebnissen früherer Jahre herrühren. Damit aber der Vorstand seine Gewinnbeteiligung in den Jahren, in denen der Ertrag erzielt ist, möglichst ungeschmälert erhält, gewährt das Gesetz eine Ausnahme von der Abzugspflicht aller Rücklagen für die sog. „**freien Rücklagen**", d. h. die nicht gesetzlich vorgeschriebenen Rücklagen (Trumpler S. 128). Der AR. kann aus Billigkeitsrücksichten für ein einzelnes Geschäftsjahr die Tantiemepflichtigkeit der neugebildeten freien Rücklagen zulassen. Der Ausschluß der Tantiemefreiheit gilt nicht für die Auflösung von **Rückstellungen**, die sich als unnötig erweisen, auch nicht für die Realisierung stiller Rücklagen (v. Broska BArch. 37, 4; a. M. Schlegelberger AGes. § 77 Anm. 13).

Die Satzung kann die Gewinnbeteiligung des Vorstands nicht günstiger gestalten; sie kann insbesondere nicht allgemein (an Stelle des AR.) die Abzugsfreiheit für „freie Rücklagen" zulassen. Sie kann aber die Gewinnbeteiligung des Vorstands über § 77 hinaus weiter einschränken, z. B. die Abzugspflicht für freie Rücklagen ausnahmslos anordnen, also das Recht des AR. auf Zulassung der Abzugsfreiheit ausschließen, und auch die Tantiemepflicht von Beträgen, die sich aus der Auflösung unnötig gewordener Rückstellungen ergaben, beseitigen.

Nur eine **Gewinnbeteiligung** unterliegt den Beschränkungen des § 77. Wird die Vergütung in einem Hundertsatz des **Gesamtumsatzes** oder des **Umsatzes** einer einzelnen Betriebsstätte gewährt, so entfällt die Anwendung des § 77 (a. M. Schlegelberger AktG. § 77 Anm. 4); jedoch bleibt § 78 zu beachten.

Die Gesamtbezüge des Vorstandes sind im **Geschäftsbericht** anzugeben (§ 128 Abs. 2 Z. 7). Die Satzung kann hiervon nicht befreien.

Die Geheimhaltung, die § 128 Abs. 3 wegen überwiegender Belange der AG. oder des Gesamtwohls ausnahmsweise gestattet, wird hier niemals in Frage kommen.

Bilanzansätze (Bilanzbewertung). Die Bestimmungen des § 133 über die Bewertung der Bilanzposten entsprechen HGB. § 261. Die alten Satzungen enthalten über die Bilanzansätze Vorschriften, die das Maß der Abschreibungen festsetzen oder den Verwaltungsträger bestimmen, der über die Höhe der Abschreibungen zu entscheiden hat (vgl. Muster A § 43). Vorschriften der ersten Art bleiben zulässig: Die Satzungen können weiterhin vorsehen, welche Hundertsätze auf Anlagen abzuschreiben oder als Wertberichtigungsposten einzusetzen sind. Dagegen sind die Vorschriften der letzteren Art mit Rücksicht auf die neue gesetzliche Regelung für die Feststellung des Jahresabschlusses abzuändern (vgl. „Feststellung des Jahresabschlusses"); sie waren schon nach bisherigem Recht, soweit sie den Vorstand oder den AR. oder beide gemeinsam für die Festsetzung von Abschreibungen und die Bildung von Rücklagen für zuständig erklärten, ungültig (a. M. Düringer-Hachenburg § 213 Anm 21). Die Satzung kann die Festsetzung der Abschreibungen nicht mehr der Hauptversammlung vorbehalten, da regelmäßig der Vorstand den Jahresabschluß feststellt und gemäß § 131 Abs. 2 Abschreibungen und Wertberichtigungen bereits in der Jahresbilanz vorzunehmen sind. Sie kann sie auch nicht dem AR. überlassen oder von der Zustimmung des Aufsichtsrats abhängig machen, gleichgültig ob Vorstand oder Hptvers. den Jahresabschluß feststellt (a. M. Trumpler S. 130). Bei Feststellung durch den Vorstand hat der AR. schon kraft Gesetzes die Befugnis, dem aufgestellten Jahresabschluß die Billigung zu versagen, wenn dieser ihm zu hoch oder zu niedrig erscheinende Abschreibungen enthält; im letzteren Fall kann die Hptvers. bei der Festsetzung des Jahresabschlusses nicht mehr durch die Satzung an die Zustimmung eines anderen Verwaltungsträgers gebunden werden. Die Zuständigkeitsabgrenzung, die § 125 vorsieht, ist zwingend vorgeschrieben. Demgemäß sind auch Satzungsbestimmungen, die für die Vornahme von Abschreibungen und Wertberichtigungen ein Vorschlagsrecht des Vorstands oder des AR. vorsahen, zu streichen. Anm. 22.

Über stille Rücklagen vgl. Anm. 66.

Bilanzprüfung: siehe „Abschlußprüfung".

Bilanzschema. Die §§ 131 und 132 geben — entsprechend HGB. §§ 261a und c — die Vorschriften über die Gliederung des Jahresabschlusses. Die Satzungen pflegen hierüber Bestimmungen nicht zu enthalten. Unzulässig wären solche Bestimmungen nicht, wenn sie sich Anm. 23.

im Rahmen der gesetzlichen Vorschriften halten. Das Bilanzschema des Gesetzes kann hiernach nur insoweit, als der Geschäftszweig der AG. „eine abweichende Gliederung bedingt", oder durch eine weitergehende Gliederung geändert werden. Die abweichende Gliederung muß „gleichwertig" sein (§§ 131 u. 132 Abs. 1). Wenn eine Satzung ein Bilanzschema geben sollte, wird sie zweckmäßig den gleichen Spielraum, den das Gesetz gewährt, für eine weitere Gliederung vorsehen müssen, damit die den Jahresabschluß feststellenden Organe die Bilanz den jeweiligen Erfordernissen anpassen können.

Art. IX der 1. DV. gibt Formblätter für die Jahresabschlüsse der Hypothekenbanken, Banken und Sparkassen, Eisenbahn- und Transportunternehmungen sowie gemeinnützigen Wohnungsunternehmungen, die in Form der AG. betrieben werden. Auch hier ist bestimmt, daß die Formblätter *unbeschadet einer weiteren Gliederung* zu verwenden sind.

Anm. 24. **Dauer der Gesellschaft.** Enthalten die Satzungen keine Bestimmung über die Dauer der Gesellschaft, so ist die AG. für unbegrenzte Zeit errichtet; sie endet durch die im Gesetz vorgesehenen Beendigungsgründe (§ 203: Auflösungsbeschluß, Konkurs; § 233: Verschmelzung; §§ 257 ff.: Umwandlung). Die Satzung braucht eine Bestimmung hierüber nicht zu enthalten. Die vielfach übliche Bestimmung: „Die Dauer der Gesellschaft ist unbeschränkt" ist überflüssig (vgl. Muster A u. B § 1). — Die Satzung kann eine *bestimmte Zeitdauer* vorsehen (§ 203 Abs. 1 Z. 1), z. B. 100 Jahre oder einen bestimmten Endtermin festsetzen. Sie kann auch bestimmen, daß über die bestimmte Zeitdauer hinaus die Verlängerung beschlossen werden kann; hierfür wird regelmäßig eine erhöhte Stimmen- oder Kapitalmehrheit vorgesehen. — Da die Regelung im AGesetz dem bisherigen Rechtszustand entspricht, erübrigen sich Satzungsänderungen. Über Auflösung der AG. und Kündigungsrecht der Aktionäre vgl. Anm. 8.

Dividendenanspruch: siehe „Gewinnverteilung".

Anm. 25. **Dividendenbeschränkungen.** § 52 gibt dem Aktionär als wichtigstes vermögensrechtliches Mitgliedschaftsrecht den Anspruch auf den Reingewinn (vgl. über die Änderung des Gewinnanspruchs gegenüber dem bisherigen Recht: „Gewinnverteilung"). § 52 beschränkt aber diesen Anspruch, soweit der Reingewinn nicht nach Gesetz oder Satzung von der Verteilung ausgeschlossen ist. Das *Gesetz* beschränkt die Verteilung durch die Höchstbewertungsvorschriften für die Bilanzansätze (§ 133) und durch die Vorschrift über die Bildung der gesetzlichen Rücklage (§ 130). Die *Satzung* kann gemäß § 52 die Verteilung von Reingewinn schlechthin ausschließen und damit den Aktionären den Dividendenanspruch entziehen (z. B. bei gemeinnützigen AG.); sie kann eine auf einen bestimmten Hundertsatz begrenzte Dividende vorsehen. Sie kann auch eine unterschiedliche Behandlung der Aktionäre in der Verteilung des Gewinns eintreten lassen (§ 11) und dadurch besondere Gattungen von Aktien schaffen. Über die satzungsmäßigen Beschränkungen hinsichtlich Abschreibungen und Rücklagen und über die sich aus Interessengemeinschaftsverträgen ergebenden Bindungen vgl. „Gewinnverteilung".

Nach § 53 bestimmt sich die Gewinnbeteiligung der Aktionäre nach dem Verhältnis der Aktiennennbeträge. Dies gilt auch, wenn alle Aktien noch nicht voll eingezahlt sind und die Teileinzahlungen gleichmäßig erfolgt sind. Dagegen sieht § 53 Abs. 2 für den Fall, daß die Einlagen nicht auf alle Aktien in demselben Verhältnis geleistet sind, eine Vorzugsdividende bis zu 4% der geleisteten Einlagen vor. Ist noch weiterer verteilbarer Reingewinn vorhanden, so wird dieser — wieder nach dem Grundsatz des Abs. 1 — nach den Aktiennennbeträgen verteilt. Nur die „Einlagen auf das Grundkapital" (Bar- oder Sacheinlagen) werden berücksichtigt; das Aufgeld führt nicht zu einer unterschiedlichen Behandlung der Gewinnbeteiligung.

Die Satzung kann, wie schon nach HGB. § 214, eine andere Art der Gewinnverteilung bestimmen (§ 53 Abs. 3). Sie kann in Abweichung von § 53 Abs. 1, Vorzugsaktien schaffen, die z. B. mit einer nach oben begrenzten Vorzugsdividende ausgestattet sind und neben den Stammaktionären oder nach Zuteilung einer gleichen Dividende an die Stammaktionäre auch an dem weiteren Reingewinn teilnehmen (§ 11; vgl. „Vorzugsaktien"). Sie kann in Abweichung von § 53 Abs. 2 die nicht volleingezahlten Aktien von der Gewinnbeteiligung ausschließen; sie kann vorsehen, daß auch schon diese Aktien im Verhältnis der Aktiennennbeträge am Gewinn teilnehmen (vgl. Muster B § 45); sie kann auch bestimmen, daß nicht nur die Vorzugsdividende bis zu 4%, sondern der gesamte Gewinn im Verhältnis der geleisteten Einlagen verteilt wird. Für Nebenleistungs-Aktiengesellschaften (§ 50; HGB. § 212) waren solche abweichenden Bestimmungen üblich, z. B. dahin, daß die Gewinnbeteiligung — nach Ausschüttung einer Vordividende auf die Aktiennennbeträge — im Verhältnis des Wertes der Nebenleistungen errechnet wird.

Eigenschaften des Vorstandes: siehe „Zusammensetzung des Vorstands"; **des Aufsichtsrats:** siehe „Zusammensetzung des AR."

Einberufung des Aufsichtsrats: siehe „Geschäftsordnung des AR."

Anm. 26. **Einberufung der Hauptversammlung.** Die bisherigen Bestimmungen des HGB. §§ 253ff. sind im wesentlichen beibehalten, aber in verschiedener Richtung ergänzt und klargestellt (§§ 105ff). Klargestellt ist auch die Bedeutung der Gesetzes- und Satzungsbestimmungen über die Einberufung der Hauptversammlung für die Gültigkeit der Hauptversammlungsbeschlüsse: eine Verletzung der Abs. 1 und 2 des § 105 führt zur Nichtigkeit der Beschlüsse, eine Verletzung sonstiger Gesetzes- oder Satzungsbestimmungen über die Einberufung zur Anfechtbarkeit (§§ 195 Z. 1, 197). Unerläßlich für die Gültigkeit der in der Hauptversammlung zu fassenden Beschlüsse ist hiernach die Beachtung der Vorschriften, die das Gesetz oder die Satzung über die Person der Einberufer der Versammlung und die das Gesetz über den Inhalt der Einladung und ihre Bekanntgabe gibt.

Zur Einberufung berechtigt ist der Vorstand (§ 105 Abs. 1). Um Zweifel für Fälle auszuschließen, in denen die Gültigkeit der Bestellung des Vorstandes in Frage steht, bestimmt § 105 neu, daß Personen, die in das Handelsregister als Vorstand eingetragen sind, stets als befugt gelten. Hieran kann die Satzung nichts ändern. § 105 läßt außerdem das Recht anderer Personen, die nach Gesetz oder Satzung zur Einberufung befugt sind, unberührt. Das gilt für den AR. gemäß § 94 Abs. 4 und für eine Minderheit der Aktionäre, deren Anteile 5% des Grundkapitals erreichen (§ 106), ferner z. B. für den Bankenkommissar gemäß Gesetz über das Kreditwesen v. 5. 12. 1934 § 34c. Daneben kann die Satzung weitere Personen zur Einberufung berechtigen: z. B. den Vorsitzer des AR. oder seinen Stellvertreter oder einen Ausschuß des AR., jedes Mitglied des Vorstands, die Prokuristen, jeden Aktionär, einen Beirat, den Abschlußprüfer oder sonstige Revisoren. Das Gesetz legt hierin der Satzung keine Beschränkung auf (a. M. Brodmann § 253 Anm. 1). Die alten Satzungen bestimmen vielfach, daß die Einberufung der Generalversammlung durch den AR. oder dessen Vorsitzenden erfolgt. Diese Bestimmung hatte schon nach bisherigem Recht nicht ausschließenden Charakter und konnte das Recht des Vorstands zur Einberufung gemäß § 253 HGB. nicht vereiteln (Staub § 253 Anm. 1; Brodmann § 253 Anm. 1). Es empfiehlt sich aber, derartige Bestimmungen klar zu stellen und mit § 105 in Einklang zu bringen.

Neu — wenn auch in Übereinstimmung mit der bisherigen Praxis — regelt § 105 Abs. 2 den Inhalt der Einladung. Sie muß die Firma der AG. sowie Zeit und Ort der Hauptversammlung angeben — den Ort auch dann, wenn nach der Satzung ein ausschließlicher Versammlungsort bestimmt ist. Zu dem notwendigen Inhalt der Einberufung gehört ferner die Angabe des Einberufers. Jedoch genügt bei Einberufung durch Vorstand oder AR. die Angabe des Organs als solchen ohne Aufführung der einzelnen Namen. Die Satzung kann den notwendigen Inhalt nicht einschränken. Nicht erforderlich, wenn auch üblich, ist in der Einladung die Mitteilung der Bedingungen, die die Satzung für die Zulassung zur Teilnahme an der Hauptversammlung oder für die Ausübung des Stimmrechts vorsieht (vgl. „Teilnahmerecht u. Stimmrecht"). Die Satzung kann dies aber verlangen und weitere Erfordernisse für die Einberufung aufstellen (vgl. Muster A u. B § 30 für das Erfordernis der Einreichung eines doppelten Nummern-Verzeichnisses).

Die Veröffentlichung der Einberufung hat in allen Gesellschaftsblättern zu erfolgen (§ 105 Abs. 2). Diese Vorschrift ist neu. Es ist also nicht mehr der Satzung überlassen, die Form für die Berufung der Hauptversammlung zu bestimmen. Demgemäß fehlt in § 16 die dem § 182 Abs. 2 Z. 5 entsprechende Bestimmung. Die Satzung kann, wenn sie neben dem deutschen Reichsanzeiger weitere Blätter als Gesellschaftsblätter vorschreibt, für die Einberufung der Hauptversammlung nicht die Veröffentlichung in einem Blatt, z. B. dem Reichsanzeiger, als genügend bezeichnen. Sie kann aber über die Erfordernisse des § 105 Abs. 2 hinausgehen und z. B. neben der Veröffentlichung in den Gesellschaftsblättern besondere Einladung durch eingeschriebenen Brief an alle Namensaktionäre vorschreiben.

Der Ort der Hauptversammlung soll der Sitz der AG. sein. Daneben läßt § 105 Abs. 3 als Versammlungsort den Sitz der deutschen Börse zu, an der die Aktien der AG. zum Börsenhandel zugelassen sind. Jedoch kann die Satzung diesen Versammlungsort ausschließen und auch an Stelle des Sitzes der AG. oder neben ihm andere Versammlungsorte innerhalb Deutschlands vorsehen. Sie kann nicht dem Einberufer die Bestimmung des Ortes überlassen (vgl. Muster A § 29); denn damit würde sie im Sinne des Abs. 3 „nichts anderes bestimmen" und den Sitz der AG. und den Börsenplatz nicht ausschließen. Wohl aber kann sie den Einberufern die Wahl zwischen mehreren bestimmten Versammlungsorten lassen.

Die Einberufungsfrist beträgt mindestens zwei Wochen, den Tag der Einberufung und den der Versammlung nicht eingerechnet (§ 107 Abs. 1). Es müssen also 14 Tage zwischen dem Tag der Einberufung und dem der Versammlung liegen. Gleichgültig ist, wieviel Sonn- und Feiertage dazu gehören, insbesondere ob der letzte Tag der Frist ein

Sonn- oder Feiertag ist (bestr). Die Frist kann durch die Satzung, wie nach bisherigem Recht, verlängert, aber nicht verkürzt werden. — § 107 Abs. 2 sieht entsprechend HGB. § 255 zwingend eine Verlängerung der Frist vor, wenn die Satzung die Ausübung des Stimmrechts davon abhängig macht, daß die Aktien bis zu einem bestimmten Zeitpunkt vor der Versammlung hinterlegt werden (Anm. 69): in diesem Falle muß die Einberufungsfrist so bemessen werden, daß für die Hinterlegung mindestens zwei Wochen frei bleiben. Bestimmt z. B. die Satzung, daß die Hinterlegung spätestens am vierten Tage vor der Versammlung zu erfolgen hat, so müssen der gesetzlichen Mindestfrist von zwei Wochen drei Tage hinzugerechnet werden. Auch hierbei werden Sonn- und Feiertage wie Werktage behandelt (a. M. Brodmann § 255 Anm. 1b). Daß gerade der letzte Tag für die Hinterlegung kein Sonn- oder Feiertag sein dürfe und in solchem Falle gemäß BGB. § 193 eine Verlängerung der Frist bis auf den nächsten Werktag eintreten müsse, ist nicht vom Gesetz erfordert. Wenn es davon ausgehen würde, daß die Frist von 2 Wochen, die für die Hinterlegung frei sein soll, für jeden Tag dieser Frist die Möglichkeit der Hinterlegung voraussetze, hätte es 14 Werktage vorschreiben müssen. Die Satzung kann aber auch hier längere Fristen vorsehen, z. B. bestimmen, daß für die Hinterlegung mindestens 2 Wochen frei sein müssen und der letzte Tag dieser Frist kein Sonn- oder Feiertage sein dürfe (vgl. Muster F u. B § 30). — § 107 Abs. 3 bestimmt als letzten Tag für die Anmeldung der Aktien — mangels einer Satzungsvorschrift gemäß § 107 Abs. 2 — den dritten Tag vor der Hauptversammlung. Es müssen also 2 Tage zwischen Anmeldung und Versammlungstag frei sein. Im Falle des Abs. 3 werden diese 2 Tage nicht der zweiwöchentlichen Einberufungsfrist zugerechnet. Die Satzung kann die Frist des Abs. 3 nicht verlängern, wohl aber verkürzen. Die Satzung kann auch auf eine vorherige Anmeldung verzichten (Schlegelberger AktGes. § 107 Anm. 8; a. M. v. Godin-Wilhelmi Anm. 9).

Die Tagesordnung gibt den „Zweck der Hauptversammlung" wieder (§ 108). Über Gegenstände, die nicht ordnungsmäßig vor der Versammlung angekündigt sind, können Beschlüsse nicht gefaßt werden (Abs. 2). § 108 Abs. 3 macht eine Ausnahme nur für die Beschlußfassung über einen Antrag auf Einberufung einer außerordentlichen Hauptversammlung. Ohne Ankündigung können ferner Beschlüsse gefaßt werden, die die Durchführung der Versammlung und den Gang der Verhandlung (Wahl eines Versammlungsleiters, Art der Abstimmung, Vertagung; vgl. Seite 136) oder Maßnahmen in Verfolg des angekündigten Beratungsgegenstandes betreffen (Bestellung von Sonderprüfern zur Prüfung eines Vorgangs bei der Geschäftsführung: § 118, Beschlußfassung über die Tragung der Kosten der Versammlung: § 106 Abs. 5). Im übrigen kann die Hauptversammlung ohne Ankündigung Anträge nur entgegennehmen und Verhandlungen nur führen, wenn sie nicht auf eine Beschlußfassung hinzielen (§ 108 Abs. 3). — Die Tagesordnung soll bei der Einberufung bekannt gemacht werden; die Veröffentlichung kann aber auch gesondert erfolgen. § 108 Abs. 2 bestimmt hierfür als regelmäßige Frist eine Woche vor dem Versammlungstag, für Gegenstände jedoch, über die nach Gesetz oder Satzung nicht mit einfacher Stimmenmehrheit beschlossen werden kann, zwei Wochen. Ist die Teilnahme an der Versammlung von der Hinterlegung der Aktien abhängig, so muß die ein- oder zweiwöchentliche Frist zwischen dem Tag der Ankündigung und dem letzten Hinterlegungstag liegen. Diese Fristen sind Mindestfristen. Die Satzung kann sie ausdehnen, nicht verkürzen. Sieht die Satzung gleichzeitige Veröffentlichung der Tagesordnung mit der Einberufung der Versammlung vor, (vgl. Muster B § 29), so laufen trotzdem die geringeren Fristen des § 108 Abs. 2 für eine Ergänzung oder Änderung der Tagesordnung. Dies gilt nur dann nicht, wenn die Satzung ausdrücklich eine Ergänzung der Tagesordnung nach erfolgter Einberufung ausschließt.

Der Inhalt der Tagesordnung muß so bestimmt sein, daß der Gegenstand der Verhandlung und Beschlußfassung ersichtlich ist (RG. 86, 22). Eine Verweisung auf die Satzung ist unzulässig, z. B. genügt nicht die Einladung zur „ordentlichen Hauptversammlung", auch dann nicht, wenn die Satzung die Tagesordnung der ordentlichen Hauptversammlung festlegt und bestimmen würde, daß die Einladung zu ihr die in der Satzung vorgesehenen Gegenstände auch ohne ausdrückliche Angabe umfaßt. Eine derartige Bestimmung wäre nichtig. — Für Satzungsänderungen gilt die besondere Vorschrift des § 145 Abs. 2: die beabsichtigte Satzungsänderung muß nach ihrem wesentlichen Inhalt ausdrücklich angekündigt sein (vgl. über die Ankündigung der Umgestaltung der Satzung nach dem AGesetz Einleitung S. 16).

Einer Einberufung der Hauptversammlung unter Wahrung der Formen und Fristen, die in den §§ 105ff. oder in der Satzung vorgesehen sind, bedarf es nicht bei der sog. Vollversammlung, d. h. der Hauptversammlung, in der sämtliche Aktionäre vertreten sind. Sind Vorzugsaktien ohne Stimmrecht ausgegeben, so müssen auch diese sämtlich vertreten sein, weil auch sie das Recht auf Teilnahme an der Hauptversammlung haben (§ 116). Die Satzung kann hieran nichts ändern.

Die Hauptversammlung ist in den von Gesetz und Satzung vorgesehenen Fällen einzuberufen (§ 106). Die gesetzlichen Fälle betreffen die ordentliche Hauptversammlung (vgl. Anm. 59), ferner z. B. §§ 83, 95 Abs. 4 oder Satzungsänderungen usw. Die Satzung kann weitere Fälle vorschreiben, muß sich dabei aber streng an die gesetzliche Zuständigkeitsabgrenzung zwischen den Verwaltungsträgern halten (vgl. „Hauptversammlung. Aufgaben und Zuständigkeit").

Einberufungsfrist für die Hauptversammlung: siehe „Einberufung".

Einfache Stimmenmehrheit: siehe „Beschlußfassung in der Hauptversammlung".

Anm. 27. **Einforderung von Einzahlungen.** § 57 entspricht HGB. § 218. Die bisherigen Satzungsbestimmungen können hiernach aufrechterhalten bleiben. Die Satzung kann weiterhin eine besondere Form der Aufforderung — an Stelle der sonst satzungsmäßig vorgeschriebenen Art der Bekanntmachung — anordnen (§ 57 Abs. 1), auch Vertragsstrafen für nicht rechtzeitige Einzahlungen vorsehen (§ 57 Abs. 3). Als Vertragsstrafe kommt regelmäßig eine Geldzahlung in Betracht. Sie kann auch in dem Verlust der Gewinnbeteiligung für die Dauer des Verzugs bestehen. Keinesfalls kann aber der Verlust des Stimmrechts oder gar der Ausschluß von den Hauptversammlungen vorgesehen werden. Derartige Satzungsbestimmungen, die sich vereinzelt finden, waren schon nach bisherigem Recht ungültig und bleiben es auch nach dem AGesetz (vgl. Muster A § 6). Nach § 114 Abs. 2 hat aber die Nichtleistung weiterer Einzahlungen die Folge, daß sich das Stimmrecht, wenn es überhaupt für nicht volleingezahlte Aktien gewährt ist, nicht weiter erhöht; insofern erleiden die säumigen Aktionäre von selbst einen Rechtsnachteil gegenüber den die weiteren Einzahlungen leistenden Aktionären. — Vielfach finden sich Satzungsbestimmungen über das für die Einforderung zuständige Organ: die Generalversammlung oder der AR. wird hierzu bestimmt; bisweilen wird er hierzu nur auf Grund einer Beschlußfassung der Generalversammlung ermächtigt. Auch diese Bestimmungen behalten nach dem AGesetz ihre Gültigkeit. Die Einforderung der Einzahlungen ist nicht eine Maßnahme der Geschäftsführung; sie ist demgemäß nicht dem Vorstand notwendig vorbehalten (§ 95 Abs. 5); auch kann die Hauptversammlung nicht nur auf Verlangen des Vorstands zur Beschlußfassung über die Einforderung einberufen werden (§ 103 Abs. 2). Es handelt sich vielmehr um Ausübung der Rechte der AG. gegenüber den Aktionären. Sie liegt dem Vorstand ob, kann aber von einem vorherigen Beschluß eines anderen Verwaltungsträgers (AR. oder Hauptversammlung) abhängig gemacht werden. — Im übrigen enthalten die Satzungen bisweilen Vorschriften über die Gleichmäßigkeit der Einforderung, über die Höhe der Raten und bestimmte Voraussetzungen für die Einforderung (z. B. Verlust eines bestimmten Teils des Grundkapitals oder Erschöpfung einer bestimmten Rücklage); sie beschränken sich hierzu vielfach auch auf die Bestimmung, daß über das Bedürfnis, die Höhe und den Zeitpunkt weiterer Einzahlungen die Generalversammlung oder der AR. entscheidet. Gültigkeit behalten auch die Bestimmungen der Satzung über Sicherheitsleistung für die ausstehenden Einzahlungen, z. B. für den Fall einer Verschlechterung der Vermögensverhältnisse des Aktionärs oder einer Wohnsitzverlegung ins Ausland oder für den Erbfall (vgl. Muster A u. B § 6). Die Satzung kann aber, falls die Sicherheitsleistung unterbleibt, nicht die Verfallserklärung — entsprechend § 58 (HGB. § 219) — vorsehen. Die gesetzlichen Bestimmungen über die Kaduzierung können durch die Satzung nicht auf andere Fälle als die Säumnis in der Zahlung eingeforderter Einzahlungen ausgedehnt werden (vgl. über die Streitfrage Düringer-Hachenburg § 219 Anm. 2). Die Satzung kann auch die Erfordernisse der Kaduzierung nicht erschweren oder erleichtern.

Über Stimmrechtsbeschränkungen für nicht volleingezahlte Aktien vgl. Anm 67, über die Gewinnbeteiligung vgl. „Dividendenbeschränkungen“, über Einziehung der Aktien bei unterbliebener Sicherheitsleistung vgl. Anm. 86 und Muster A u. B § 6.

Einladung zur Hauptversammlung: siehe „Einberufung“.

Einziehung von Aktien: siehe „Zwangseinziehung“.

Entlastung. Für das HGB. wurde die Entlastung einhellig in Rechts- **Anm. 28.** lehre und Rechtsprechung als Verzicht auf Schadensersatzansprüche aus der Geschäftsführung der Verwaltung angenommen. Der Verzicht erstreckte sich auf alle Vorgänge, die für die Generalversammlung aus den Vorlagen (Geschäftsbericht, Jahresabschluß) und mündlichen Erläuterungen der Verwaltung und für den Abschlußprüfer oder Sonderprüfer aus den Unterlagen erkennbar waren (RG. 106, 262; 114, 396). Diese Bedeutung kann der Entlastung nach dem AGesetz nicht mehr zukommen, da § 84 Abs. 4 S. 3 bestimmt, daß die AG. erst nach fünf Jahren seit der Entstehung des Anspruchs und nur dann auf Ersatzansprüche verzichten kann, wenn die Hauptversammlung zustimmt und nicht eine Minderheit von $^1/_5$ des Grundkapitals widerspricht. Der Widerspruch zwischen dieser ausdrücklichen zwingenden Vorschrift und dem herkömmlichen Begriff der Entlastung kann nur damit gelöst werden, daß man eine Wandlung in der Bedeutung der Entlastung durch das AGesetz annimmt. Die

Entlastung ist nicht mehr Verzicht auf Ersatzansprüche gegen die Verwaltung, sondern nur Anerkenntnis einer ordnungsmäßiger Rechnungslegung und Vertrauensvotum, durch das die Geschäftsführung gebilligt wird (so schon Boesebeck JW. 1935, 921; Baumbach § 104 Anm. 2; Wehl DJ. 1937, 935; unklar Teichmann-Köhler § 104 Anm. 2 und 4, die die Entlastung nach wie vor als Verzicht ansehen). Dies Vertrauensvotum kann ausgesprochen werden, auch wenn Pflichtverletzungen des Vorstands entdeckt sind; es hat dann die Bedeutung, daß sich der AR. nicht zu einer Abberufung des Vorstands zu entschließen braucht (vgl. Anm. 82). Die Unterlassung der Abberufung beruht in diesem Fall auf einem „gesetzmäßigem Beschluß" der Hauptversammlung (§ 84 Abs. 4 Satz 1) und kann zu Ersatzansprüchen gegen den AR. nicht führen; wohl aber bleiben die Ersatzansprüche gegen den Vorstand aus seinen Pflichtverletzungen aufrecht erhalten, bis die Voraussetzungen des § 84 Abs. 4 S. 3 erfüllt sind.

Die Satzungen enthalten keine Bestimmung über Bedeutung und Tragweite der Entlastung; sie pflegen lediglich die Entlastung der Verwaltung als Punkt der Tagesordnung der ordentlichen Generalversammlung hervorzuheben. Satzungsänderungen werden daher mit Rücksicht auf die durch das AGesetz herbeigeführte Wandlung nicht erforderlich sein.

Nach § 104 Abs. 1 hat die Hauptversammlung über die Entlastung des Vorstands und AR. innerhalb der ersten fünf Monate eines Geschäftsjahrs für das vorangegangene Geschäftsjahr zu beschließen. Die Satzung kann diese Frist auf höchstens sieben Monate erstrecken. Einer Satzungsänderung bedarf es nach § 22 der 1. DV. nicht für die Entlastung nach Geschäftsjahren, die vor dem 1. Januar 1939 endigen. Über diese Geschäftsjahre kann die ordentliche Hauptversammlung in den ersten sieben Monaten des folgenden Geschäftsjahres abgehalten werden (vgl. Anm. 59).

Anm. 29. **Entsendungen von Mitgliedern in den Aufsichtsrat.** Schon nach bisherigem Recht war zwingend vorgeschrieben, daß die Wahl des AR. durch die Generalversammlung zu erfolgen hat (HGB. § 243). Der Grundgedanke war, daß die Mitglieder des AR. das Vertrauen der Mehrheit der Aktionäre haben müssen, aber nicht Vertreter der Belange von Minderheiten oder dritten Personen sein dürfen (RG. 48, 44). Deshalb waren Satzungsbestimmungen, die ein Vorschlagsrecht Dritter oder eines Einzelaktionärs, z. B. des Staates, vorsahen, nichtig (KGJ. 32, 136; Brodmann § 243 Anm. 2a). Auch die Verhältniswahl konnte durch die Satzung nicht eingeführt werden (Ring I, 234; Brodmann § 242 Anm. 2b).

Die Bestrebungen, insbesondere bei gemischt-wirtschaftlichen Unternehmungen der öffentlichen Hand, unabhängig von der Mehrheit der Generalversammlung, eine bestimmte Anzahl von Sitzen im AR. zu sichern, müssen als berechtigt angesehen werden. Das bisherige Recht versagt hier, wenn auch in der Praxis Großaktionäre bestimmte Personen zur Vertretung ihrer eigenen Belange in den AR. wählten und außerhalb der Satzung durch sog. Poolverträge die Wahl dieser Personen sicherstellten. § 88 AGesetz gibt einen Weg, satzungsmäßig ein Recht bestimmter Aktionäre zur Entsendung von Mitgliedern in den AR. zu begründen. Durch die Beschränkung der Gesamtzahl dieser „entsandten" AR.-Mitglieder auf ein Drittel aller AR.-Mitglieder wird gewährleistet, daß im AR. nicht eine einseitige Interessenvertretung einzelner Aktionäre vorherrscht. Das Entsendungsrecht kann nur Inhabern „gebundener Namensaktien" (§ 88 Abs. 2, § 61 Abs. 3; Muster B § 24) eingeräumt werden. Die Satzung kann vorsehen, daß ein namentlich bezeichneter Aktionär, z. B. das Reich, das Entsendungsrecht hat, solange er eine Aktie oder eine bestimmte Anzahl von Aktien hat; oder sie kann das Entsendungsrecht den jeweiligen Inhabern bestimmter Aktien verleihen (vgl. Muster B §§ 22 u. 24). Im letzteren Falle müssen die entsendungsberechtigten Aktionäre, wenn die Satzung nichts anderes vorsieht, gemeinsam — einstimmig — die zu entsendenden Personen benennen. Auch in den ersten Aufsichtsrat können — neben der Wahl durch die Gründer (§ 23) — Personen gemäß § 88 „entsandt" werden.

Die entsandten AR.-Mitglieder sind nicht Beauftragte derer, die sie entsandt haben; sie haben die Belange der AG. und des Gesamtwohls wie die von der Hauptversammlung gewählten AR.-Mitglieder wahrzunehmen. Wenn sie auch Anweisungen der Entsendungsberechtigten entgegennehmen müssen, gehen die Belange der AG. stets voran. Deshalb bestimmt § 88 Abs. 4, daß, wenn ein wichtiger Grund zur Abberufung eines entsandten Mitglieds vorliegt, eine Minderheit von 10% des Grundkapitals bei Gericht die Abberufung beantragen kann; im übrigen steht das Recht der jederzeitigen Abberufung den Entsendungsberechtigten zu. Die Hauptversammlung kann die entsandten AR.-Mitglieder erst abberufen, wenn die Voraussetzungen des Entsendungsrechts weggefallen sind, z. B. das entsendungsberechtigte Reich seinen Aktienbesitz veräußert hat.

Die Vorschriften des § 88 sind zwingender Natur. Die Satzung kann das Entsendungsrecht nicht erweitern, also nicht einer Minderheit von Inhaberaktien (z. B. Verhältniswahl) gewähren, die Zahl der

Entsandten auch nicht auf mehr als ein Drittel aller AR.-Mitglieder ausdehnen. Die Satzung muß bei der Festsetzung der Zahl die Höchstvorschriften des § 86 beachten (vgl. Muster B § 22); die Höchstzahl darf zusammen für die gewählten und entsandten Mitglieder des AR. nicht überschritten werden. Die Satzung kann auch nicht der Hauptversammlung ein jederzeitiges Widerrufsrecht gegenüber den Entsandten geben; das würde die Einrichtung des Entsendungsrechts gegenstandslos machen. Sie kann auch nicht den Widerruf der Entsendungsberechtigten an das Vorliegen eines wichtigen Grundes knüpfen. Dagegen kann die Satzung eine geringere Zahl als $1/_3$ aller AR.-Mitglieder für die Entsendung vorsehen und besondere Eigenschaften, die die gewählten Mitglieder nach der Satzung haben müssen, auch für die entsandten Mitglieder vorschreiben. Sie kann auch zulassen, daß die entsendungsberechtigten jeweiligen Inhaber der Namensaktien mit einfacher Stimmenmehrheit die zu entsendenden Personen wählen und abberufen, und Vorschriften über die Zusammenberufung der Wähler und die Abstimmung geben (vgl. Muster B § 24).

Die Amtsdauer der „entsandten" AR.-Mitglieder unterliegt nicht den Beschränkungen des § 87; ihr Amt endet, auch wenn sie dem ersten Aufsichtsrat angehören, nicht mit der Beendigung des Amts der von der Hauptversammlung gewählten Mitglieder. Die Satzung kann aber auch für die entsandten Mitglieder eine bestimmte Amtsdauer vorsehen, z. B. zehn Jahre, unbeschadet des Rechts auf jederzeitigen Widerruf durch die Entsendungsberechtigten.

Als Vergütung erhalten die „entsandten" AR.-Mitglieder, wenn die Satzung für sie eine abweichende Regelung nicht trifft, die Bezüge, die Satzung oder Hauptversammlung für den AR. festsetzt. Die Satzung kann vorschreiben, daß die Entsandten keine oder eine geringere Vergütung erhalten (vgl. Muster B § 24). In erster Reihe ist freilich für die Vergütung das zwischen den entsandten Mitgliedern und den Entsendungsberechtigten bestehende Rechtsverhältnis maßgebend.

Das Entsendungsrecht ist ein „Sonderrecht" in dem Sinne, daß es nur mit Zustimmung der berechtigten Aktionäre beeinträchtigt oder beseitigt werden kann. Ein satzungsändernder Beschluß (§ 146) ohne diese Zustimmung genügt nicht. § 88 Abs. 3 sagt ausdrücklich, daß die Aktien, deren Inhabern das Entsendungsrecht zusteht, nicht als eine besondere Gattung gelten. Damit ist klargestellt, daß auch nicht im Wege gesonderter Abstimmung ein Beschluß der Hauptversammlung, der in das Sonderrecht eingreift, gemäß § 146 Abs. 2 gefaßt werden kann.

Nach EG. § 8 treten auch Satzungsbestimmungen über die Entsendung von AR.-Mitgliedern, wie diejenigen über die Zusammensetzung, Wahl und Abberufung des AR., mit der Beendigung der Hauptversammlung außer Kraft, die über die Entlastung des AR. für das am 1. 10. 1937 ablaufende Geschäftsjahr abgehalten wird. Auch erlischt mit dem gleichen Zeitpunkt das Amt der „entsandten" wie der gewählten Mitglieder. Die neuen Satzungsbestimmungen über „Entsendung" von AR.-Mitgliedern können in der Zeit vom 1. 10. 1937, dem Zeitpunkt des Inkrafttretens des AGesetzes, bis zu dem in EG. § 8 genannten Termin mit einfacher Stimmenmehrheit beschlossen werden (EG. § 8 Abs. 1 Satz 2).

Erhöhtes Stimmrecht: siehe „Mehrstimmrechtsaktien".

Erlöschen des Aufsichtsratsamts. Die Frage, unter welchen **Anm. 30.** Voraussetzungen die Mitglieder des AR. ihr Amt niederlegen können, beantwortet sich aus dem zugrundeliegenden Vertragsverhältnis (Auftrag, Dienstvertrag). Das gilt auch für die „entsandten" Mitglieder. Die Satzung kann ohne Rücksicht hierauf bestimmen, daß jedes Mitglied des AR. jederzeit sein Amt niederlegen darf (vgl. Muster A u. B § 23); hierbei kann die fristlose Niederlegung von der Zustimmung des AR. abhängig gemacht werden. Die Satzung kann eine Kündigungsfrist vorsehen. Über das Erlöschen des Amts durch Zeitablauf und Abberufung vgl. „Wahl und Abberufung des AR.". — Die Satzung kann noch weitere Gründe der Erledigung des Amts vorschreiben, z. B. Fernbleiben des AR.-Mitglieds von den Sitzungen des AR. während eines Jahres, Mehrheitsbeschluß des AR. über die Niederlegung des Amts seitens des gesamten AR. Derartige Satzungsbestimmungen können auch für die „entsandten" Mitglieder des AR. gelten.

Die geltenden Satzungsbestimmungen über die Niederlegung des Amts und sonstige Endigungsgründe treten außer Kraft (EG. § 8). Konnte es für Art. VIII der Aktien-Novelle 1931, der nur die Bestimmungen über die Bestellung des AR. aufhob, streitig sein, ob auch Vorschriften über die Amtsdauer und sonstige Endigungsgründe hierunter fielen, so schließt EG. § 8 jeden Zweifel aus, indem er auch die Bestimmungen über die Abberufung ausdrücklich einschließt.

Eröffnungsbilanz für die Abwicklung: siehe „Feststellung des Jahresabschlusses".

Erster Vorstand: siehe „Bestellung des Vorstands.

Fassung der Satzung: siehe „Satzungsänderungen".

Feststellung des Jahresabschlusses. Nach § 260 HGB. beschloß die **Anm. 31.** Generalversammlung über die Feststellung der Bilanz und die Gewinn-

und Verlustrechnung. Das AGesetz nimmt grundsätzlich der Hauptversammlung diese Aufgabe und überträgt sie dem Vorstand als verantwortlichem Leiter der AG. (vgl. Anm. 46). Nach § 125 Abs. 1 hat der Vorstand in den ersten drei Monaten des Geschäftsjahres für das vergangene Geschäftsjahr den Jahresabschluß aufzustellen und dem Aufsichtsrat vorzulegen; die Vorlegung an den Aufsichtsrat erfolgt, nachdem Geschäftsbericht und Jahresabschluß von den Abschlußprüfern geprüft worden sind (§§ 135, 138). Die dreimonatliche Frist kann durch die Satzung auf fünf Monate ausgedehnt werden. Durch § 22 der 1. DV. ist für die Jahresabschlüsse über die Geschäftsjahre, die vor dem 1. 1. 1939 endigen, diese Fristverlängerung gesetzlich vorgesehen, so daß es vorläufig einer Satzungsänderung nicht bedarf. Der Aufsichtsrat hat alsdann innerhalb eines Monats zu dem Jahresabschluß gegenüber dem Vorstand Stellung zu nehmen (§ 125 Abs. 2). Eine Verlängerung dieser Frist durch die Satzung ist nicht statthaft.

Billigt der Aufsichtsrat den vom Vorstand aufgestellten Jahresabschluß, so ist dieser endgültig festgestellt (§ 125 Abs. 3). Der Vorstand hat in diesem Falle keine Möglichkeit, die Hauptversammlung zur Entscheidung über den Jahresabschluß anzurufen. Zur Zuständigkeit der Hauptversammlung kommt es vielmehr nur, wenn beide Organe, Vorstand und Aufsichtsrat, sich für die Feststellung durch die Hauptversammlung entscheiden. Das Gleiche gilt, wenn der Aufsichtsrat den Jahresabschluß nicht billigt. Eine Beanstandung einzelner Bilanzposten braucht er hierfür nicht vorzunehmen. Auch eine ohne Begründung ausgesprochene Mißbilligung führt zu der Zuständigkeit der Hauptversammlung für die Feststellung des Jahresabschlusses.

Diese ist vom Vorstand unverzüglich einzuberufen (§ 125 Abs. 4). Sie muß in den ersten fünf Monaten des Geschäftsjahres stattfinden; die Satzung kann jedoch diese Frist auch bis zu sieben Monaten ausdehnen (Abs. 5) und wird dies tun müssen, wenn sie die dem Vorstand für die Aufstellung des Jahresabschlusses gesetzte dreimonatliche Frist gemäß § 125 Abs. 1 auf fünf Monate erstreckt. Dementsprechend hat § 22 der 1. DV. für die Jahresabschlüsse über die Geschäftsjahre, die vor dem 1. 1. 1939 endigen, die Erstreckung der Fünfmonatsfrist auf sieben Monate — ohne Satzungsänderung — vorgesehen.

Ist so die Hauptversammlung berufen, den Jahresabschluß festzustellen, so entscheidet sie im Rahmen der gesetzlichen Vorschriften und Satzungsbestimmungen über Abschreibungen und Rücklagen und setzt den zur Verteilung gelangenden Gewinn fest.

Ist dagegen der Jahresabschluß durch den Vorstand unter Billigung des Aufsichtsrats festgestellt, so bleibt für die Hauptversammlung nur die Beschlußfassung über die Gewinnverteilung übrig (§ 126); an den ihr vorgelegten Jahresabschluß ist sie dabei gebunden; nur den darin ausgewiesenen Reingewinn kann sie verteilen (vgl. Anm. 42). Dagegen kann sie beschließen, daß der vom Vorstand ausgewiesene Reingewinn ganz oder teilweise zu weiteren Rücklagen verwendet und von der Verteilung ausgeschlossen wird (über die Grenzen dieses Rechts vgl. Anm. 42). Der Vorstand hat auf Grund dieser Beschlußfassung den Jahresabschluß entsprechend zu ändern (§ 126 Abs. 3), dem Handelsregister einzureichen und bekanntzumachen (§ 143).

Die Regelung der §§ 125 und 126 über die Feststellung des Jahresabschlusses ist zwingendes Recht. Abgesehen von den der Satzung vorbehaltenen Fristbestimmungen ist für eine abweichende Regelung kein Raum. Die alten Satzungen sind entsprechend zu ändern und zwar mit Wirkung für das bei Inkrafttreten des AGesetzes laufende Geschäftsjahr, da gemäß EG. § 11 die Vorschriften über die Rechnungslegung erstmalig für dieses Geschäftsjahr gelten (vgl. oben Einleitung S. 13). Zu streichen ist also die meist in den Satzungen vorgesehene Bestimmung, daß die ordentliche Generalversammlung den Jahresabschluß genehmigt (vgl. Muster A u. B § 36). Zu streichen sind ferner alle Satzungsvorschriften, die der Generalversammlung oder gar dem AR. oder der Generalversammlung „nur auf Antrag des AR." die Bestimmung über die Vornahme von Abschreibungen und die Bildung von Rücklagen („Reservefonds") zuerkennen (Trumpler S. 261; vgl. Muster A §§ 42 u. 43). Satzungsbestimmungen, die dem Vorstand unter Zustimmung des AR. die Bildung von Rücklagen übertragen, würden nur noch für den Regelfall, in dem der Vorstand mit Billigung des AR. den Jahresabschluß feststellt, dem Gesetz entsprechen; sie sind daher gleichfalls zu streichen. Die Satzung kann Bestimmungen über die Bildung von Rücklagen, über die Wertansätze und über Abschreibungen nur so treffen, daß die jeweils den Jahresabschluß Feststellenden, sei es der Vorstand, sei es die Hauptversammlung, daran gebunden sind. Eine unterschiedliche Behandlung ist nicht zulässig; eine Verschiebung der Zuständigkeit ist verboten, auch in dem Sinne, daß die Entscheidung des jeweils berufenen Verwaltungsträgers von der Zustimmung des andern nicht abhängig gemacht werden darf (a. M. Laaf Satzung der AG. § 67).

Die Bestimmungen der Satzung über Rücklagen und Abschreibungen können dem entscheidenden Organ weiteste Freiheit in der Bildung von Rücklagen und Vornahme von Abschreibungen geben; sie können aber auch das entscheidende Organ binden, nur bestimmte Rücklagen zulassen oder bestimmte Rücklagen vorschreiben, Abschreibungen über das gesetzliche Maß verbieten oder Mindestabschreibungen anordnen (vgl. Muster A u. B §§ 42 u. 43).

Der Regelung durch die Satzung kommt nach dem AGesetz eine erhöhte Bedeutung zu. Nach bisherigem Recht konnten Rücklagen nur insoweit gebildet werden, als die Satzung sie vorsah oder die Entscheidung über die Verteilung des Reingewinns in das freie Ermessen der Generalversammlung stellte (vgl. „Gewinnverteilung"). Nach § 131 Abs. 2 des AGesetzes sind Abschreibungen, Wertberichtigungen und Rücklagen bereits in der Jahresbilanz vorzunehmen. Stellt der Vorstand unter Billigung des AR. den Jahresabschluß fest, so kann er nach seinem Ermessen die Bilanzansätze abschreiben und die ihm erforderlich oder auch nur zweckmäßig erscheinenden Rücklagen bilden; denn die Hauptversammlung ist gemäß § 126 Abs. 3 an den vom Vorstand festgestellten Jahresabschluß gebunden; eine Anfechtung ist nicht vorgesehen; Nichtigkeit des Jahresabschlusses wird durch zu hohe Abschreibungen und Rücklagen nicht begründet (§ 202). Anders ist die Rechtslage, wenn die Hauptversammlung den Jahresabschluß feststellt. Nimmt sie über das nach dem Gesetz statthafte Maß hinaus und ohne eine Ermächtigung durch die Satzung Abschreibungen, Wertberichtigungen oder Rücklagen vor, so kann eine Minderheit von $^1/_{20}$ des Grundkapitals den den Jahresabschluß feststellenden Beschluß anfechten (§ 198 Abs. 2; a. M. anscheinend Schlegelberger AktG. § 52 Anm. 10, der auch die Hauptvers. ohne satzungsmäßige Ermächtigung im Jahresabschluß beliebige Rücklagen stellen lassen will und den Aktionären demgegenüber trotz § 198 Abs. 2 das Anfechtungsrecht versagt).

Soll dem Vorstand bei der Feststellung des Jahresabschlusses nicht die Freiheit belassen werden, die ihm das Gesetz für Abschreibungen und Rücklagenbildung gewährt, so muß die Satzung hierüber Vorschriften geben. Zwar ist die Hauptversammlung bei der Gewinnverteilung an den vom Vorstand festgestellten Jahresabschluß auch dann gebunden, wenn er eine Verletzung dieser Satzungsvorschriften darstellt; die Hauptversammlung kann aber dem Vorstand das Vertrauen entziehen; der AR. kann ihn daraufhin abberufen. So würden die empfohlenen Satzungsbestimmungen mittelbar einen Schutz gegen zu hohe Abschreibungen und Rücklagen bilden. Andrerseits kann die Satzung schwerlich eine Regelung geben, die jede zukünftige Lage der Gesellschaft berücksichtigt. Bei Gestaltung der Satzung wird daher darauf Bedacht zu nehmen sein, daß dem den Jahresabschluß feststellenden Organ genügend Spielraum bleibt, die Gesellschaft durch ausreichende Rücklagenbildung zu sichern.

Über die Art der Aufstellung des Jahresabschlusses, insbesondere die Bilanzansätze (Bewertung) und die Bilanzgliederung (vgl. Anm. 22 u. 23).

Die Zuständigkeitsregelung des § 125 gilt nicht für die Zeit der Abwicklung. Eröffnungsbilanz und Jahresabschlüsse werden während der Abwicklung ausschließlich von der Hauptversammlung festgestellt (§ 211). Das Gleiche gilt von Jahresabschlüssen, in denen gemäß §§ 188ff. noch nicht durchgeführte Kapitalherabsetzungen oder zugleich mit einer solchen vorgenommene Kapitalerhöhungen auf den Stichtag des Jahresabschlusses zurückbezogen werden.

Die Zuständigkeitsregelung des § 125 gilt auch nicht für den Jahresabschluß der Kommanditgesellschaft auf Aktien. Ihn setzt ausschließlich die Hauptversammlung fest (§ 228).

Firma. Die Regelung des § 4 entspricht sachlich den bisherigen Vorschriften der §§ 20 und 22 Abs. 1 Satz 2 HGB. Eine Änderung der Firma ist also nicht erforderlich, wenn sie den bisherigen Vorschriften entspricht. — Der in § 4 Abs. 2 zwingend vorgeschriebene Firmenbestandteil „Aktiengesellschaft" braucht auch nach dem neuen Recht nicht in die Firma aufgenommen zu werden, wenn die AG. zu den bereits am 1. Januar 1900 bestehenden Gesellschaften gehört, die nach Art. 22 EG. z. HGB. den Zusatz „Aktiengesellschaft" nicht zu führen brauchten. Art. 22 EG. HGB. bestimmt, daß die zur Zeit des Inkrafttretens des HGB. im Handelsregister eingetragenen Firmen weitergeführt werden können, soweit sie nach den bisherigen Vorschriften geführt werden durften; nur Gesellschaften, deren Firma aus Personennamen zusammengesetzt ist und nicht erkennen läßt, daß eine AG. die Firma führt, mußten nach Abs. 2 des Art. 22 die Firma durch Aufnahme des Wortes „Aktiengesellschaft" erweitern. Zulässig blieben hiernach z. B. die Firmen „Aktienbrauerei Herzog" oder „Strickmaschinenfabrik Rottweil". — Derartige Firmen können auch nach Inkrafttreten des AGesetzes fortgeführt werden. Das EG. zum AGesetz enthält zwar nicht ausdrücklich eine dem Art. 22 EG. z. HGB. entsprechende Bestimmung; es hebt aber das EG.-HGB. nicht auf, sondern nur die Vorschriften des HGB. über Aktiengesellschaften (EG. § 18 Abs. 1). In EG. § 18 Abs. 2 wird bestimmt, daß, soweit in Reichsgesetzen auf die aufgehobenen Vorschriften des HGB. verwiesen ist, an ihre Stelle die entsprechenden Vorschriften des AGesetzes treten. Das bedeutet für das Firmenrecht der AG., daß Art. 22 EG. z. HGB. Anm. 32.

auch für das Inkrafttreten des AGesetzes die Übergangsbestimmung bleibt, die die Fortführung der bisher zulässigen Firmen gestattet. Die Firmen „Deutsche Bank und Discontogesellschaft" oder „Aktienverein des Zoologischen Gartens" können ohne den Zusatz „Aktiengesellschaft" beibehalten werden.

Entsprechendes gilt für die Kommanditgesellschaften auf Aktien.

Form der Bestellung des Vorstands: siehe „Bestellung".

Führer: siehe „Vorsitzer des Vorstands".

Gebühren für Satzungsänderungen: siehe Einleitung S. 17.

Anm. 33. **Gebundene Namensaktien.** Aktien sind grundsätzlich frei übertragbar. Dies gilt ausnahmslos für Inhaberaktien (Brodmann § 222 Anm. 4a; Schlegelberger AGesetz § 61 Anm. 3). Dem Wesen der Inhaberaktie als Inhaberpapier widerspräche eine Bestimmung, daß sie nur mit Zustimmung der Gesellschaft übertragbar sei. Die Satzung kann auch nicht vorsehen, daß für den Erwerb einer Inhaberaktie bestimmte Voraussetzungen in der Person des Erwerbers erfüllt sein müssen, z. B. deutsche Staatsangehörigkeit, Inländereigenschaft usw.; ebensowenig kann die Satzung einen Erwerb für Aktionäre ausschließen, die in ihrer Hand bereits einen bestimmten Aktienbesitz vereinigen (Düringer-Hachenburg Vorb. 9 zu § 222). Die Vorschriften der Bundesratsverordnungen vom 23. 12. 1916 und 20. 1. 1918, nach denen Ausländer deutsche Schiffahrtsaktien nicht erwerben konnten, waren Ausnahmebestimmungen des Kriegsrechts.

Für Namensaktien ist eine Beschränkung der Übertragbarkeit zugelassen. Ein Veräußerungsverbot kann auch für sie die Satzung nicht vorsehen; aber ihre Übertragung kann durch die Satzung an die Zustimmung der Gesellschaft gebunden werden (§ 61 Abs. 3, inhaltlich gleichbedeutend mit HGB. § 222 Abs. 2). Hierdurch ist die Möglichkeit eines Schutzes gegen das Eindringen unerwünschter Aktionäre, insbesondere auch gegen eine ausländische Überfremdung gegeben. Diese Beschränkung ist bei Versicherungsgesellschaften üblich. Bei ihnen wird regelmäßig die Volleinzahlung der Einlagen vor Ausgabe der Aktien nicht verlangt. Gerade für diesen Fall gewinnt die Beschränkung besondere Bedeutung, weil sie der Gesellschaft die Möglichkeit bietet, zahlungsschwache Personen von der Mitgliedschaft fernzuhalten.

Die Bindung an die Zustimmung der Gesellschaft ist die einzige Beschränkung, die die Satzung für die Übertragung der Namensaktien vorsehen kann. Im Gegensatz zu § 15 Abs. 4 GmbH.Ges. kann die Übertragung nicht an weitere Voraussetzungen geknüpft werden (RG. 49,

149). Die Satzung kann daher nicht bestimmen, daß die Übertragung einer besonderen Form bedarf, z. B. nur mittels einer die Person des Erwerbers bezeichnenden, gerichtlich oder notarisch beglaubigten Erklärung erfolgen kann (so bisher HGB. § 222 Abs. 4 für gebundene Kleinaktien). Die Satzung kann auch nicht vorsehen, daß die übrigen Aktionäre ein Vorkaufsrecht haben oder daß die Namensaktien nur mit Zustimmung eines Dritten, z. B. einer Aufsichtsbehörde oder eines bestimmten Aktionärs (Stadtgemeinde) übertragen werden können (a. M. Staub § 222 Anm. 4; Frank-Fahle Stimmrechtsaktie S. 33). Derartige Bestimmungen, die sich vereinzelt in Satzungen finden, sind ungültig (vgl. Muster A § 7). Dabei ist jedoch zu beachten, daß mittelbar der gleiche Erfolg praktisch durch die Bindung der Übertragbarkeit an die Zustimmung der Gesellschaft erreicht sein kann, wenn nämlich die Zustimmung im Einzelfall nur dann gegeben wird, nachdem auch die Aufsichtsbehörde oder der bestimmte Aktionär zugestimmt hat.

Die Satzungen sahen vielfach vor, das die Zustimmung ohne Angabe von Gründen verweigert werden kann. Diese Bestimmung ist überflüssig. Sie gilt, auch wenn die Satzung nichts hierüber enthält. Die Erteilung der Zustimmung liegt im freien Ermessen der Gesellschaft (RG. 132, 154; Schlegelberger AGesetz § 61 Anm. 7).

Die Satzung kann aber die Beschränkung der Übertragbarkeit durch die Vorschrift abschwächen, daß die Zustimmung nur aus wichtigen Gründen verweigert werden darf (§ 61 Abs. 3 Satz 3). Dies war in § 222 HGB. nicht vorgesehen; die gleiche Vorschrift konnte aber schon nach dem bisherigen Recht in der Satzung enthalten sein. Hier sind auch die Vorschriften der alten Satzungen zu behandeln, nach denen die Übertragung von Namensaktien nur an Personen bestimmter Art, z. B. andere Aktionäre oder nur an einen sonstigen bestimmten Personenkreis (z. B. nur Tischler; so RG. in Bank-Arch. 14, 4; vgl. Muster B § 7) zugelassen ist. Das RG. und die Rechtslehre (Brodmann § 222 Anm. 4a) haben derartige Bestimmungen für gültig angesehen und dahin aufgefaßt, daß eine Übertragung der Aktien an andere Personen auch nicht mit Genehmigung der Gesellschaft erfolgen könne, sondern nur nach entsprechender Satzungsänderung zulässig sei. Das kann weder für das bisherige Recht noch für das AGesetz als richtig anerkannt werden. Die Regelung kann nur in der Weise getroffen werden, daß die Übertragung der Namensaktien auf Personen bestimmter Art, z. B. andere Aktionäre, Inländer, Reichsdeutsche, einer Beschränkung nicht unterliegt und nur die Übertragung auf andere Personen, die nicht Aktionäre oder Inländer oder Reichsdeutsche sind, der Zustimmung der Gesellschaft bedarf (vgl. Muster B § 7). Solche Vorschriften bleiben gültig. Die Satzung braucht nicht allgemein die Übertragbarkeit der Namensaktien zu binden; sie kann die Bindung auf bestimmte Fälle beschränken. Sie kann aber auch den anderen, in Satz 3 des § 61 Abs. 3 vorgezeichneten Weg gehen und die „wichtigen Gründe" bestimmen, aus denen die Zustimmung verweigert werden darf, z. B. die Übertragung an Nichtaktionäre oder Ausländer als solche wichtigen Gründe bezeichnen (vgl. Muster B § 7). Der Unterschied liegt nur darin, daß die zugelassene Übertragung im ersten Fall *keiner* Zustimmung bedarf, im zweiten Fall von der Gesellschaft genehmigt werden *muß*.

„*Wichtige Gründe*", die die Verweigerung der Zustimmung rechtfertigen, sind alle Umstände, die sich aus berechtigten Belangen der Gesellschaft und der Gesamtwirtschaft ergeben. Die Satzung kann und wird zweckmäßig bestimmen, welche Gründe als „wichtig" anzusehen sind. Die Gesellschaft ist in der Bestimmung dieser Gründe frei, da sie allgemein die Übertragbarkeit der Namensaktien an die Zustimmung der Gesellschaft binden kann. So kann z. B. vorgesehen werden, daß die Zustimmung verweigert werden kann, wenn der Erwerber durch die Übertragung einen Aktienbesitz, der einen bestimmten Gesamtbetrag übersteigt, in seiner Hand vereinigt. Weitere Beispiele sind schon oben genannt.

Satzungsbestimmungen, die die Übertragbarkeit der Namensaktien gemäß § 61 Abs. 3 beschränken, können mit Wirkung gegen alle Aktionäre *nur in der ursprünglichen Satzung* eingeführt werden, für neu auszugebende Aktien nur in dem Kapitalerhöhungsbeschluß. Die Bindung der Übertragung an die Zustimmung der Gesellschaft greift in das Verfügungsrecht des Aktionärs über die Aktie ein; das ist nur mit Zustimmung des Betroffenen zulässig (RG. 68, 212; allg. Meinung). Dagegen können die Beschränkungen durch gewöhnlichen satzungsändernden Beschluß aufgehoben werden.

Die Zustimmung der Gesellschaft wird *durch den Vorstand* erteilt. Das gilt mangels besonderer Satzungsvorschrift. Die Satzung kann aber vorsehen, daß der AR. oder die Hauptversammlung oder beide gemeinsam oder Vorstand und AR. über die Zustimmung entscheiden (vgl. Muster B § 7).

Ebensowenig wie die Veräußerlichkeit kann die **Vererblichkeit** der Aktie durch die Satzung ausgeschlossen werden. Für die Vererbung und sonstige Fälle der Gesamtrechtsnachfolge ist aber auch nicht die Möglichkeit einer Beschränkung, die Bindung an die Zustimmung der

Gesellschaft vorgesehen. Ein Mittel solcher Beschränkung ist die Zwangseinziehung (vgl. Anm. 86; vgl. Muster B § 7).

Gegenstand des Unternehmens. Das Gesetz enthält keine sachliche Änderung gegenüber dem bisherigen Rechtszustand. Jeder gesetzlich zulässige Zweck kann Gegenstand des Unternehmens sein. Ein wirtschaftlicher Geschäftsbetrieb ist nicht notwendiges Erfordernis; der Gegenstand braucht nicht im Betrieb eines Handelsgewerbes zu bestehen (§ 3). — Der Gegenstand des Unternehmens muß ein bestimmter sein; eine allgemeine Bezeichnung wie „Handelsgeschäfte aller Art" genügt nicht; dagegen reicht eine Individualisierung nach der Art des Geschäftszweiges aus (Fabrikation von Maschinen; Handel mit Kraftwagen). **Anm. 34.**

Über die Zulässigkeit von Interessengemeinschaftsverträgen vgl. Anm. 48.

Die Satzungsbestimmung über den Gegenstand des Unternehmens gehört zu den nach § 16 Abs. 3 wesentlichen Bestandteilen der Satzung (wie nach HGB. § 182). Fehlen oder Nichtigkeit der Bestimmung begründet die Nichtigkeit der Gesellschaft (§ 216); doch kann der Mangel durch eine Satzungsänderung geheilt werden (§ 217). Nichtigkeit der Bestimmung liegt vor, wenn ein gesetzlich unzulässiger Zweck gewählt oder ein nicht beabsichtigter Zweck aus Gründen der Gesetzesumgehung vorgesehen ist. Dagegen ist die Nichtigkeit nicht schon dann gegeben, wenn der Gegenstand des Unternehmens nicht genügend bestimmt ist, trotzdem aber der Registerrichter die Gründung nicht beanstandet hat.

Gemeinnützige Aufwendungen: siehe „Gewinnverteilung".

Gemischtwirtschaftliche Unternehmung: siehe „Entsendung von Mitgliedern in den AR.".

Genehmigtes Kapital. Das genehmigte Kapital ist ein durch das AGesetz neu geschaffenes Mittel zu erleichterter Kapitalbeschaffung. Die Genehmigung von Kapital bedeutet die Ermächtigung an den Vorstand, neue Aktien im Wege der Kapitalerhöhung gegen Einlagen auszugeben: der Vorstand beschließt hier selbst — auf Grund der Ermächtigung der Hauptversammlung — über die Kapitalerhöhung. Diese Regelung bietet den Vorteil, daß die Verwaltung den Zeitpunkt für die günstigste Gelegenheit weiterer Kapitalbeschaffung bestimmen kann. Das genehmigte Kapital macht die Vorratsaktien (vgl. Anm. 74) überflüssig. **Anm. 35.**

Diese völlig neuartige Rechtsform der Kapitalbeschaffung ist in mehrfacher Richtung gegen mißbräuchliche Verwendung gesichert:

1. Das genehmigte Kapital muß entweder bei der Errichtung der Gesellschaft in der Satzung vorgesehen sein, oder die Ermächtigung an den Vorstand muß durch Satzungsänderung erteilt werden (§ 169 Abs. 1 und 2). Der Beschluß bedarf einer Kapitalmehrheit von mindestens $^3/_4$ des vertretenen Grundkapitals; die Satzung kann diese Mehrheit nur erhöhen (nicht herabsetzen) und noch andere Erfordernisse aufstellen (vgl. Muster B § 13).

2. Die Ermächtigung kann nur für die Dauer von höchstens fünf Jahren erteilt werden. Das Gesetz will nicht für unabsehbare Zeit dem Vorstand die Kapitalgestaltung überlassen. Ist die Ermächtigung bei Gründung der Gesellschaft gegeben, so läuft die Frist vom Tage der Eintragung der AG. an; bei späterer Genehmigung von Kapital beginnt die Frist mit dem Tage nach Eintragung der Satzungsänderung. Die Frist kann dadurch verlängert werden, daß die Hauptversammlung eine laufende Ermächtigung, von der der Vorstand noch keinen Gebrauch gemacht hat, durch satzungsändernden Beschluß gemäß § 169 Abs. 2 bestätigt oder auf einen höheren Betrag erweitert; ein solcher Beschluß ist als Widerruf der früheren Ermächtigung und Erteilung einer neuen Ermächtigung anzusehen. Die Bestimmung des § 159 Abs. 4, die bei der bedingten Kapitalerhöhung einen der ursprünglichen Beschlußfassung zuwiderlaufenden Beschluß der Hauptversammlung für nichtig erklärt, fehlt bei den Vorschriften über das genehmigte Kapital.

3. Der Nennbetrag des genehmigten Kapitals darf nicht höher sein als die Hälfte des zur Zeit der Ermächtigung vorhandenen Grundkapitals (§ 169 Abs. 3). Das Gesetz will hiermit die Befugnis des Vorstands zur Umgestaltung der Kapitalbasis begrenzen. Bei der Berechnung des vorhandenen Grundkapitals bleibt ein Beschluß über eine bedingte Kapitalerhöhung vor deren Durchführung unberücksichtigt. Dagegen erfordert § 115 Abs. 2, daß, falls Vorzugsaktien ohne Stimmrecht vorhanden sind und auf das genehmigte Kapital weitere Vorzugsaktien ohne Stimmrecht ausgegeben werden sollen, die Nennbeträge der gesamten Vorzugsaktien dieser Art nicht mehr als die Hälfte des übrigen Grundkapitals ausmachen dürfen.

4. Der Vorstand soll die neuen Aktien nur mit Zustimmung des AR. ausgeben (§ 169 Abs. 3). Darin liegt nicht eine Beschränkung der gesetzlichen Vertretungsmacht des Vorstands, sondern nur seiner Geschäftsführungsbefugnis, wie sie durch die Satzung für bestimmte Arten von Geschäften gemäß § 95 Abs. 5 vorgeschrieben werden kann. Die

Satzung kann für die Ausgabe der Aktien auf genehmigtes Kapital das Erfordernis der Zustimmung des AR. nicht ausschließen.

5. Der Vorstand entscheidet über den Inhalt der Aktienrechte, den Ausschluß des Bezugsrechts der Aktionäre und die sonstigen Bedingungen der Aktienausgabe selbständig, soweit die Satzung in der Ermächtigung keine Bestimmungen hierüber enthält (§ 171). Nur drei Einschränkungen dieses selbständigen Entscheidungsrechts sieht das Gesetz vor:

a) Der Vorstand hat auch hierzu die Zustimmung des AR. einzuholen (§ 171 Abs. 1).

b) Gegen Sacheinlagen darf die Aktienausgabe nur erfolgen, wenn die Ermächtigung dies vorsieht (§ 172 Abs. 1).

c) Entsprechend § 117 können bei Vorhandensein von Vorzugsaktien ohne Stimmrecht die neuen Aktien mit vorhergehenden oder gleichstehenden Rechten nur ausgegeben werden, wenn die Ermächtigung dies vorsieht (§ 171 Abs. 2). Die Ermächtigung kann aber eine derartige Beeinträchtigung der stimmrechtslosen Vorzugsaktien nur enthalten, wenn die Vorzugsaktionäre gemäß § 117 zugestimmt haben oder bei Schaffung der Vorzugsaktien die Ausgabe neuer den Vorzug beeinträchtigenden Aktien vorbehalten war.

6. Die **Satzung** kann weitere Beschränkungen vorsehen. Sie kann selbst die wesentlichen Bestimmungen über den Inhalt der Aktienrechte (Stückelung, Ausgabe als Inhaber- oder Namensaktien, Gewährung von Vorzügen) aufführen, den Ausschluß des Bezugsrechts der Aktionäre anordnen oder verbieten, ein Aufgeld vorschreiben, die Festsetzung der Sacheinlagen vorsehen und für die Einzahlungen auf die Aktien Raten und Zahlungstermine bestimmen (vgl. Muster B § 13). Bei einer zu weit gehenden Regelung in der Satzung, durch zu enge Bindungen des Vorstands gehen die Vorteile, die das Gesetz mit dem „genehmigten Kapital" den Gesellschaften für eine Erleichterung der Kapitalbeschaffung geben will, mehr oder weniger verloren. Die Satzungen werden sich deshalb zweckmäßig auf Grundsätze und Richtlinien beschränken, die Ausgestaltung aber im einzelnen Vorstand und Aufsichtsrat überlassen.

Die Durchführung der Kapitalerhöhung im Rahmen des genehmigten Kapitals ist von dem Vorstand und dem Vorsitzer des AR. zur Eintragung in das Handelsregister anzumelden; mit der Eintragung der Durchführung der Kapitalerhöhung ist das Grundkapital erhöht (§ 170 in Verb. mit §§ 155, 156). Damit wird die Satzungsbestimmung über die Höhe und Einteilung des Grundkapitals unrichtig. Es ist eine

Satzungsänderung erforderlich. Da sie nur die Fassung der Satzung betrifft, kann sie vom AR. beschlossen werden, wenn er hierzu durch einen Beschluß der Hauptversammlung oder allgemein durch die Satzung ermächtigt ist (§ 149).

Die Bestimmungen über die Zeichnung der neuen Aktien und die Erfordernisse der Anmeldung der durchgeführten Kapitalerhöhung entsprechen denen der gewöhnlichen Kapitalerhöhung (§ 170). Für eine Regelung in der Satzung ist kein Raum.

Anm. 36. **Genußrechte** (Genußschein). Die Streitfrage des bisherigen Rechts, ob der Vorstand einer AG. ohne oder nur mit Zustimmung der Generalversammlung Genußrechte gewähren kann (Staub § 179 Anm. 25; Düringer-Hachenburg § 179 Anhang Anm. 7; gegen Brodmann § 179 Anm. 9d und Gierke § 42 II 2c), ist in § 174 Abs. 3 in letzterem Sinn entschieden. Der Beschluß der Hauptversammlung bedarf einer Mehrheit von mindestens 3/4 des vertretenen Grundkapitals. Die Satzung kann diese Mehrheit durch eine andere Kapitalmehrheit ersetzen und noch andere Erfordernisse aufstellen (vgl. Muster B § 15). Bei Vorhandensein mehrerer Aktiengattungen ist Beschlußfassung in gesonderter Abstimmung erforderlich (§ 174 in Verb. mit § 149).

Begriff und Inhalt der Genußrechte werden von dem Gesetz nicht bestimmt. Sie sind Gläubigerrechte, die einen Anspruch auf einen Anteil am Gewinn oder am Liquidationserlös oder auf einen Anteil am Gewinn und am Liquidationserlös gewähren. Die Satzungen erwähnen Genußrechte oft nur derart, daß sie die Berechtigung der AG., Genußscheine auszugeben, hervorheben oder den Anteil am Reingewinn, den die Genußscheininhaber erhalten, in den die Gewinnverteilung anordnenden Vorschriften bestimmen. Inhalt und Umfang der Genußrechte ergibt sich dann im übrigen aus dem Genußschein oder den zwischen der AG. und den Berechtigten getroffenen Vereinbarungen. Bisweilen enthalten aber auch die Satzungen die eingehende Regelung der Genußrechte und ihrer Ausübung: sie sehen vor, daß den Genußscheininhabern ein Recht auf Teilnahme an den Generalversammlungen, insbesondere ein Stimmrecht und ein Einfluß auf die Leitung der Geschäfte der AG. nicht zusteht und für die Feststellung ihres Anspruchs auf einen Gewinnanteil der von der Generalversammlung genehmigte Jahresabschluß und der Gewinnverteilungsbeschluß maßgebend ist; weitere Bestimmungen lauten dahin, daß die Genußscheininhaber ein Anfechtungsrecht gegenüber Beschlüssen der Hauptversammlung nicht haben oder daß Kapitalerhöhungen ohne Zustimmung der Genußscheininhaber beschlossen werden können (vgl. Muster A § 15).

Derartige Satzungsbestimmungen sind überflüssig, da sie nur das Wesen des Genußrechts wiedergeben: Genußrechte sind Gläubigerrechte, nicht gesellschaftliche Herrschaftsrechte (RG. 105, 236). Auch Bestimmungen, daß die Gesellschaft berechtigt ist, an Stelle der Auszahlung der Beträge bei Einziehung der Genußscheine für jeden Genußschein eine Aktie zu gewähren, gehören nicht in die Satzung, sondern in die Bedingungen des Genußscheins.

Daß das AGesetz die Regelung der Genußrechte nicht der Satzung zuweist, ergibt sich, abgesehen von ihrem Charakter als Gläubigerrecht, daraus, daß die Gewährung von Genußrechten nicht eine Satzungsänderung erfordert: § 174 schreibt für die Gültigkeit der Genußrechte einen Beschluß der Hauptversammlung vor, macht aber dessen Wirksamkeit nicht, wie bei Satzungsänderungen (§ 148 Abs. 3), von der Anmeldung und Eintragung ins Handelsregister abhängig. Nur wenn Genußrechte als Gründerlohn oder besonderer Vorteil zugunsten einzelner Aktionäre bei der Gründung gewährt werden, ist die Festsetzung in der Satzung vorgeschrieben (§ 19).

Wenn Satzungen von Industrie- und Eisenbahngesellschaften Genußrechte (älterer Art) vorsehen, die „die gleichen Rechte, wie sie den Aktionären zustehen", gewähren — solche Genußrechte wurden an Stelle für kraftlos erklärter Aktien gewährt —, so war deren Rechtscharakter stark umstritten; sie wurden als „Aktien unter der falschen Bezeichnung Genußscheine" angesehen (Brodmann § 179 Anm. 9a) oder, indem die in ihnen verbrieften Aktionärrechte für unwirksam erklärt wurden (RG. 70, 52; Staub § 179 Anm. 29; Düringer-Hachenburg Anh. zu § 179 Anm. 6), als Genußrechte behandelt. Derartige Satzungsbestimmungen sind nach dem Aktiengesetz nicht zulässig. Vorschriften, die dritten Personen, ohne daß sie Aktionär sind, d. h. eine bestimmte Einlage auf das Grundkapital geleistet haben, die Rechte des Aktionärs geben, sind nichtig, weil sie mit dem Wesen der Aktiengesellschaft unvereinbar sind (§§ 195, 196).

Gerichtsstand. Nach § 22 ZPO. ist für Rechtsstreitigkeiten zwischen **Anm. 37.** Aktionären und der AG. aus dem Mitgliedschaftsverhältnis das Gericht am Sitz der AG. zuständig. Es bedarf daher keiner besonderen Bestimmung in der Satzung, die diesen Gerichtsstand begründet. Entsprechende Vorschriften können gestrichen werden. Vielfach sehen die Satzungen den Gerichtsstand des § 22 ZPO. als ausschließlichen Gerichtsstand vor. Für Anfechtungs- und Nichtigkeitsklagen ist der Sitz der AG. kraft Gesetzes ausschließlicher Gerichtsstand (§§ 199, 201).

§ 14 AGesetz betrifft das Registergericht. Über dessen örtliche Zuständigkeit vermag die Satzung Bestimmungen nicht vorzusehen.

Anm. 38. **Geschäftsbericht.** Wie nach bisherigem Recht (HGB. § 260), hat der Vorstand für jedes Geschäftsjahr einen Geschäftsbericht aufzustellen und mit dem Jahresabschluß dem AR. und alsdann mit dem Bericht des AR. der ordentlichen Hauptversammlung vorzulegen (§ 127). Die Satzung kann den Vorstand hiervon nicht entbinden, sie kann auch die Vorschriften über den Inhalt des Geschäftsberichts (§ 128) nicht abschwächen. Sie kann aber noch weitere Angaben, als in § 128 vorgesehen, ausdrücklich erfordern. Eine Erweiterung der Berichterstattungspflicht unterliegt jedoch notwendig den Einschränkungen des Abs. 3: Das Schweigerecht der Verwaltung, dem regelmäßig eine Schweigepflicht entspricht, kann durch die Satzung nicht aufgehoben werden. Über die Frist zur Vorlegung des Geschäftsberichts vgl. § 127 Abs. 1 und § 22 der 1. DV.

Geschäftsführung: siehe „Vorstand als Leiter der AG.".

Anm. 39. **Geschäftsordnung des Aufsichtsrats.** Die Verfassung des AR. war im HGB. nicht geregelt. § 244a, durch die Akt.-Novelle 1931 eingeführt, brachte lediglich Bestimmungen über die Einberufung des AR. und erwähnte dabei auch das Amt des Vorsitzenden des AR. Die Satzungen enthalten dagegen meist eingehende Vorschriften über die Organisation des AR. und die Form seiner Amtsausübung (vgl. Muster A § 25). Das AGesetz bringt in den §§ 92ff. eine Regelung, wie sie vielfach in der Praxis nach den Satzungen bereits besteht; die Satzung kann, soweit das Gesetz nicht zwingende Vorschriften gibt, eine weitere Ausgestaltung dieser Regelung vorsehen.

§ 92 Abs. 1 schreibt die Wahl eines Vorsitzers und mindestens eines Stellvertreters vor. Die näheren Bestimmungen hierüber sind der Satzung vorbehalten, z. B. über den Zeitpunkt der Wahl, die Amtsdauer und über Eigenschaften für die Wählbarkeit (vgl. „Vorsitzer des AR."). Die Satzungen sehen meist nach Schluß der ordentlichen Generalversammlung die Abhaltung einer AR.-Sitzung vor, in der die Wahl des Vorsitzers und seines Stellvertreters zu erfolgen hat (Muster A § 25 Abs. 1). Die Beibehaltung dieser Bestimmung empfiehlt sich.

Die Tätigkeit des AR. spielt sich, abgesehen von Prüfungen, Besprechungen und Verhandlungen, die einem einzelnen Mitglied oder einem Ausschuß übertragen werden, in Sitzungen des Gesamtaufsichtsrats ab; das Ergebnis der Verhandlungen in diesen Sitzungen pflegt in Beschlüssen niedergelegt zu werden. § 92 Abs. 2 schreibt die Anfertigung einer Niederschrift über die Verhandlungen und Beschlüsse und die Unterzeichnung durch den Vorsitzer oder seinen Stellvertreter vor (vgl. die weitere Regelung in Muster A u. B § 25 letzter und vorletzter Absatz; vgl. auch Anm. 72 zu b).

Jede Beschlußfassung des AR. setzt die ordnungsmäßige Einberufung der Sitzung voraus. Ordnungsmäßig ist die Einberufung nur, wenn sie durch die im Gesetz oder in der Satzung hierfür bestimmten Personen erfolgt, eine angemessene Frist, die allen Mitgliedern, auch den auswärts wohnenden, die Möglichkeit der Teilnahme oder Vertretung gibt, bis zum Sitzungstag innehält und Zeit, Ort und Tagesordnung (Gegenstände der Beratung und Beschlußfassung) angibt. Die Satzungen regeln vielfach näher die Einberufung; sie bestimmen die Person des Einberufers (Vorsitzer des AR. oder in dessen Auftrag den Vorstand), die Frist für die Einberufung und den regelmäßigen Ort der Sitzung (vgl. Muster A u. B § 25). Sie sehen auch „ordentliche" AR.-Sitzungen in bestimmten Zeitabständen mit bestimmter Tagesordnung, z. B. zur Entgegennahme eines Berichts des Vorstands über die Geschäftslage vor; in diesem Fall bedarf es bei der Einberufung nicht der Mitteilung einer Tagesordnung, sondern genügt die Angabe „ordentliche AR.-Sitzung", wenn sich die Tagesordnung auf den Bericht des Vorstands beschränkt.

Eine Satzungsbestimmung, die vorschreiben würde, daß die Mitteilung der Tagesordnung nicht erforderlich ist, wäre nichtig; die Satzung kann nur im Einzelfall die Beschlußfassung über einen Gegenstand ohne dessen vorherige Ankündigung zulassen, wenn die Gewähr dafür geschaffen wird, daß die Beschlußfassung, auch wenn ihr Gegenstand angekündigt wäre, nicht anders ausfallen würde (vgl. Beispiel Muster B § 25).

§ 94 gibt jedem AR.-Mitglied und — über § 244a HGB. hinaus — auch dem Vorstand das Recht, die Einberufung einer AR.-Sitzung durch den Vorsitzer zu verlangen. Die Sitzung muß, wenn Zweck und Gründe der Einberufung angegeben sind, vom Vorsitzer unverzüglich und mit einer Frist von längstens zwei Wochen einberufen werden. Kommt der Vorsitzer dem Verlangen nicht nach, so können die Antragsteller, wenn es sich um mindestens zwei AR.-Mitglieder oder den Vorstand handelt, das Selbsthilferecht ausüben und selbst den AR. unter Mitteilung des Sachverhalts einberufen. Die Regelung ist zwingenden Rechts (KG. in HRR. 1933, 835). Die Satzung kann sie verschärfen, indem sie jedem einzelnen Mitglied des AR. und des Vorstandes das Selbsthilferecht gibt oder die Frist zur Einberufung abkürzt (vgl. Muster B § 25); sie kann sie aber nicht einschränken. Will die Satzung jedem Mitglied des AR. das Selbsthilferecht geben, so muß dies ausdrücklich gesagt werden; eine Bezugnahme auf § 94 genügt nicht (vgl. Muster A u. B § 25).

Für die Verhandlungen und Beschlußfassungen des AR. gibt das AGesetz, abgesehen von den Abs. 2 und 3 des § 92, keine Vorschrift. Die Satzungen sehen vielfach eine nähere Regelung vor, indem sie über die Leitung der Sitzungen, die Art der Abstimmung und das erforderliche Stimmenverhältnis Bestimmung treffen. In Ermangelung von Vorschriften der Satzung leitet der Vorsitzer des AR. die Sitzungen, bestimmt er die Art der Abstimmung und genügt zur Beschlußfassung einfache Stimmenmehrheit der erschienenen Mitglieder (vgl. „Vorsitzer des AR."). Üblich war die Satzungsbestimmung, daß telefonische, telegrafische oder schriftliche Abstimmung zulässig sei (Muster A § 25). Hier bringt § 92 Abs. 3 im Interesse der sicheren Feststellung der Beschlußfassungen eine Einschränkung dahin, daß Beschlußfassungen durch schriftliche Stimmabgabe nur zulässig sind, wenn kein Mitglied diesem Verfahren widerspricht; der Beschluß ist gefaßt, wenn die Mehrheit der AR.-Mitglieder zugestimmt und innerhalb angemessener Frist kein AR-Mitglied der schriftlichen Abstimmung (ohne Abhaltung einer Sitzung) widersprochen hat. Der schriftlichen Stimmabgabe wird die telegrafische gleichzuachten sein, wenn sie auch das Gesetz nicht erwähnt; dagegen genügt — wegen des Mangels eines urkundlichen Substrates — nicht die telefonische Stimmabgabe. Die Satzungen sind entsprechend zu ändern (vgl. Muster A u. B § 25).

Über die Beschlußfähigkeit des AR. vgl. Anm. 15, über Ausschüsse des AR. vgl. Anm. 11.

Das Recht der Teilnahme an den Sitzungen des AR. ist grundsätzlich auf die Mitglieder des AR. und des Vorstandes beschränkt (§ 93, Ordnungsvorschrift). Sachverständige und Auskunftspersonen können zur Beratung über einzelne Gegenstände zugezogen werden. Die Satzung kann daher nicht vorschreiben, daß andere Personen, z. B. die Mitglieder eines Beirats, allgemein den Sitzungen des AR. beiwohnen dürfen. Das Gesetz will damit eine Umgehung der Höchstzahl des AR. (§ 86) vermeiden (amtl. Begrd.). Für die Teilnahme an Ausschußsitzungen gilt das gleiche; jedoch können ihnen auch AR-Mitglieder, die nicht dem Ausschuß angehören, beiwohnen, soweit nicht die Satzung oder der Vorsitzer des AR. (nicht der Vorsitzer des Ausschusses) Abweichendes bestimmt. Die Satzung kann hiernach im Interesse der Geheimhaltung vorschreiben, daß z. B. an den Sitzungen eines „Patentausschusses" nur dessen Mitglieder und der Vorsitzer des AR. oder sein Stellvertreter teilnehmen dürfen; sie kann aber wiederum nicht bestimmen, daß Nichtaufsichtsratsmitglieder zur Teilnahme an Ausschußsitzungen allgemein berechtigt seien. Unzulässig wäre eine Satzungsbestimmung, daß AR.-Mitglieder von Sitzungen des AR. oder eines Ausschusses, dem sie angehören, ausgeschlossen werden können, abgesehen von Maßnahmen ordnungspolizeilicher Art; dagegen kann die Satzung die Teilnahme des Vorstands an den AR.-Sitzungen beschränken, entweder in der Art, daß er nur auf Verlangen des AR. zuzuziehen ist, oder in der Art, daß er den Sitzungen beizuwohnen hat, falls der AR. oder sein Vorsitzer nicht eine Geheimsitzung unter Ausschluß des Vorstands anordnet (vgl. Muster A u. B § 25).

Das auf besonderer gesetzlicher Vorschrift beruhende Teilnahmerecht dritter Aufsichtspersonen läßt § 93 Abs. 4 ausdrücklich unberührt (Kohlenwirtschaftsges. § 110 RGBl. 1919, 342).

Eine wesentliche Neuregelung bringt § 93 Abs. 3 für eine Vertretung im AR. Sie war bisher unzulässig. Zwar bestimmt auch jetzt § 95 Abs. 6, daß die AR-Mitglieder ihre Obliegenheiten nicht durch andere ausüben lassen dürfen; es bleibt daher verboten, daß Vertreter von AR.-Mitgliedern, sei es durch die Satzung, sei es durch die AR.-Mitglieder selbst, zu dem Zwecke bestellt werden, an Stelle der ordentlichen Mitglieder deren Befugnisse wahrzunehmen, insbesondere mit eigenem Entscheidungsrecht in den AR.-Sitzungen mitzustimmen; dagegen kann jetzt die Satzung zulassen, daß an den AR.-Sitzungen oder den Ausschußsitzungen dritte Personen als Abgeordnete behinderter AR.-Mitglieder an deren Stelle teilnehmen (vgl. Muster B § 26). Voraussetzung ist schriftliche Ermächtigung seitens der verhinderten Mitglieder. Die Rechtsstellung dieser Dritten bestimmt sich nicht nach den Vorschriften der Stellvertretung; sie sind vielmehr nur Übermittler (Bote) der Stimmabgabe ihrer Auftraggeber und Empfänger der dem AR. gemachten Mitteilungen für diese. Sie können in den Beratungen das Wort ergreifen und die Ansicht ihres Auftraggebers bekanntgeben (Geßler JW. 1937, 503). Die Satzung kann einschränkende Bestimmungen, insbesondere hinsichtlich der Auswahl der zu Ermächtigenden vorsehen, um unerwünschte Personen fernzuhalten (vgl. Muster B § 26). — Für den Vorsitzer und seine Stellvertreter greift diese Regelung nicht Platz. Sie müssen persönlich anwesend sein. Auch eine Vertretung durch andere AR-Mitglieder ist für sie nicht zugelassen (a. M. Teichmann-Köhler § 94 Anm. 3). Die Satzung kann nur vorsehen, daß bei ihrer Verhinderung die Befugnisse des Vorsitzers durch ein anderes AR.-Mitglied, z. B. das dem Lebensalter nach älteste, ausgeübt werden; ihre Stimmabgabe fällt aber notwendig aus. Die

Übergabe eines Stimmzettels durch einen Dritten auf Grund schriftlicher Ermächtigung ist hier ausgeschlossen.

Anm. 40. **Geschäftsordnung für den Vorstand.** Nach bisherigem Recht übertrugen die Satzungen meist dem Aufsichtsrat die Befugnis, die Geschäftsordnung für den Vorstand aufzustellen; auch ohne solche Bestimmung wurde der AR. für befugt erachtet, dem Vorstand eine Geschäftsordnung zu geben und darin auch die Ressortverteilung vorzunehmen. Enthielt die Satzung keine Bestimmung hierüber und machte der AR. von seiner Befugnis keinen Gebrauch, so konnte sich der Vorstand selbst seine Geschäftsordnung geben und, unbeschadet der Verantwortlichkeit des Gesamtvorstandes, die Geschäfte unter sich verteilen.

Die Frage, welche Regelung für das Aktiengesetz gilt, hängt von der Entscheidung der Vorfrage ab, ob die Aufstellung einer Geschäftsordnung für den Vorstand eine Maßnahme der Geschäftsführung ist oder nicht. Bejaht man diese Frage, so wäre der AR. nicht als befugt anzusehen, dem Vorstand die Geschäftsordnung zu geben (so Baumbach § 70 Anm. 3), da der AR. gemäß § 94 Abs. 5 von der Geschäftsführung ausgeschlossen ist (vgl. „Leitung der AG. durch den AR."); die Satzung könnte nur vorschreiben, daß der Vorstand zur Aufstellung seiner Geschäftsordnung der Zustimmung des AR. bedürfe. Der Erlaß der Geschäftsordnung des Vorstands ist aber *keine Maßnahme der Geschäftsführung*. Die Geschäftsordnung ist die Verfassung des Vorstands und stellt seine innere Ordnung dar. Wie die Satzung gemäß §§ 92ff. die innere Ordnung des AR. und gemäß §§ 103ff. die innere Ordnung der Hauptversammlung bestimmen kann, muß sie auch dem Vorstand die Verfassung geben können. Das ergeben insbesondere die Vorschriften der §§ 70 Abs. 2, 71 und 74. Die Satzung kann hiernach die Geschäftsführungsbefugnis der Vorstandsmitglieder regeln, z. B. bestimmen, daß je zwei Mitglieder gemeinsam zur Geschäftsführung befugt sind; sie kann eine Geschäftsverteilung vorsehen und dafür anordnen, daß innerhalb seines Arbeitsgebiets jedes Vorstandsmitglied allein zur Geschäftsführung befugt ist (vgl. jedoch wegen des Widerspruchsrechts der übrigen Anm. 77); sie kann für Beschlußfassungen des Gesamtvorstands einfache Stimmenmehrheit, bei Stimmengleichheit Losentscheidung oder Entscheidung durch den Vorsitzer des Vorstands vorschreiben, auch Bestimmungen über die Einberufung der Vorstandssitzungen, deren Leitung und Gang treffen; sie kann auch einen Vorsitzer des Vorstands oder ein aus mehreren Personen bestehendes „Präsidium" des Vorstands vorsehen und deren Entscheidungsbefugnisse regeln. Für zulässig ist es auch zu erachten, daß die Satzung die Bestellung eines Vorsitzers oder eines Präsidiums vorschreibt (vgl. „Vorsitzer des Vorst."). Die Satzung kann sich aber auch darauf beschränken, daß sie dem AR. die Aufstellung der Geschäftsordnung für den Vorstand zuweist (vgl. Muster A u. B § 21).

Daß der Aufsichtsrat zum Erlaß einer solchen Geschäftsordnung weiterhin befugt bleibt, obwohl er nach § 95 Abs. 5 nicht mehr zu geschäftlichen Anweisungen an den Vorstand berechtigt ist, ergibt sich allein aus seinem Recht, den Vorstand zu bestellen und mit ihm die Anstellungsverträge abzuschließen. Diese Verträge sind bereits dazu bestimmt, Arbeitsgebiet und Geschäftsführungsbefugnis der Vorstandsmitglieder festzulegen. Enthält die Satzung einzelne Bestimmungen für die Verfassung des Vorstands, so ist der AR. hieran bei dem Erlaß der Geschäftsordnung gebunden.

Ist dem AR. durch die Satzung die Aufstellung der Geschäftsordnung für den Vorstand nicht zugewiesen oder macht der AR. von dem ihm auch ohne solche Anweisung zustehenden Recht keinen Gebrauch, so ist der Vorstand selbst berechtigt, sich die Geschäftsordnung zu geben (BGB. § 28) und zwar im Rahmen der gesetzlichen und satzungsmäßigen Bestimmungen und nach Maßgabe der mit seinen Mitgliedern von dem AR. geschlossenen Anstellungsverträge. Ist ein Vorsitzer bestellt und ist ihm durch die Satzung das alleinige Entscheidungsrecht nicht aberkannt (§ 70 Abs. 2), so kann er bei Meinungsverschiedenheiten die Geschäftsordnung selbständig erlassen.

Gesellschaftsblätter: siehe „Bekanntmachungen".

Gesetzliche Verwaltungsträger: siehe „Vorstand", „Aufsichtsrat", „Hauptversammlung".

Gesetzlicher Reservefonds: siehe „Rücklagen".

Gewinnanteil der Aktionäre: siehe „Gewinnverteilung" und „Dividendenbeschränkungen"; **des Vorstands und des Aufsichtsrats:** siehe „Bezüge".

Gewinnanteilscheine. Vorlegung. Die Satzungen bestimmen regelmäßig, daß den Aktien Gewinnanteilscheine und Erneuerungsscheine beizufügen sind, und sehen meist eine Frist vor, für welche die Beigabe dieser Scheine zu erfolgen hat (10 Jahre oder mindestens 10 Jahre). Mangels einer Bestimmung der Satzung bestimmt der Vorstand Form und Inhalt der Scheine. Die Bestimmung kann dem AR. übertragen werden, da es sich nicht um eine Maßnahme der Geschäftsführung handelt (§ 95 Abs. 5). **Anm. 41.**

Über die Ausgabe neuer Gewinnanteilscheine trifft § 69 eine Vorschrift. Sie kann durch die Satzung nicht geändert werden.

Die Vorlegung der Gewinnanteilscheine zwecks Einlösung muß innerhalb vier Jahren seit Schluß des Kalenderjahrs erfolgen, in welchem der Dividendenanspruch fällig wird (vgl. „Gewinnverteilung"; BGB. § 801 Abs. 2). Dauer und Beginn der Vorlegungsfrist können in dem Gewinnanteilschein anders bestimmt werden (BGB. § 801 Abs. 3). Demgemäß kann die Satzung eine kürzere oder längere Vorlegungsfrist vorsehen; insbesondere kann der Beginn der Frist auf den Fälligkeitstag gelegt werden.

Anm. 42. **Gewinnschuldverschreibungen** sind nach § 174 Schuldverschreibungen, bei denen die Rechte der Gläubiger mit Gewinnanteilen der Aktionäre in Verbindung gebracht werden (vgl. aus der alten Praxis RG. 118, 155; vgl. auch Art. 1 unter b DV. des Anleihestockgesetzes v. 27. Febr. 1935 RGBl. I 316). Über das Erfordernis der Beschlußfassung der Hauptversammlung und über die satzungsmäßige Regelung vgl. „Wandelschuldverschreibungen". Hinzuzufügen ist, daß Satzungsbestimmungen über die Verteilung des Reingewinns die Rechte aus den Gewinnschuldverschreibungen berücksichtigen müssen, soweit den Gläubigern ein Anspruch auf Gewinnanteil gegenüber der AG. zusteht. Die Berücksichtigung kommt nicht in Frage, wenn eine Gewinnbeteiligung an einer anderen AG., z. B. einer mit der Gesellschaft in Gewinnverrechnung stehenden AG., verbrieft ist.

Anm. 43. **Gewinnverteilung.** Nach HGB. § 213 hatten die Aktionäre Anspruch auf den Reingewinn, soweit dieser nach dem Gesetz oder der Satzung von der Verteilung nicht ausgeschlossen war. Die gesetzlichen Beschränkungen ergaben sich aus der zwingenden Vorschrift über die Bildung des gesetzlichen Reservefonds und den Höchstbewertungsvorschriften des § 261 HGB.; die Satzung konnte freiwillige Rücklagen und Mindestabschreibungen vorschreiben. Die Generalversammlung stellte gemäß § 260 HGB. den Jahresabschluß fest und bestimmte damit selbst im Rahmen des Gesetzes und der Satzung das Maß der Abschreibungen und Rücklagen und damit den zur Gewinnverteilung zur Verfügung stehenden Reingewinn.

Die Änderung, die das AGesetz in § 125 in der Zuständigkeit für die Feststellung des Jahresabschlusses bringt (grundsätzlich an Stelle der Hauptversammlung der Vorstand unter Billigung des AR.; vgl. Anm. 31), bedingt auch eine Änderung des Gewinnanspruchs: Nach § 52 haben die Aktionäre nur Anspruch auf den Reingewinn, der sich aus der Jahresbilanz ergibt, soweit er nicht nach Gesetz oder Satzung von der Verteilung ausgeschlossen ist. Stellt der Vorstand unter Billigung des AR. den Jahresabschluß fest, so kann mehr, als dieser Jahresabschluß an Reingewinn ausweist, nicht verteilt werden, auch wenn Abschreibungen und Rücklagen über das in Gesetz und Satzung vorgesehene Maß hinaus vorgenommen sind. Eine Anfechtung des vom Vorstand aufgestellten Jahresabschlusses gibt es nicht. Seine Nichtigkeit kann auf zu hohe Abschreibungen und Rücklagen nicht gegründet werden (§ 202). Die Hauptversammlung, die nach § 126 die Gewinnverteilung zu beschließen hat, ist an den vom Vorstand festgestellten Jahresabschluß gebunden (§ 126 Abs. 3; vgl. „Feststellung des Jahresabschlusses").

Nur wenn die Hauptversammlung ausnahmsweise zur Feststellung des Jahresabschlusses zuständig ist, ist die bisher in dem HGB. vorgesehene Rechtslage wieder gegeben (a. M. Schlegelberger AktG. § 52 Anm. 10): die Hauptversammlung bestimmt selbst im Rahmen des Gesetzes und der Satzung das Maß der Abschreibungen und Rücklagen und damit den Ausweis des Reingewinns. Verletzt sie hierbei Satzungsvorschriften, so ist einer Minderheit von $^1/_{20}$ des Grundkapitals ein Anfechtungsrecht gegeben (§ 198 Abs. 2). Die Minderheit kann durch die Anfechtungsklage, auch wenn der Aktionär nur Anspruch auf den sich aus dem Jahresabschluß ergebenden Reingewinn hat, mittelbar mit Erhöhung des Gewinnausweises den Dividendenanspruch aufbessern.

Neu ist die Vorschrift des § 126 Abs. 2, nach der der Hauptversammlung ein Gewinnverteilungsvorschlag des Vorstands mit einem Bericht des AR. vorzulegen und diese Vorlagen vor der Hauptversammlung zur Einsicht der Aktionäre auszulegen sind. An diesen Gewinnverteilungsvorschlag ist die Hauptversammlung nicht gebunden. Sie kann den im Jahresabschluß ausgewiesenen Reingewinn — auch in Abänderung des Vorschlags — ganz oder teilweise von der Verteilung ausschließen, also z. B. weitere Rücklagen für bestimmte Zwecke vorsehen oder den ganzen Reingewinn auf neue Rechnung vortragen (§ 126 Abs. 3). Durch diese Vorschrift wird aber nach dem oben Gesagten nicht das Recht der Aktionäre auf den ihnen nach § 52 zustehenden Reingewinn beschränkt. Ob die Hauptversammlung durch Mehrheitsbeschluß weitere Rücklagen bilden und von der Verteilung des ausgewiesenenen Reingewinns absehen kann, hängt von der Regelung in der Satzung ab. Hier gewinnen die üblichen Satzungsbestimmungen Bedeutung, die eine bestimmte Verwendung des Reingewinns in fester Reihenfolge (Zuweisung zur gesetzlichen Rücklage, Vordividende, Bildung besonderer Rücklagen, Tantieme an den AR.) vorsehen und vorschreiben, daß „der Rest des Reingewinns zur Verfügung der Hauptversammlung steht" oder daß „der Rest des Reingewinns unter die Aktionäre zu verteilen ist, soweit die Generalversammlung nichts anderes beschließt". Enthält die Satzung eine derartige Bestimmung, so ist die Hauptversammlung in ihrer Entschließung über die Verteilung des ausgewiesenen Reingewinns frei (vergl. auch Muster A u. B § 44). Fehlt es an solcher Bestimmung, so kann ein das Dividendenrecht des Aktionärs verletzender Verteilungsbeschluß von der Minderheit des § 198 Abs. 2 angefochten werden. Eine Satzungsbestimmung: „Die Hauptversammlung setzt die Dividende fest" genügt nicht zum Ausschluß dieses Anfechtungsrechts; sie gibt der Hauptversammlung nicht das Recht zur freien Verfügung über den Reingewinn (Trumpler S. 301).

Steht nach der Satzung der Reingewinn zur freien Verfügung der Hptvers., so kann diese auch beschließen, daß die Auszahlung der Dividende nicht unverzüglich, sondern erst in einem späteren Zeitpunkt, auch in Raten stattzufinden hat (Trumpler S. 302). Auch die Ausgabe sog. „scrips" an Stelle sofortiger Barzahlung kann sie beschließen. Die Satzung selbst kann gleichfalls den Zeitpunkt der Fälligkeit des Dividendenanspruchs bestimmen, z. B. einen Monat seit der Hauptversammlung, die die Dividende festgesetzt hat.

Vielfach enthalten die alten Satzungen eine Bestimmung, daß die Generalversammlung gemäß Antrag des Aufsichtsrats über die Verwendung des restlichen Reingewinns oder über die Auflösung von Dividendenergänzungsfonds zwecks Dividendenausschüttung beschließt. Solche Bestimmungen erscheinen nicht mehr gültig. Wenn die Hauptversammlung nach § 126 Abs. 3 nicht an den Gewinnverteilungsvorschlag des Vorstands gebunden ist, kann sie auch nicht an einen Antrag des AR. gebunden werden, wenigstens nicht in dem Sinne, daß die Ausschüttung des Reingewinns an die Aktionäre, auch wenn es sich um eine sog. Superdividende handelt, von der Zustimmung eines anderen Organs, des Vorstandes oder des AR., abhängig gemacht wird. Die Zuständigkeitsregelung des Gesetzes, die der Hauptversammlung die Beschlußfassung über die Gewinnverteilung unabhängig von dem Gewinnverteilungsvorschlag des Vorstands überträgt, kann durch die Satzung nicht abgeändert werden.

Einzelne Satzungen heben ausdrücklich die Zulässigkeit einer Verwendung des Reingewinns zu Wohlfahrtszwecken hervor. Derartige Bestimmungen sind aufrechtzuerhalten. Schon nach geltendem Recht konnten Schenkungen und gemeinnützige Zuwendungen, wenn sie sachlich geboten sind, von der Generalversammlung beschlossen werden

(Brodmann § 250 Anm. 3b; RG. 108, 322), wie auch der Vorstand für befugt erachtet wurde, Freigebigkeiten zu üben, soweit ein ordentlicher Geschäftsführer „im Hinblick auf die Gesamtvermögenslage, die Gesellschaftszwecke, die Rolle der Gesellschaft im sozialen Leben, das Verhältnis der Gesellschaft zu den Angestellten usw." dies tun darf (Staub-Schmidt § 312 Anm. 17). Es kann kein Zweifel sein, daß das Gleiche nach dem Aktiengesetz zu gelten hat (§§ 70, 98 Abs. 4). Grundsätzlich gehören aber diese Maßnahmen zur Geschäftsführung; sie sind dem Vorstand vorbehalten (§ 103 Abs. 2; § 95 Abs. 5). Die Hauptversammlung wird, wenn sie gemäß § 125 Abs. 4 den Jahresabschluß festzustellen hat, die Freiheit haben, Rücklagen für Wohlfahrtszwecke, sei es zugunsten der Gefolgschaft, sei es für allgemeine gemeinnützige Aufgaben, vorzunehmen; sie wird aber, wenn sie lediglich über die Gewinnverteilung auf Grund des vom Vorstand festgestellten Jahresabschlusses zu beschließen hat, gegenüber dem Dividendenanspruch des Aktionärs Aufwendungen zu Wohlfahrtszwecken aus dem Reingewinn nur machen dürfen, wenn die Satzung dies ausdrücklich vorsieht oder den restlichen Reingewinn zu ihrer freien Verfügung stellt.

Die Hauptversammlung ist bei der Beschlußfassung über die Gewinnverteilung an die gesetzlichen Beschränkungen gebunden, die das **Anleihestockgesetz** v. 4. 2. 1934 (RGBl. I 1222) und seine Durchführungsverordnungen v. 27. 2. 1935 und 18. 4. 1935 (RGBl. I 316 u. 558) auferlegen.

Der Einfluß von Interessengemeinschaftsverträgen mit gegenseitiger Gewinnverrechnung ist nicht eine Frage der Gewinnverteilung, sondern der Feststellung des Reingewinns. Demgemäß bestimmen die Satzungen, soweit sie überhaupt eine Vorschrift hierüber enthalten, daß bei Ermittlung des Reingewinns das Gewinnverrechnungsverhältnis, das der Interessengemeinschaftsvertrag vorsieht, zu berücksichtigen ist oder daß „Reingewinn im Sinne der Satzung der sich aus diesem Verhältnis ergebende Gewinn ist".

Gliederung des Jahresabschlusses: siehe „Bilanzschema".

Grundkapital. Die Bestimmung über die Höhe des Grundkapitals ist nach § 16 Abs. 3 wesentlicher Bestandteil der Satzung. § 7 setzt den Mindestbetrag des Grundkapitals auf 500000 RM. fest. Nach dem geltenden Recht konnten die am 31. 12. 1923 bestehenden Gesellschaften auf ein Grundkapital von nur 5000 RM. umgestellt werden; für später gegründete Gesellschaften war der Mindestbetrag von 50000 RM. vorgeschrieben (§§ 10, 17 Goldbil.V.). — Erreicht das Grundkapital bei Inkrafttreten des AGesetzes nicht die in § 7 vorge- **Anm. 44.**

schriebene Höhe, so ist eine Satzungsänderung nicht erforderlich. Nach § 2 EG. gilt der Nennbetrag des in diesem Zeitpunkt in der Satzung vorgesehenen Grundkapitals als Mindestnennbetrag im Sinne des § 7. Eine Kapitalherabsetzung unter diesen Betrag ist unzulässig. Gesellschaften mit einem Grundkapital von weniger als 100000 RM. müssen sich aber bis zum 31. 12. 1940 umwandeln oder auflösen oder ihr Grundkapital auf mindestens 100000 RM. erhöhen.

Für Gesellschaften, deren Grundkapital 500000 RM. nicht erreicht, wird ein mittelbarer Zwang zur Kapitalerhöhung dadurch ausgeübt, daß jede wesentliche Veränderung der Verhältnisse der Gesellschaft — insbesondere eine wesentliche Änderung des Gegenstandes des Unternehmens, ihrer Verfassung oder der Art ihres Geschäftsbetriebes — von einer Kapitalerhöhung auf mindestens 500000 RM. abhängig gemacht ist (§ 2 Abs. 1 Satz 2 EG.); die Eintragung derartiger Änderungen im Handelsregister darf nur gleichzeitig mit der Eintragung der durchgeführten Kapitalerhöhung erfolgen. Hier entsteht die Frage, ob eine Angleichung der Verfassung der AG. an das AGesetz als eine wesentliche Änderung im Sinne des § 2 EG. anzusehen ist. Die Frage ist zu verneinen, soweit sich die Änderung auf die Erfordernisse beschränkt, die auf zwingenden Vorschriften des neuen Rechts beruhen. § 2 EG. hat nicht die kraft Gesetzes erforderten, sondern gewillkürte Änderungen der Verfassung usw. im Auge. Die Streichung alter Satzungsbestimmungen, die dem Aufsichtsrat Verwaltungsbefugnisse und ein Anweisungsrecht gegenüber dem Vorstand verliehen (jetzt verboten durch § 95 Abs. 5) oder die Höchstzahl des § 86 für Aufsichtsratsmitglieder überschreiten oder die Genehmigung des Jahresabschlusses durch die Generalversammlung vorsehen (jetzt stellt ihn der Vorstand auf; § 125) ist zulässig, ja, erforderlich. Der Registerrichter kann die Eintragung dieser Änderungen von einer Kapitalerhöhung auf 500000 RM. schon deshalb nicht abhängig machen, weil sie ohnehin kraft Gesetzes eintreten. Anders liegt es, wenn andere Satzungsänderungen wesentlicher Art, die nicht durch zwingende Vorschriften des AGesetzes bedingt sind, beschlossen werden, z. B. bei Übergang der Aktien in neue Hände und unter Neubestellung eines mehrgliedrigen Vorstandes ein Vorsitzer vorgesehen (§ 70) und auch die Zusammensetzung des Aufsichtsrats wesentlich geändert wird.

Eine weitere Frage ist, ob Gesellschaften mit einem Grundkapital von weniger als 100000 RM. der Auflösung am 1. 1. 1941 entgehen, wenn sie vorher das Kapital auf 100000 RM. erhöht haben. Baumbach (EG. § 2 Anm. 2) fordert eine Kapitalerhöhung auf 500000 RM. —

offenbar in der Meinung, daß jede Kapitalerhöhung eine wesentliche Veränderung der Verhältnisse darstellt (a. M. Barz JW. 1937, 1690 u. Adler Wirtschaftstreuh. 1937, 191). Die Frage ist nach den Umständen des Einzelfalls zu entscheiden: für eine AG. mit einem Kapital von 95000 RM. ist eine Kapitalerhöhung auf 100000 keine wesentliche Änderung der Verhältnisse; anders liegt es bei einer Zwerggesellschaft mit einem Kapital von 5000 RM. Für sie wird der Registerrichter, wenn es sich wirtschaftlich um eine Neugründung handelt, die Kapitalerhöhung auf 100000 RM. gemäß EG. § 2 Abs. 1 Satz 2 nicht zulassen, sondern die Auflösung oder Umwandlung dadurch erzwingen, daß er nur eine Kapitalerhöhung auf 500000 RM. zuläßt.

Nach § 7 Abs. 2 und EG. § 2 Abs. 3 kann der Reichsminister der Justiz im Einvernehmen mit dem Reichswirtschaftsminister ausnahmsweise ein Grundkapital, das geringer als 500000 RM. ist, ja sogar 100000 RM. unterschreitet, zulassen, und zwar für bestehende Gesellschaften wie auch für nach dem 1. 10. 1937 gegründete. Wird dem Registergericht die Bewilligung der Ausnahme nachgewiesen, entfällt seine Befugnis, Anmeldungen wesentlicher Änderungen in den Verhältnissen der Gesellschaft zurückzuweisen.

Handlungsbevollmächtigter. Die Bestimmung der Satzung, daß bei mehrgliedrigem Vorstand die AG. durch ein Vorstandsmitglied und einen Handlungsbevollmächtigten vertreten wird, ist unzulässig. Weder das bisherige Recht noch das AGesetz kennt eine Mitwirkung von Handlungsbevollmächtigten bei der gesetzlichen Vertretung der AG. (KG. bei Ring 4, 202; anders für Prokuristen; siehe Anm. 60). Der Handlungsbevollmächtigte ist stets rechtsgeschäftlicher Vertreter; der Umfang seiner Vertretungsmacht richtet sich nach der ihm erteilten Vollmacht. Sie kann an die Mitwirkung eines Vorstandsmitglieds geknüpft werden. — Die Satzung konnte nach bisherigem Recht lediglich vorschreiben, daß der Vorstand Handlungsvollmachten nur in der Weise erteilen dürfe, daß der Bevollmächtigte gemeinsam mit einem Vorstandsmitglied handeln müsse. Nach dem AGesetz ist auch eine solche Bestimmung unzulässig, da die Erteilung von Handlungsvollmachten ausschließlich Sache des Vorstandes im Bereich seiner Geschäftsführung ist und die Satzung die Geschäftsführungsbefugnisse des Vorstands nicht entgegen der zwingenden gesetzlichen Zuständigkeitsabgrenzung beschränken kann (vgl. Anm. „Prokuristen"). **Anm. 45.**

Hauptversammlung. Aufgaben und Zuständigkeit. Die Gesamtheit der Aktionäre, die in der Generalversammlung zusammentritt, war nach dem HGB. der oberste Verwaltungsträger der AG. Sie **Anm. 46.**

befand nicht nur über den rechtlichen und wirtschaftlichen Aufbau der AG., die Gestaltung ihrer Verfassung, sondern sie war auch höchste Instanz in Fragen der Geschäftsführung (HGB. § 250). Als solche nahm sie nicht nur die Rechnungslegung der Verwaltung entgegen und entschied über die Entlastung von Vorstand und Aufsichtsrat, sondern sie stellte selbst den Jahresabschluß fest. Nicht nur die Satzung konnte die Vornahme bestimmter Arten von Rechtsgeschäften an die Zustimmung der Generalversammlung knüpfen; die Generalversammlung selbst konnte die Entscheidung in allen Fragen der Geschäftsführung an sich ziehen; der Vorstand, der den Beschlüssen der Generalversammlung in Fragen der Geschäftsführung zuwiderhandelte, machte sich schadensersatzpflichtig.

Die Mängel dieser Regelung lagen, wie die Entwicklung des Aktienwesens zeigte, darin, daß Entscheidung und Verantwortung in letzter Instanz in die Hände derer gelegt waren, die mangels genügenden Einblicks in die Verhältnisse der AG. nicht sachkundig und, da nur mit bestimmten Einlagen kapitalistisch beteiligt, persönlich nicht verantwortlich waren. Die sich hieraus ergebenden Reibungen und Machtkämpfe zwischen sachkundiger Verwaltung und nicht verantwortlicher Aktionärmehrheit führten zu erheblichen Mißständen.

Das AGesetz behält die Versammlung der Aktionäre, jetzt „Hauptversammlung“ genannt, als gesetzlichen Verwaltungsträger bei, schränkt aber ihre Zuständigkeit und damit den beherrschenden Einfluß der Aktionäre wesentlich ein (amtliche Begründung). Die „Kapitaldemokratie“ (Klausing Anm. 73) ist für die AG. bestehen geblieben und mußte nach dem Wesen der AG. bestehen bleiben, da dem Kapitaleinsatz eine Mitbestimmung über die Geschicke der AG. entsprechen muß. Ihre Machtbefugnis ist aber auf die Aufgaben zurückgeschraubt, die einer Mehrheit von nur kapitalmäßig Beteiligten vernünftigerweise anvertraut werden können. Hiernach entscheidet die Hauptversammlung nach wie vor über die Verfassung der AG., also die Gestaltung der Satzung und den kapitalmäßigen Aufbau (§§ 145, 149, 169, 174, 175), auch über konzernrechtliche Bindungen, die die wirtschaftliche Selbständigkeit der AG. berühren (§ 256; neu). Der Hauptversammlung ist, nach wie vor, alljährlich Rechnung zu legen (§§ 96, 125) und hierfür Jahresabschluß und Geschäftsbericht vorzulegen. Die Prüfer für den Jahresabschluß, „Abschlußprüfer“, bestellt alljährlich die Hauptversammlung (§ 136). Jeder Aktionär hat das Auskunftsrecht (§ 112). Zur Prüfung der Geschäftsführung kann die Hauptversammlung auch Sonderprüfer bestellen (§ 118; vgl. auch Minderheitsrecht nach Abs. 2).

Auf Grund der vorgenommenen Prüfungen und der von Vorstand und Aufsichtsrat gegebenen Berichte und Auskünfte entscheidet die Hauptversammlung über die Entlastung der Verwaltung (§ 104).

Das entscheidend Neue des AGesetzes ist, daß die Aktionäre in Fragen der Geschäftsführung grundsätzlich ausgeschaltet sind (§ 103) und dem Vorstand die Leitung der AG. unter eigener Verantwortung und nach den Erfordernissen des Wohls des Betriebes und der Gefolgschaft und nach den gesamtwirtschaftlichen Belangen übertragen ist (§ 70). Insofern ist die Hauptversammlung ein „abgesetzter König" (Schlegelberger Die Erneuerung des deutschen Aktienrechts S. 28). Die Entthronung in Fragen der Geschäftsführung ist nicht nur eine formale: sie bedeutet nicht nur eine Übertragung der Zuständigkeit auf ein anderes Organ; sie hebt vielmehr die Geschäftsführung aus der Interessensphäre der „Kapitaldemokratie" hinaus und macht sie damit von den Kapitalinteressen der Aktionäre unabhängig. Hierdurch wird die AG. in die Gesamtwirtschaft und in deren gemeinnütziges und soziales Zielstreben eingegliedert. Die §§ 70 und 103 bringen die Ethisierung der AG. als Kapital- und Erwerbsgesellschaft nach unserer neuen Wirtschaftsauffassung.

Nach § 103 Abs. 2 kann die Hauptversammlung über Fragen der Geschäftsführung nur entscheiden, wenn der Vorstand es verlangt. Die Hauptversammlung kann niemals aus eigener Machtvollkommenheit über ein zu tätigendes Geschäft Beschluß fassen oder sonst in eine Frage der Geschäftsführung eingreifen. Auch die Satzung kann nicht bestimmen, daß zur Vornahme bestimmter Arten von Rechtsgeschäften die Zustimmung der Hauptversammlung erforderlich ist. Derartige Bestimmungen sind zu streichen (vgl. Muster A § 37). Die Fälle des § 256, in denen die Zustimmung der Hauptversammlung als Erfordernis für die Eingehung von Gewinngemeinschaften bestimmter Art, Betriebsüberlassungsverträgen usw. aufgestellt ist, können durch die Satzung nicht ausgedehnt werden (vgl. Anm. 73). Die Satzung kann auch nicht mehr dem Vorstand bei Meinungsverschiedenheit zwischen ihm und dem AR. die Anrufung der Hauptversammlung zur Pflicht machen. Liegen solche Meinungsverschiedenheiten vor, so wird zweckmäßig der Vorstand von der durch § 103 Abs. 2 gegebenen Möglichkeit Gebrauch machen und die Entscheidung der Aktionäre herbeiführen. Das steht aber in seinem Ermessen. Faßt ohne Verlangen des Vorstandes die Hauptversammlung über eine Frage der Geschäftsführung einen Beschluß, z. B. nachdem der AR. sie gemäß § 95 Abs. 4 einberufen hat, so ist der Vorstand an die Entscheidung nicht gebunden (Baumbach § 103 Anm. 3). § 103

Abs. 2 will ihm nur das Mittel geben, in besonders wichtigen Angelegenheiten, insbesondere bei streitigen Fragen seine Verantwortung dadurch zu verringern, daß er die Entscheidung der Hauptversammlung einholt. Entschließt er sich hierzu, so ist er an die Entscheidung der Hauptversammlung gebunden und durch ihre Befolgung von einer Haftung gegenüber der AG. befreit (§ 84 Abs. 4).

Die Satzung könnte hiernach in Fällen, in denen gemäß § 95 Abs. 5 die Vornahme bestimmter Rechtsgeschäfte an die Zustimmung des AR. gebunden ist, vorsehen, daß der Vorstand bei Verweigerung der Zustimmung des AR. die Entscheidung der Hauptversammlung einzuholen berechtigt ist. Diese Regelung wäre aber überflüssig, da sie sich bereits aus dem Gesetz ergibt.

Trotz dieser Ausschaltung der Aktionäre von der Geschäftsführung bleibt mittelbar ein Einfluß auf die Leitung der AG. bestehen: die Hauptversammlung wählt den AR., der seinerseits den Vorstand zu bestellen hat; sie kann den AR. jederzeit — ohne Vorliegen wichtiger Gründe — abberufen (§ 87) und durch Neuwahl des AR. auch eine ihr nicht mehr genehme Zusammensetzung des Vorstandes ändern (über die hiergegen zugunsten des Vorstandes geschaffenen Sicherheiten vgl. Anm. 82). Die Hauptversammlung kann auch jederzeit der Verwaltung das Vertrauen entziehen. In einem solchen Beschluß liegt nach der amtlichen Begründung stets ein wichtiger Grund für die Abberufung des Vorstandes durch den AR. (vgl. Anm. 28 u. 82); der AR. kann gemäß § 95 Abs. 4 die Vertrauensfrage jederzeit aufrollen und die Entscheidung der Hauptversammlung herbeiführen.

Nur eine Folge der Ausschaltung der Aktionäre aus der Geschäftsführung ist die Übertragung der Feststellung des Jahresabschlusses an den Vorstand. Der Jahresabschluß wird — in grundlegender Abkehr von dem bisherigen Rechtszustand — von dem Vorstand aufgestellt, weil nur dieser über die hierzu erforderliche Sach- und Fachkunde verfügt. Billigt der AR. diesen vom Vorstand festgestellten Jahresabschluß, so steht der Jahresabschluß, abgesehen von den Fällen der Nichtigkeit (§§ 135, 202), endgültig fest. Die Hauptversammlung ist an ihn gebunden (§ 126). Nur bei Meinungsverschiedenheiten zwischen Vorstand und AR. ist — anders als in § 103 Abs. 2 — die Einberufung der Hauptversammlung zur Feststellung des Jahresabschlusses zwingend vorgeschrieben (§ 125 Abs. 4); das gleiche gilt, wenn sich Vorstand und AR. für eine Feststellung durch die Hauptversammlung entscheiden (§ 125 Abs. 3). Die Satzungen sind entsprechend abzuändern (vgl. Muster A u. B § 36 und Anm. 31).

Trotz der neuen und schärferen Zuständigkeitsabgrenzung des AGesetzes kann man auch in Zukunft die Hauptversammlung als das oberste Willensorgan der AG. bezeichnen. Die hierfür von Brodmann (§ 250 Anm. 1a) gegebene Umschreibung gilt auch im Rahmen der neuen Zuständigkeitsabgrenzung mit der durch diese bedingten notwendigen Abwandlung im wesentlichen noch weiterhin:

„Soweit die Hauptversammlung durch das Gesetz oder den Gesellschaftsvertrag zur Entscheidung berufen ist, ferner soweit sie im Einzelfall um Entscheidung angegangen oder auch ohne das nach der Gestaltung der Dinge in der Lage ist, eine Entscheidung zu treffen, haben sich ihr die anderen Organe, Vorstand und Aufsichtsrat — vorbehaltlich ihrer selbständigen Verantwortlichkeit für Befolgung der Gesetze und des Statuts — zu fügen.

Dagegen bleibt der Grundsatz des bisherigen Rechts (RG 117, 206; Staub § 250 Anm. 7):

„Die Generalversammlung kann alles bindend beschließen, was ihrer Zuständigkeit durch Satzung nicht ausdrücklich entzogen ist"

nicht mehr in Kraft. § 103 Abs. 1 bestimmt vielmehr, daß die Hauptversammlung in den im Gesetz und in der Satzung ausdrücklich bestimmten Fällen beschließt, und § 103 Abs. 2 schränkt die „Kompetenz-Kompetenz" der Hauptversammlung, d. h. die Zuständigkeit, durch Satzungsänderung die eigene Zuständigkeit zu bestimmen und jeweils zu erweitern, dahin ein, daß niemals satzungsgemäß, sondern nur auf Verlangen des Vorstands, die Hauptversammlung in Fragen der Geschäftsführung zur Entscheidung berufen sein kann. Auch sonst darf die Satzung in die gesetzlich vorgesehene Abgrenzung der Zuständigkeit der Verwaltungsträger nicht eingreifen; sie darf demgemäß auch nicht die Überwachungstätigkeit des AR. der Entscheidungsbefugnis der Hauptversammlung unterwerfen.

Die im Gesetz vorgesehenen Fälle der Zuständigkeit der Hauptversammlung sind erschöpfend in der amtl. Begrd. aufgezählt (vgl. dort unter Hauptversammlung „Allgemeines"). Eine Einschränkung der gesetzlichen Zuständigkeit durch die Satzung ist unzulässig; insbesondere ist eine Übertragung von gesetzlichen Obliegenheiten der Hptvers. auf ein anderes Organ nicht möglich. Neben den gesetzlichen Fällen bleibt für eine Zuständigkeitsregelung durch die Satzung — angesichts der zwingenden Vorschriften über den Aufgabenkreis von Vorstand und AR. — nur ein geringer Raum. Die Satzung kann Obliegenheiten des Vorstands oder des AR. der Hptvers. nicht mehr zuweisen. Die Satzung kann aber z. B. der Hauptversammlung die Wahl eines Beirats (vgl. Anm. 13) oder die Zustimmung zu den vom AR. mit den Vorstandsmitgliedern abzuschließenden Anstellungsverträgen vorbehalten. Sie kann auch die Ausübung der Rechte der AG. gegenüber den Aktionären von einer Beschlußfassung der Hauptversammlung abhängig machen, z. B. bestimmen, daß die Einforderung weiterer Einzahlungen nur auf Grund eines Beschlusses der Hauptversammlung erfolgen darf oder die Zustimmung zur Übertragung von Namensaktien eines Beschlusses der Hauptversammlung bedarf (Anm. 27, 33).

Vor allem wird die Satzung eine Regelung für alle die Fälle zu geben haben, in denen die Hauptversammlung in eigener Angelegenheit Beschluß zu fassen hat. Gedacht ist an alle Fälle, in denen nach bisherigem Recht die Generalversammlung zu Beschlußfassungen, die den Gang der Verhandlungen, die Teilnahme an der Versammlung und dergl. mehr betreffen, für befugt erachtet wurde: z. B. zur Wahl eines Vorsitzenden, falls der in der Satzung vorgesehene Leiter der Versammlung behindert ist, oder zur Entscheidung über die Zulassung von Aktionären und Bevollmächtigten oder zur Beschlußfassung über Erteilung von Auskünften an den einzelnen Aktionär (RG 82, 182). Mit Rücksicht auf die Fassung des § 103 Abs. 1 und § 108 Abs. 3 entsteht die Frage, ob nur noch auf Grund ausdrücklicher Satzungsbestimmungen die Zuständigkeit der Hauptversammlung in derartigen „eigenen Angelegenheiten" begründet ist. Die Frage ist zu verneinen. Die Zuständigkeit der Hauptversammlung ergibt sich hier aus der Natur und der Gestaltung der Dinge von selbst (über das Auskunftsrecht vgl. jedoch Anm. 10) Es wird sich aber empfehlen, die erforderlichen Satzungsbestimmungen hierfür vorzusehen, wie sie vielfach die Satzungen bereits enthalten (vgl. hierzu insbesondere: „Leitung der Hauptversammlung"; Muster A u. B § 33).

Nach bisherigem Recht nahm man an, daß die oberste Entscheidung in solchen eigenen Angelegenheiten der Hauptversammlung bei dieser liegt, auch wenn die Satzung einem anderen Organ die Entscheidungsbefugnis hierfür überträgt (z. B. für die Legitimationsprüfung in der Generalversammlung: Staub § 255 Anm. 3a). Für das neue Recht wird man sagen müssen, daß in erster Reihe die Satzung über die Zuständigkeit bestimmt, ein Anspruch auf Beschlußfassung durch die Hauptversammlung also nicht besteht, wenn sie nicht für zuständig erklärt ist, daß aber die Hauptversammlung entscheiden kann, wenn ihr von der satzungsgemäß zuständigen Stelle die Frage zur Beschlußfassung vorgelegt wird. Zweckmäßig wird auch hierüber die Satzung in Zukunft eine ausdrückliche Regelung geben (vgl. Muster A u. B § 33).

Eine weitere Frage ist es, ob die Satzung die durch das Gesetz begründete Zuständigkeit der Hauptversammlung ändern kann. Das ist grundsätzlich zu verneinen (vgl. Einl. S. 7). Diese Frage hatte eine besondere praktische Bedeutung bei der Feststellung des Jahresabschlusses gewonnen: zahlreiche Satzungen schreiben vor, daß die Bestimmung der Höhe der Abschreibungen und der Bildung von Rücklagen dem AR. oder dem Vorstand und AR. gemeinsam obliegt. Die Generalversammlung sollte hiernach, obwohl das Gesetz ihr die Feststellung des Jahresabschlusses überträgt, an die Entscheidung der anderen Verwaltungsträger in der Frage der Abschreibungen und Rücklagen gebunden sein. Die Zulässigkeit derartiger Satzungsvorschriften war schon nach bisherigem Recht abzulehnen (a. M. Düringer-Hachenburg-Flechtheim § 213 Anm. 21). Über die Behandlung dieser Frage nach dem AGesetz vgl. Anm. 31. Die freie Entschließung der Hauptversammlung in den ihr durch das Gesetz zugewiesenen Fällen kann durch die Satzung nicht eingeschränkt werden, insbesondere nicht von der Zustimmung anderer Verwaltungsträger abhängig gemacht werden. Die allein zulässigen Beschränkungen liegen in den für die Beschlußfassungen der Hauptversammlung im Gesetz oder auf Grund gesetzlicher Ermächtigung in der Satzung vorgesehenen Mehrheitserfordernissen (vgl. „Beschlußfassung in der Hauptversammlung").

Die Hauptversammlung ist schließlich auch Vertretungsorgan der AG. (vgl. § 122: Bestellung von Prozeßvertretern, § 118: Bestellung von Prüfern, § 98: Festsetzung der Vergütung des AR). Die Satzung kann weitere Fälle der Vertretungsbefugnis nicht einführen, auch die gesetzlichen Fälle nicht einschränken.

Über Einberufung und Abhaltung der Hauptversammlung, über die ordentliche Hauptversammlung, über Teilnahmerecht, Stimmrecht vgl. die besonderen Anmerkungen.

Hinterlegung der Aktien: siehe „Teilnahmerecht und Stimmrecht".

Historische Satzungsbestimmungen: siehe Einleitung S. 8.

Jahresbilanz für die Abwicklung: siehe „Feststellung des Jahresabschlusses".

Inhaberaktien und Namensaktien. Wie nach bisherigem Recht **Anm. 47.**
(HGB. § 179 Abs. 2) können die Aktien auf den Inhaber oder auf Namen lauten (§ 10 Abs. 1). Trifft die Satzung hierüber keine Bestimmung, so müssen die Aktien als Namensaktien ausgegeben werden (§ 17 Abs. 1). Die Gesellschaft hat die Wahl, in der Satzung Inhaber-

oder Namensaktien vorzusehen (vgl. Anm. 6). Die Satzung kann beide Arten nebeneinander vorsehen (vgl. Muster A u. B §§ 3, 6, 8). Verschiedene Aktiengattungen werden dadurch nicht geschaffen, wenn nicht der einen oder der anderen Art Vorzugsrechte eingeräumt werden (§ 11; vergl. Anm. 78). Nur für zwei Fälle ist die Satzung in der Bestimmung der Aktienart beschränkt: nicht volleingezahlte Aktien und Aktien mit Nebenleistungsverpflichtungen müssen auf den Namen lauten (§ 10 Abs. 2, § 50 Abs. 1 in Verb. mit § 61 Abs. 3).

Über die Ausgabe von Anteilscheinen vor Volleinzahlung der Inhaberaktien vgl. „Zwischenscheine". Inhaberaktien, die vor der Volleinzahlung ausgegeben werden, sind nichtig.

Für Namensaktien, die vor der Volleinzahlung ausgegeben werden, gilt die Sonderbestimmung, daß in ihnen der Betrag der Teilleistungen anzugeben ist (§ 10 Abs. 2). Außerachtlassung dieser Vorschrift macht die Aktie nichtig. Über Führung des Aktienbuchs für Namensaktien und ihre Übertragung vgl. § 61, über Beschränkungen der Übertragbarkeit vgl. „Gebundene Namensaktien".

Die Satzung kann vorsehen, daß der Vorstand darüber zu bestimmen hat, ob Inhaber- oder Namensaktien ausgegeben werden (Düringer-Hachenburg § 183 Anm. 2; Staub Anm. 3). Sie kann auch dem Aktionär ein Wahlrecht zwischen Inhaber- und Namensaktie geben (Brodmann § 183 Anm. 4; Düringer-Hachenburg a. a. O.). Ist einmal die Ausgabe der Aktien in einer bestimmten Art erfolgt, so ist eine Umwandlung nur auf Grund einer Satzungsbestimmung möglich. Weder der Vorstand noch der Aktionär können mangels einer Satzungsvorschrift die Umwandlung verlangen.

Nach § 17 Abs. 2 in Übereinstimmung mit § 183 Abs. 2 HGB. kann die Satzung bestimmen, daß auf Verlangen des Aktionärs diese Umwandlung vorzunehmen ist (vgl. Muster A u. B § 10). Die Bestimmung kann auch nachträglich durch satzungsändernden Beschluß in die Satzung aufgenommen werden. Die Einräumung des Umwandlungsrechts kann an bestimmte Erfordernisse geknüpft werden, z. B. die Zustimmung des AR. oder das Einverständnis des Vorstandes.

Streitig war für das bisherige Recht, ob die Satzung auch das Recht der Gesellschaft auf Umwandlung, also eine zwangsweise Umwandlung vorsehen könne. Für die ursprüngliche Satzung und bei den neu auszugebenden Aktien für den Kapitalerhöhungsbeschluß wurde dies überwiegend bejaht (Brodmann § 183 Anm. 2; Düringer-Hachenburg Anm. 3). Für nachträgliche Satzungsänderungen lehnte die Denkschrift zum HGB. (I S. 122) die Zulässigkeit ab, weil hierdurch ein Sonderrecht des Aktionärs verletzt würde (ebenso Brodmann § 183 Anm. 3). Die Rechtsprechung (OLGR. 43, 398) ließ auch nachträglich die Umwandlung gegen den Willen des Aktionärs zu (zust. Düringer-Hachenburg § 183 Anm. 3, Staub Anm. 4). Das AGesetz entscheidet mit § 17 Abs. 2 diese Frage nicht, wenn es auch nahe liegt, aus der besonderen Zulassung einer Satzungsbestimmung über ein Umwandlungsrecht des Aktionärs auf das Gegenteil für die zwangsweise Umwandlung zu schließen. Entscheidend ist, daß die Verbriefung des Mitgliedsrechts in einem Inhaberpapier einerseits oder in einem Rekta- oder Orderpapier andererseits eine verschiedene Ausgestaltung der Verkörperung des Rechts und damit seiner Ausübung und Übertragbarkeit darstellt. Ein Eingriff ist nur zulässig, wenn die Satzung bei Schaffung der Aktien ihn vorbehält, nachträglich nur mit Zustimmung des betroffenen Aktionärs. Es muß hier das gleiche gelten wie für die nachträgliche Bindung der Übertragung von Namensaktien an die Zustimmung der Gesellschaft (§ 61 Abs. 3; RG. 68, 212; vgl. „Gebundene Namensaktien"; gl. M. Schlegelberger AktG. § 17 Anm. 7, wenn auch mit anderer Begründ.).

Interessengemeinschaftsverträge. Die Satzungen sehen vielfach bei der Bestimmung über den Gegenstand des Unternehmens die Zulässigkeit der Beteiligung an anderen Unternehmungen oder des Abschlusses von „Interessengemeinschaften", von „Vereinbarungen mit Firmen verwandter Geschäftszweige zwecks gemeinsamen Geschäftsbetriebs unter wechselseitiger Beteiligung an den gegenseitigen Geschäftsergebnissen" vor (vgl. Muster A u. B § 2). Derartige Bestimmungen hatten die Wirkung, daß der Vorstand als ermächtigt galt, Interessengemeinschaften abzuschließen, ohne die Generalversammlung anzurufen. Sie schlossen zugleich den Zweifel aus, ob in einem JG.-Vertrag eine Änderung des Gegenstandes des Unternehmens liegt und für die Entlastung des Vorstands vor Abschluß des Vertrages eine Satzungsänderung erforderlich ist oder nicht. Vielfach schrieben die Satzungen außerdem vor, daß der Abschluß von JG.-Verträgen der Zustimmung des AR., meist der Zustimmung der Generalversammlung mit qualifizierter Mehrheit bedarf. **Anm. 48.**

Das AGesetz hat die Wirksamkeit der in § 256 genannten drei Arten von Interessengemeinschafts- und Betriebsüberlassungsverträgen von der Zustimmung der Hauptversammlung abhängig gemacht und für die Beschlußfassung eine Mehrheit von 3/4 des vertretenen Grundkapitals vorgesehen. Soweit andere JG.-Verträge in Frage stehen, behält eine

Satzungsbestimmung der vorerwähnten Art ihre Bedeutung (vgl. „Vertretung", jedoch auch Anm. 46).

Über den Reingewinn der AG. bei Abschluß von Gewinngemeinschaften vergl. „Gewinnverteilung".

Über die Organe der Interessengemeinschaft vergl. „Beirat" u. „Vorst. als Leiter der AG.".

Interimsschein: siehe „Zwischenschein."

Anm. 49. **Kapitalerhöhung.** Eine Erhöhung des Grundkapitals durch Ausgabe neuer Aktien kann nur von der Hauptversammlung und nur mit einer Kapitalmehrheit von ¾ des vertretenen Grundkapitals beschlossen werden (§ 149). Nach HGB. § 278 in Verb. mit § 275 konnte die Satzung statt dessen einfache **Stimmenmehrheit** vorsehen, da für Kapitalerhöhungen wie für gewöhnliche Satzungsänderungen eine andere Mehrheit zugelassen war. Demgemäß finden sich vielfach in den Satzungen Vorschriften, nach denen einfache Stimmenmehrheit allgemein oder für den Fall, daß der AR. die Kapitalerhöhung beantragt hat, genügt; bisweilen lassen die Satzungen einfache Stimmenmehrheit nur für Kapitalerhöhungen geringen Ausmaßes oder erst für eine zweite Generalversammlung genügen, wenn in der ersten bei der Beschlußfassung über die Kapitalerhöhung die ¾ Kapitalmehrheit nicht erreicht werden sollte.

Derartige Satzungsbestimmungen werden durch § 149 ungültig. § 149 läßt an Stelle der ¾ Kapitalmehrheit nicht mehr eine andere Mehrheit, sondern nur noch eine andere Kapitalmehrheit zu. Es kann also nicht mehr vorgeschrieben werden, daß einfache Mehrheit der abgegebenen Stimmen genügt; die geringst zulässige Mehrheit ist vielmehr die einfache Mehrheit des bei der Beschlußfassung vertretenen Grundkapitals. Das macht sachlich keinen Unterschied, wenn Mehrstimmrechtsaktien nicht ausgegeben sind, muß aber doch in der Fassung der Satzung berücksichtigt werden. Dagegen läßt § 149 jede Erschwerung der Kapitalerhöhung zu (vgl. hierüber „Beschlußfassung in der Hauptversammlung").

Im übrigen ist für die Regelung der Kapitalerhöhung in der Satzung wenig Raum. Eine Reihe von Satzungen schreibt vor, daß künftig auszugebende Aktien auf den Inhaber auszustellen sind, daß sie auf je 1000 RM. lauten müssen und daß eine Überpariemission zulässig sei. Derartige Bestimmungen sind überflüssig, da der Kapitalerhöhungsbeschluß als satzungsändernder Beschluß von ihnen abweichen kann. Von Bedeutung dagegen sind die Satzungsvorschriften, die dem Aufsichtsrat die Festsetzung der Bedingungen für die Ausgabe der neuen

Aktien übertragen, soweit die Generalversammlung nicht selbst hierüber Bestimmungen trifft. Es handelt sich um die Festsetzung des Ausgabekurses (der Mindestbetrag ist für die Überpariemission bereits in dem Beschluß der Hauptversammlung über die Kapitalerhöhung zu bestimmen; § 149 Abs. 3), die Einzahlungsfristen und -raten und sonstige Bezugsbedingungen. Mangels Übertragung dieser Befugnis an den AR. entscheidet hierüber der Vorstand; jedoch kann sich der AR. selbständig gemäß § 95 Abs. 5 die Zustimmung vorbehalten.

Über das Bezugsrecht der Aktionäre und seinen Ausschluß vgl. Anm. 19.

Über die bedingte Kapitalerhöhung vgl. Anm. 12.

Kleinaktien. Unter Kleinaktien versteht man Aktien, deren Nennbetrag unter dem gesetzlich vorgeschriebenen Mindestbetrag liegt. HGB. § 180 ließ Kleinaktien in zwei Ausnahmefällen zu: 1. mit Genehmigung des Reichsrats für gemeinnützige Unternehmungen sowie für Unternehmungen, bei denen eine öffentliche Körperschaft auf die Aktien einen bestimmten Ertrag bedingungs- und fristlos gewährleistete, 2. für gebundene Namensaktien. Für letztere galt die Beschränkung eines Mindestnennbetrages von 200 RM. Nach der Inflation war durch die Goldbil.VO. für Neugründungen die 100-RM.-Aktie zugelassen; der Mindestnennbetrag der Kleinaktien in den Fällen des § 180 Abs. 2 und 3 HGB. wurde auf 20 RM. bemessen. Für Umstellungen alter Gesellschaften galt das Gleiche. Durch § 25 der 2. DV. zur Goldbil.VO. war aber der Mindestnennbetrag auch der gewöhnlichen Aktien auf 20 RM. ermäßigt. Mehrstimmrechtsaktien konnten auf 1 RM. lauten (5. DV. zur Goldbil.VO.). **Anm. 50.**

Über die Neuregelung des AGesetzes vgl. „Nennbetrag der Aktien".

Die für Kleinaktien bestehenden Ausnahmebestimmungen des § 180 Abs. 2 und 3 HGB. sind aufgehoben. Der Mindestnennbetrag der alten Aktien ist 100 RM. (Art. I der 1. DV.). Er gilt auch für gebundene Namensaktien und die vom Reichsrat zugelassenen Kleinaktien. Für alte wie für neu zu schaffende Aktien kann der Reichsminister der Justiz im Einvernehmen mit dem Reichswirtschaftsminister von dem Grundsatz der 1000 RM.-Aktie Ausnahmen zulassen (§ 8 Abs. 2). Er ist dabei an die Voraussetzungen des § 180 Abs. 2 HGB. nicht gebunden, sondern kann auch anderen als gemeinnützigen Unternehmungen oder Unternehmungen mit garantiertem Ertrag die Ausgabe von Kleinaktien gestatten.

Für die gemäß § 180 Abs. 3 HGB. als gebundene Namensaktien ausgegebenen Kleinaktien galt die Sonderbestimmung des § 222 Abs. 4

HGB.: Zu ihrer Übertragung war die Zustimmung des AR. und der Generalversammlung erforderlich, außerdem eine gerichtlich oder notarisch beglaubigte Erklärung, die die Bezeichnung der Person des Erwerbers enthält. Auch diese Sondervorschrift ist nicht in das AGesetz übernommen. Die Übertragung ist formlos oder durch Indossament zulässig; der Zustimmung des AR. und der Hauptversammlung bedarf es nicht mehr, wenn die Satzung es nicht vorsieht (Schlegelberger AGesetz § 61 Anm. 13). Soll in diesem Fall für die gebundenen auf Namen lautenden Kleinaktien der bisherige Rechtszustand aufrechterhalten werden, muß eine entsprechende Satzungsänderung beschlossen werden. Der Zustimmung der betroffenen Aktionäre bedarf es hierzu nicht, da eine Beeinträchtigung der bisherigen Rechte nicht eintritt; es genügt eine Beschlußfassung mit der für Satzungsänderungen vorgesehenen Mehrheit.

Anm. 51. **Kraftloserklärung von Aktien.** Es sind zu unterscheiden: die Kraftloserklärung abhandengekommener und vernichteter Aktien im Aufgebotsverfahren (§ 66), die Kraftloserklärung von Aktien durch die Gesellschaft, wenn der Inhalt der Aktienurkunden durch eine Veränderung der rechtlichen Verhältnisse unrichtig geworden ist (§ 67; z. B. durch neue Stückelung der Aktien). Die letztere Art der Kraftloserklärung war bereits im Gesetz über die Kraftloserklärung von Aktien vom 20. 12. 1934 geregelt worden. Sie erfordert die Genehmigung des Amtsgerichts. Neben § 67 trifft § 179 besondere Bestimmungen über die Kraftloserklärung von Aktien, die zur Durchführung einer Kapitalherabsetzung durch Umtausch oder Abstempelung zusammengelegt werden sollen. Sie gelten auch für die Kraftloserklärung der Aktien bei Umtausch von Kleinaktien (§ 1 der 1. DV.; vgl. „Nennbetrag der Aktien"). Auf die §§ 67 und 179 wird für Umtausch und Zusammenlegung der Aktien bei der Verschmelzung (§ 240 Abs. 7) und bei der Umwandlung einer AG. in eine G. m. b. H. (§ 266) verwiesen (vergl. auch § 276: Umwandlung einer G. m. b. H. in eine AG.).

Für Satzungsbestimmungen ist angesichts der in den genannten Vorschriften gegebenen erschöpfenden Regelung, die zudem eine Abänderung durch die Satzung nicht zuläßt, kein Raum mit Ausnahme des Ausschlusses der Kraftloserklärung von abhandengekommenen und vernichteten Aktien (§ 66; vgl. Muster A u. B § 12). Eine Erleichterung der Bedingungen der Kraftloserklärung, etwa dahin, daß ohne Aufgebotsverfahren nach bloßem Aufruf der Aktien durch die AG. die Aktien für kraftlos erklärt werden, kann in der Satzung nicht vorgesehen werden (Brodmann § 228 Anm. 4d; Schlegelberger AGesetz § 66 Anm. 2; a. M. Staub § 228 Anm. 5).

Kreditgewährung an Vorstand und leitende Angestellte. § 80 macht die Wirksamkeit eines Kreditgeschäftes zwischen einem Vorstandsmitglied und der AG. von der ausdrücklichen Zustimmung des AR. abhängig. § 80 stellt unter Verschärfung der Vorschriften des § 240a HGB. eine zwingende Regelung des Vertragsrechts zwischen Vorstand (oder leitenden Angestellten) und der AG. dar. Die Satzung kann mit Wirkung nach außen, d. h. mit Bezug auf die Gültigkeit solcher Kreditgeschäfte eine abweichende Regelung nicht vorsehen. Bestimmungen, die den Abschluß erleichtern, wären nichtig. Dagegen bleiben Bestimmungen der geltenden Satzungen, die z. B. die Kreditgewährung an ein Vorstandsmitglied nur gegen Sicherheitsleistung gestatten oder überhaupt verbieten, aufrechterhalten. Derartige Satzungsbestimmungen würden freilich die Wirksamkeit eines entgegen dem Verbot, jedoch unter Beachtung des § 80 geschlossenen Kreditgeschäfts nicht berühren; sie würden aber intern eine Haftung des der Satzung zuwiderhandelnden Vorstands- und AR.-Mitgliedes begründen. **Anm. 52.**

Kündigungsrecht des Aktionärs: siehe „Auflösung der AG.".

Legitimationsübertragung. Bankenstimmrecht. Aktionär ist, sobald Aktienurkunden ausgegeben sind, der Eigentümer der Aktie, solange es an Aktienurkunden fehlt, derjenige, der das Mitgliedschaftsrecht bei der Gründung übernommen hat, und diejenigen, denen die Gründer es übertragen haben. Sowohl für Namensaktien wie für Inhaberaktien ist im bisherigen Recht neben der Übertragung des Aktienrechts zu vollem eigenen Recht die sog. Legitimationsübertragung anerkannt worden: d. h. eine Übertragung nur zu dem Zwecke, dem Indossatar der Namensaktie oder dem neuen Besitzer der Inhaberaktie das Recht zur Ausübung der Aktienrechte zu geben. Indossatar der Namensaktie und der neue Besitzer der Inhaberaktie werden durch Indossament bzw. Übergabe der Aktie nur nach außen als Aktionär legitimiert; materiellrechtlich bleibt der Indossant und der frühere Besitzer Aktionär, Inhaber des Mitgliedschaftsrechts. Der Legitimationsaktionär übt das Aktienrecht im eigenen Namen, intern jedoch für den wirklichen Aktionär und für dessen Rechnung aus (RG 118, 330; 133, 241; Brodmann § 223 Anm. 2c u. § 252 Anm. 11; Düringer-Hachenburg-Flechtheim Vorbem. 7—9 des § 222; Staub § 222 Anm. 16ff). **Anm. 53.**

Die Legitimationsübertragung ist im Aktienrecht stark umstritten worden. Insbesondere das Stimmrecht der Banken aus den bei ihnen im Depot ruhenden Aktien ihrer Kunden ist heftig angegriffen worden.

Das AGesetz hat trotzdem die Legitimationsübertragung und das Bankenstimmrecht anerkannt (vgl die Rechtfertigung in der amtlichen Begründung unter „Hauptversammlung: 4. Bankenstimmrecht"). Es hat aber Sicherungen gegen Mißbrauch eingeführt. Dieser war darin gegeben, daß die Legitimationsübertragung, durch die nach außen die wahren Eigentumsverhältnisse verschleiert bleiben, zur Umgehung der Stimmrechtsverbote benutzt wurde: obwohl der Legitimationsaktionär nicht sein eigenes Recht, sondern das Recht des Aktionärs ausübt und ihn daher nicht nur die in seiner eigenen Person, sondern auch die in der Person des Aktionärs liegenden Stimmverbote treffen. Jetzt schreibt § 110 die Offenlegung der Legitimationsübertragung vor, indem für die Aufstellung des Teilnehmerverzeichnisses der Hauptversammlung die gesonderte Angabe über Betrag und Gattung derjenigen Aktien verlangt wird, für die jemand, ohne Eigentümer zu sein, das Stimmrecht ausüben will. Versäumung der Angabe und unrichtige Angabe sind in gleicher Weise wie die mißbräuchliche Benutzung der Legitimationsübertragung zu Stimmzwecken in den neuen Strafvorschriften des § 300 Z. 3 und 4 unter Strafe gestellt.

Die Satzung wird gemäß § 114 Abs. 7 für die Zulassung der Legitimationsaktionäre noch weitere Bedingungen aufstellen können. Sie wird die Angabe des Legitimationsbesitzes schon für die Anmeldung oder die Hinterlegung vorschreiben und den Ausschluß des Stimmrechts bei Unterlassung der Angabe vorsehen können (Muster B § 30). Sie wird auch die Angabe des Eigentümers dabei vorschreiben und den Ausschluß des Stimmrechts bei Verweigerung der Angabe vorsehen können. Bei Großunternehmungen mit weit verstreutem Aktienbesitz wird aber diese Verschärfung nicht in Betracht kommen.

Für das Bankenstimmrecht ist die besondere Vorschrift des § 114 Abs. 4 gegeben. Banken dürfen das Stimmrecht für Aktien, die ihnen nicht gehören, nur ausüben, wenn sie zur Ausübung schriftlich ermächtigt sind. Die Ermächtigung muß auf eine bestimmte Bank lauten; sie muß bei der Erteilung vollständig ausgefüllt sein (Blankounterschrift unter einem Formular, in dem die Bezeichnung der Bank und das Datum offen gelassen ist, genügt nicht) und darf nicht mit anderen Erklärungen verbunden sein. Die Ermächtigung in den allgemeinen Geschäftsbedingungen ist wirkungslos. Die Ermächtigung muß befristet sein; sie kann nur für einen Zeitraum von längstens 15 Monaten erteilt werden. Sie ist jederzeit widerruflich. Unwiderrufliche Ermächtigungen sind ungültig. Die Satzung kann gegenüber diesen zwingenden Vorschriften erleichternde Bedingungen nicht vorsehen. Nicht erforderlich erscheint es, daß in der Ermächtigung die Aktien bezeichnet werden; es genügt eine allgemeine Ermächtigung für die im Depot befindlichen Aktien.

Die Frage entsteht, ob die Satzung das Bankenstimmrecht unter erschwerende Bedingungen stellen oder gar ausschließen kann, ob sie die Bedingungen für die Ausübung des Bankenstimmrechts allgemein auf die Legitimationsübertragung ausdehnen oder jede Legitimationsübertragung verbieten kann. Die Frage ist zu bejahen:

Nach bisherigem Recht ist bereits eine Satzungsbestimmung, daß nur der Eigentümer der Aktien oder die kraft gesetzlicher Befugnis an seine Stelle tretenden Personen stimmberechtigt sind, für zulässig erachtet werden (RG. in LZ. 1920, 568; Ludewig JW. 1928, 1560; Düringer-Hachenburg-Flechtheim Vorb. 7 vor § 222; Staub § 222 Anm. 19, 24). Dadurch wird der Grundsatz der freien Übertragbarkeit der Aktie, der nur für Namensaktien die eine Ausnahme des § 222 Abs. 2 HGB. kennt, nicht verletzt. Die Veräußerung zu vollem eigenen Recht des Erwerbers bleibt zulässig. Auch die Vorschrift des § 252 Abs. 2 HGB., der die Vertretung durch Bevollmächtigte vorsieht, bleibt unberührt. Die Tendenz des AGesetzes, die sich in den Vorschriften der §§ 110, 114 Abs. 4 und 300 gegen die Anonymität des Aktienbesitzes richtet, führt zur Anerkennung der Zulässigkeit satzungsmäßigen Ausschlusses der Legitimationsübertragung auch für das neue Recht. § 61 Abs. 2 steht nicht entgegen. Zu beachten ist auch der Unterschied der Fassung in § 114 Abs 3 u. 4: für die Bevollmächtigung, die in der Satzung nicht ausgeschlossen werden darf (vgl. Anm. 18), heißt es: „Das Stimmrecht kann durch einen Bevollmächtigten ausgeübt werden;" dagegen lautet Abs. 4: „Banken dürfen das Stimmrecht nur ausüben, wenn...". Abs. 4 setzt also voraus, daß das Stimmrecht gegeben ist. Es steht nichts entgegen, es durch Nichtanerkennung der Legitimationsübertragung in der Satzung auszuschließen.

Die Legitimationsübertragung ist **nicht Vollmachtserteilung**. Der Legitimationsaktionär tritt nicht in fremdem Namen, sondern in eigenem Namen auf. Für seine Legitimation in der Hauptversammlung gilt, was für den Aktionär vorgeschrieben ist (Vorlegung der Aktien bzw. Eintragung im Aktienbuch, Hinterlegung im Sperrdepot usw.). Der Vorlegung einer Vollmacht bedarf es daher für den Legitimationsaktionär nicht. Jedoch kann die Satzung, wie sie die Legitimationsübertragung gänzlich ausschließen kann, auch erschwerende Bedingungen (vgl. oben) in der Richtung vorsehen, daß sie für die Teilnahme an der Hauptversammlung und die Ausübung des Stimmrechts durch einen

Legitimationsaktionär die Vorlegung einer schriftlichen Ermächtigung verlangt. Das gilt dann auch gegenüber den Banken, die nach § 114 Abs. 4 — ohne eine weitergehende Satzungsbestimmung — die Ermächtigungsurkunde nicht vorzulegen brauchen.

Anm. 54. **Leitung der AG. durch den Aufsichtsrat.** Nach dem bisherigen Recht konnte die Leitung der AG. durch die Satzung dem AR. übertragen werden. Zahlreiche Satzungen enthielten die Bestimmung, daß der Vorstand den Weisungen des AR. zu folgen hat (vgl. Muster A § 21). Der AR. gab dem Vorstand die Geschäftsordnung, behielt sich für alle wichtigen Maßnahmen der Geschäftsführung die Entscheidung vor und konnte auch mit eigener Initiative den Gang der Geschäfte leiten. Wenn auch nach außen der Vorstand die AG. vertrat, war ihm im Innenverhältnis zur Gesellschaft die Leitung genommen; er war dann nur ausführendes Organ des AR.

Das AGesetz schließt eine derartige Verschiebung der Zuständigkeiten und Verantwortlichkeiten aus. Der AR. ist durch die zwingende Vorschrift des § 95 auf die Überwachung der Geschäftsführung beschränkt; Maßnahmen der Geschäftsführung können ihm nicht übertragen werden (vgl. „Aufsichtsrat"). Entgegenstehende alte Satzungsbestimmungen sind nichtig und daher zu streichen. Die Leitung der AG. liegt dem Vorstand unter eigener Verantwortung ob (§ 70). Er kann nach innen in seiner Geschäftsführungs- und Vertretungsbefugnis nur insoweit beschränkt werden, daß bestimmte Arten von Geschäften nur mit Zustimmung des AR. vorgenommen werden können (§§ 74, 95 Abs. 5). Dies kann sowohl die Satzung vorschreiben wie auch der AR. — ohne Satzungsermächtigung — in Ausübung seines Überwachungsrechts anordnen (vgl. „Vorstand als Leiter der AG.", „Vertretung", „Geschäftsordnung für den Vorstand").

Im übrigen ist der Einfluß des AR. auf die Leitung der AG. nur ein mittelbarer: er hat den Vorstand zu bestellen und abzuberufen (nur noch aus wichtigem Grunde) und die Anstellungsverträge zu schließen (§ 75; vgl. „Bestellung des Vorstands", „Widerruf", „Anstellungsvertrag").

Leitung der AG. durch den Vorstand: siehe „Vorstand als Leiter der AG.".

Anm. 55. **Leitung der Hauptversammlung.** Über die Führung des Vorsitzes in der Hauptversammlung enthält das AGesetz, wie das HGB., abgesehen von § 106 Abs. 4 (HGB § 254 Abs. 3) für den Fall der Einberufung auf Grund der gerichtlichen Ermächtigung einer Aktionärminderheit, keine Bestimmung. Die Satzung kann daher, wie bisher, über die

Person des Vorsitzers Vorschriften geben (vgl. Muster A u. B § 33). Enthält die Satzung keine Bestimmung hierüber, muß die Hauptversammlung den Vorsitzer wählen; dazu ist sie trotz § 103 Abs. 1 befugt (vgl. „Hauptversammlung" Anm. 46); sie kann diese Wahl ohne Ankündigung in der Tagesordnung vornehmen (vgl. „Einberufung der Hauptversammlung").

Die als Vorsitzer der Versammlung am besten geeignete Persönlichkeit ist der Vorsitzer des AR. oder sein Stellvertreter. Sie benennt die Satzung regelmäßig als Leiter der Versammlung. Für den Fall der Behinderung der als Vorsitzer regelmäßig vorgesehenen Personen bestimmt die Satzung vielfach eine Persönlichkeit, die die Versammlung eröffnet und die Wahl des Vorsitzers leitet: entweder den amtierenden Notar oder Richter oder den dem Lebensalter nach ältesten Aktionär (vgl. Muster A u. B § 33 Abs. 1).

Der Vorsitzer hat die Versammlung zu leiten, die in der Tagesordnung angekündigten Gegenstände zur Erörterung zu stellen, die Anträge der Verwaltung oder dritter Antragsteller bekannt zu geben und begründen zu lassen und nach Verhandlung zur Abstimmung zu bringen. Er hat, wenn die Satzung hierüber nichts vorsieht, die Art der Abstimmung anzuordnen und, falls erforderlich, die Stimmzähler zu ernennen (vgl. Muster A u. B § 33 Abs. 3). Er hat das Ergebnis der Abstimmung und die Beschlußfassung festzustellen und die gefaßten Beschlüsse zu verkünden (§ 111).

Entscheidungsbefugnisse stehen im Rahmen der festgelegten Tagesordnung dem Vorsitzer nur zu, soweit sie den Gang der Verhandlung, die Aufrechterhaltung der Ordnung und die Form der Beschlußfassung betreffen. In diesem Rahmen kann die Satzung Richtlinien aufstellen (Muster A u. B § 33). Er kann aber nicht selbständig Gegenstände von der Tagesordnung absetzen oder die Hauptversammlung vertagen; hierzu ist nur die Hauptversammlung selbst befugt. Die Satzung kann hieran nichts ändern. Dagegen gehört zu den Leitungsbefugnissen des Vorsitzers die Anordnung einer Unterbrechung der Verhandlungen. Um Zweifel hinsichtlich der zulässigen Dauer solcher Unterbrechungen auszuschließen (RG. 81, 334), bestimmen einzelne Satzungen, daß der Vorsitzer zur Erledigung der Tagesordnung die Fortsetzung der Versammlung für den nächsten Tag selbständig anordnen kann. Eine „Unterbrechung auf Tage" kann auch die Satzung nicht vorsehen (Staub § 256 Anm. 14); sie käme einer Vertagung gleich, welche für die neue Versammlung ordnungsmäßige erneute Einberufung voraussetzt.

Die Satzungen regeln bisweilen die Leitungsbefugnisse des Vorsitzers und die Art, in der die Leitung der Versammlung durchzuführen ist. Sie verweisen entweder hierfür allgemein auf die „Grundsätze parlamentarischer Verhandlungsart“ oder geben im Einzelnen diese Grundsätze wieder. So finden sich Satzungsbestimmungen über Ausschluß von Versammlungsteilnehmern bei ungebührlichem Verhalten, über die Regelung der Redezeit (Festsetzung einer Höchstdauer durch den Vorsitzenden unter Zustimmung der Versammlung), über die Zulässigkeit eines Antrags auf Schluß der Debatte, über Wortentziehung, über Anträge und Bemerkungen zur Geschäftsordnung, insbesondere über Bestimmung der Reihenfolge der Beratungsgegenstände, über die Reihenfolge der Abstimmungen bei Vorliegen mehrerer Anträge und dgl. mehr. Diese Satzungsbestimmungen sehen teils die alleinige Entscheidungsbefugnis des Vorsitzers, teils eine Anrufung der Generalversammlung gegen seine Entscheidung, teils ein alleiniges Entscheidungsrecht der Generalversammlung in bestimmten Fragen vor. Ihre Gültigkeit wird durch das AGesetz nicht berührt; sie können unverändert bestehen bleiben, soweit sie nicht die Ausübung der Aktionärrechte vereiteln. Maßgebend für die Grenzen, in denen der einzelne Aktionär zur Erörterung der Verhandlungsgegenstände zuzulassen ist, sind die vom RG. in LZ. 1920, 763 aufgestellten Sätze: „Der Leiter der Versammlung muß auf sachgemäße Erledigung bedacht sein und jeden Aktionär gehörig zu Worte kommen lassen. Er muß die Minderheit gegen Vergewaltigung der Mehrheit schützen und umgekehrt dafür sorgen, daß nicht die Minderheit oder ein einzelner Aktionär Obstruktion treibt und eine ordnungsmäßige Erledigung der Geschäfte durch zwecklose Reden unmöglich macht.“ In diesem Rahmen sind Satzungsbestimmungen zulässig. Sie sind aber keinesfalls erforderlich. Ihre Regelung ergibt sich aus der Natur der Dinge: aus den Erfordernissen einer vernünftigen Ordnung der Hauptversammlung. Wenn Klausing (Anm. 78) sagt, daß parlamentarische Gepflogenheiten aus den Generalversammlungen nahezu völlig verschwunden seien, so meint er wohl nicht, daß die Grundsätze parlamentarischer Verhandlungsart abgeschafft seien, sondern daß seit dem Umbruch auch in den Hauptversammlungen der AG. eine Verhandlungsdisziplin beobachtet wird, wie sie in früheren Zeiten bedauerlicherweise häufig zu vermissen war.

Regelmäßig hat in Ermangelung besonderer Satzungsvorschrift die Hauptversammlung auch über die Zulassung zur Teilnahme und zur Abstimmung und über die Vollmachten der Aktionärvertreter zu entscheiden. Vielfach geben die Satzungen dieses Recht dem

Vorsitzer, bisweilen auch dem Vorstand oder dem AR. Derartige Bestimmungen sind gültig, freilich nicht in dem Sinn, daß die Entscheidung endgültig und bindend ist. Ebensowenig wie ein Aktionär oder Bevollmächtigter willkürlich oder irrtümlich zu Unrecht durch die Hauptversammlung von der Teilnahme oder Abstimmung ausgeschlossen oder entgegen der Satzung zugelassen werden kann, kann dies ihr durch die Satzung hierzu berufener Vorsitzer tun. Ein zu Unrecht ausgesprochener Ausschluß oder eine unrechtmäßige Zulassung kann die Anfechtbarkeit der Beschlüsse begründen.

Liquidationseröffnungsbilanz: siehe „Feststellung des Jahresabschlusses".

Mehrheit bei der Beschlußfassung: siehe „Beschlußfassung in der Hauptversammlung".

Mehrstimmrechtsaktien. Von Aktien mit erhöhtem Stimmrecht **Anm. 56.** ist in der bisherigen Praxis vielfältiger Gebrauch gemacht worden. Die Mehrstimmrechte dienten der Stärkung der Verwaltung, dem Schutz gegen ausländische und inländische Überfremdung, der Sicherung der öffentlichen Hand in gemischtwirtschaftlichen Unternehmungen. Insoweit konnten sie gerechtfertigt sein. Sie tragen aber durch die Machtstärke, die sie ihren Inhabern ohne entsprechende Kapitalleistung gewähren, die Gefahr des Mißbrauchs in sich. Hierin liegt der Grund für ihre Bekämpfung. Die Rechtsprechung zog die Grenze durch das „Gebot der guten Sitten" (RG. 107, 68; 119; 104). Das Aktiengesetz verbietet Mehrstimmrechte grundsätzlich (§ 12 Abs. 2). Ausnahmen kann der Reichswirtschaftsminister im Einvernehmen mit dem Reichsminister der Justiz und sonstigen beteiligten Reichsministern zulassen. Dies gibt die Gewähr, daß eine mißbräuchliche Verwendung neugeschaffener Mehrstimmrechte in Zukunft ausgeschlossen wird.

Bestehende Mehrstimmrechtsaktien bleiben gültig (EG. § 9). Die Reichsregierung kann jedoch einen Zeitpunkt bestimmen, in dem sie ihren Vorzug im Stimmrecht verlieren. Die 1. DV. enthält diese Bestimmung noch nicht.

Nach HGB. § 252 Abs. 1 Satz 4 konnte ein erhöhtes Stimmrecht nur Aktien beigelegt werden, die schon ein anderes Merkmal der Verschiedenheit in den Mitgliedschaftsrechten trugen, z. B. einen Vorzug im Dividendenrecht hatten. Diese Vorschrift ist in das AGesetz nicht übernommen. Werden ausnahmsweise Mehrstimmrechtsaktien von den zuständigen Ministern gestattet, so ist ihre Zulassung nicht auf Aktien beschränkt, die schon mit einem Vorrecht ausgestattet sind; auch gewöhnlichen Aktien können jetzt Mehrstimmrechte beigelegt werden.

In diesem Fall wird durch die Gewährung des erhöhten Stimmrechts eine besondere Aktiengattung geschaffen (a. M. Schlegelberger AGesetz § 11 Anm. 2). Denn daß ein Mehrstimmrecht — auch für sich genommen — eine Verschiedenheit der Rechte und zwar der Mitgliedschaftsrechte begründet, erscheint begrifflich unbestreitbar (vgl. „Vorzugsaktien"). Diese Wirkung kann nicht durch den Hinweis aberkannt werden, daß sie dem Mehrstimmrecht nach bisherigem Recht nicht zugekommen sei. Die Frage konnte nach bisherigem Recht überhaupt nicht gestellt werden, weil nach HGB. § 252 Abs. 1 Satz 4 Mehrstimmrechte nur zugleich mit anderen Vorrechten zugelassen waren. Das widerlegt nicht, daß ein erhöhtes Stimmrecht nicht auch ein Vorrecht ist. EG. § 9 spricht ausdrücklich von dem „Vorzug im Stimmrecht".

Die Zulassung von Ausnahmen für Mehrstimmrechte kann von der Erfüllung besonderer Voraussetzungen, die Schutz gegen mißbräuchliche Verwendung geben, abhängig gemacht worden; z. B. kann die Ausgabe der Mehrstimmrechtsaktien als „gebundene Namensaktien" (vgl. Anm. 33) verlangt werden.

In den bisherigen Satzungen findet sich für die Mehrstimmrechte die verschiedenartigste Ausgestaltung: das erhöhte Stimmrecht ist nur für einzelne Gegenstände der Beschlußfassung (z. B. Aufsichtsratswahlen, Kapitalerhöhungen) vorgesehen oder allgemein gewährt oder für einzelne Beschlußfassungen (z. B. Genehmigung des Jahresabschlusses und Entlastung der Verwaltung) ausgenommen. Über die Bedeutung der Mehrstimmrechte in Fällen, in denen Gesetz oder Satzung eine Kapitalmehrheit für Beschlußfassung erfordert, vgl. Anm. 16.

Ungleichheiten im Stimmrecht werden — auch nach Abschaffung der Mehrstimmrechtsaktie — unter der Geltung des AGesetzes fortbestehen oder sich neu ergeben. Verwiesen sei auf § 114 Abs. 1 Satz 3 (vgl. „Aktien mit beschränktem Stimmrecht"), auf § 114 Abs. 2, den Fortfall des Stimmrechts nicht voll eingezahlter Aktien (vgl. „Stimmrecht") und auf § 115 („Vorzugsaktien ohne Stimmrecht").

Mindestnennbetrag: siehe „Nennbetrag der Aktien" und „Kleinaktien".

Namensaktien: siehe „Inhaberaktien und Namensaktien", „Gebundene Namensaktien".

Anm. 57. **Nebenleistungs-Aktiengesellschaft.** Ursprünglich für die Rübenzucker-Aktiengesellschaften, aber wegen seiner allgemeinen Fassung auch für andere Unternehmensarten verwendbar hatte HGB. § 212 Aktiengesellschaften zugelassen, in denen die Aktionäre nicht nur zur

Leistung der Kapitaleinlage verpflichtet, sondern ihnen daneben wiederkehrende, nicht in Geld bestehende Leistungen auferlegt sind. Bei der Rübenzucker-AG. handelt es sich um die Verpflichtung zur Bebauung bestimmter Flächen mit Zuckerrüben und zur Ablieferung bestimmter Mengen Rüben pro Hektar. Von dieser Form der sog. Leistungs-AG. ist noch zur gemeinschaftlichen Verarbeitung und Verwertung anderer landwirtschaftlicher Erzeugnisse, für Molkereien und Brennereien Gebrauch gemacht worden (Düringer-Hachenburg-Flechtheim § 212 Anm. 2). — Die Zulassung dieser besonderen Form war an die Voraussetzung geknüpft, daß die Übertragung der Aktien an die Zustimmung der Gesellschaft gebunden wurde. Da diese Bindung nur bei Namensaktien möglich war (§ 222 Abs. 2 HGB.), mußten die Aktien der Nebenleistungsgesellschaften, soweit von ihren Inhabern die Nebenleistungen zu erbringen waren, Namensaktien sein.

Der bisherigen Regelung entspricht § 50 des AGesetzes vollinhaltlich. Voraussetzung ist die Schaffung gebundener Namensaktien (vgl. Anm. 33). Die Gesellschaft muß über die Person neuer Mitglieder, da es sich um die Erbringung von Leistungen an die AG. handelt, frei entscheiden können. Eine Einschränkung dieser Entscheidungsbefugnis ist in der Satzung nur insoweit zugelassen, als bestimmt werden kann, daß die Zustimmung zur Übertragung der Aktien nur aus wichtigen Gründen verweigert werden darf (§ 61 Abs. 3). Die Gesellschaft kann die Erteilung der Zustimmung von einer Sicherheitsleistung abhängig machen. Die Satzung kann dies aber nicht allgemein vorschreiben.

In der Satzung können für den Fall, daß die Nebenleistungsverpflichtungen nicht oder nicht gehörig erfüllt werden, Vertragsstrafen festgesetzt werden (§ 50 Abs. 2 in Übereinst. mit HGB. § 212 Abs. 2). Diese Vorschrift ist das Gegenstück zu § 57 Abs. 3 (HGB. § 218 Abs. 2) für die Leistung der Kapitaleinlagen (vgl. „Einforderung der Einzahlungen"). Auch hier kann die Verlusterklärung als Vertragsstrafe (§ 58) nicht in Betracht kommen. Dagegen kann auch hier die Satzung bei Verzug Sicherheitsleistung vorsehen. Es kann auch die Einziehung der Aktien im Falle des Verzugs gemäß § 192 vorgesehen werden.

Für die Nebenleistungen ist regelmäßig von der AG. eine Vergütung an die Aktionäre zu zahlen. Sie darf, wie § 55 in Übereinstimmung mit § 216 HGB. bestimmt, den Wert der Leistungen nicht übersteigen. Eine diese Vorschrift nicht beachtende Satzungsbestimmung wäre nichtig. Die Satzungen enthalten meist eine Regelung über die Festsetzung der Vergütung, sei es daß sie Höchst- oder Mindestgrenzen vorschreiben oder eine feste Vergütung vorsehen. Dabei ist der Vorbehalt, daß der Marktpreis nicht überschritten werden darf, erforderlich (RG. 48, 102). Vielfach wird auch die Bestimmung der Vergütung dem Vorstand oder AR. übertragen (im einzelnen vgl. Düringer-Hachenburg-Flechtheim § 212 Anm. 7).

Eine Umgestaltung der die Nebenleistungen betreffenden Vorschriften alter Satzungen wird mit Rücksicht auf das AGesetz nicht erforderlich sein. Für etwaige Änderungen wäre § 147 (bisher HGB. § 276) zu beachten: Nebenverpflichtungen nach der Art des § 50 können nur mit Zustimmung aller betroffenen Aktionäre auferlegt werden. Die Zustimmung ist Erfordernis für die Wirksamkeit des Beschlusses. Das gilt nicht nur für die Begründung der Nebenverpflichtungen, sondern auch für ihre Erweiterung. Nur mit Zustimmung der Betroffenen kann daher eine Auferlegung größerer Nebenleistungen, eine Erhöhung der Vertragsstrafen, eine Kürzung des Entgelts oder eine Erschwerung in der Übertragbarkeit der Aktien durch Aufhebung der Satzungsbestimmung, daß die Zustimmung zur Übertragung nur aus wichtigen Gründen versagt werden darf, beschlossen werden.

Die Nebenleistungsaktien sind, wenn die AG. neben ihnen auch Aktien ohne Nebenverpflichtungen hat, eine besondere Gattung im Sinne des § 11. Mit ihnen ist in den gesetzlich vorgesehenen Fällen gesondert abzustimmen.

Nebenverpflichtungen: siehe Nebenleistungs-AG.

Anm. 58. **Nennbetrag der Aktien.** Das AGesetz hat in seinen §§ 1, 6 und 8 die bisherige Regelung des HGB. beibehalten, nach der jede Aktie auf einen durch einen festen Nennbetrag bestimmten Teil des Grundkapitals lauten muß. Die sog. „Quotenaktie" ist abgelehnt. Die Summe der Nennbeträge aller Aktien macht das Grundkapital aus.

Der Nennbetrag ist vom Gesetz nur als Mindestgröße und in seiner Teilbarkeit festgelegt. Der Mindestnennbetrag ist 1000 RM. Höhere Nennbeträge sollen auf volle 500 RM. lauten (§ 8 Abs. 1).

Die Aktien einer AG. können über verschiedene Nennbeträge lauten (Muster A u. B § 3). Besondere Aktiengattungen (§ 11) werden dadurch nicht geschaffen. Das Stimmrecht und die vermögensrechtlichen Ansprüche aus den Aktien richten sich grundsätzlich nach dem Verhältnis ihrer Nennbeträge.

Aktien, die bei Inkrafttreten des AGesetzes über in § 8 nicht vorgesehene Nennbeträge lauten, bleiben aufrechterhalten. EG. § 3 Abs. 3 ermächtigt jedoch den Reichsjustizminister im Einvernehmen mit dem Reichswirtschaftsminister Bestimmungen über den Umtausch derartiger Aktien zu treffen. Solche Bestimmungen liegen in der ersten Durchf.VO.

vom 29. 9. 1937 Art. I „Umtausch von Kleinaktien" vor. Hiernach sind Aktien und Zwischenscheine, die nicht auf volle 100 RM. oder ein Vielfaches von 100 RM. lauten, umzutauschen (§ 1). Es verschwinden alle Aktien unter 100 RM., insbesondere die noch zahlreichen Kleinaktien über 20 RM. Für den Umtausch ist § 179 AGesetz sinngemäß für anwendbar erklärt: Die Gesellschaft hat die Aktionäre zur Einreichung der Aktien zwecks Umtausches in den Gesellschaftsblättern aufzufordern. Dabei ist eine Frist zur Einreichung zu bestimmen und die Kraftloserklärung der Aktien für den Fall der Fristversäumnis anzudrohen. Die Frist soll sich nicht über den 31. 12. 1940 hinaus erstrecken (§ 3 der 1. DV.). An Stelle der umzutauschenden Aktien sind 100-RM.-Aktien auszugeben (§ 2 Satz 1 der 1. DV.). Auch Aktien über ein Vielfaches von 100 RM. können ausgegeben werden. Den Nennbetrag dieser Aktien soll die Gesellschaft in der Aufforderung zur Einreichung bekanntgeben. Die Ausgabe dieser Aktien erfolgt nur auf Verlangen des Aktionärs (§ 2 Abs. 1 der 1. DV.). Hiernach haben die Kleinaktionäre Anspruch auf Auslieferung von 100-RM.-Aktien und auf solche über ein Vielfaches von 100 RM. lautende Stücke, deren Ausgabe die Gesellschaft bekanntgegeben hat.

Aktien, die nicht zum Umtausch fristgemäß eingereicht werden, werden für kraftlos erklärt. Das Gleiche gilt für Aktien, die die zum Ersatz durch neue Aktien erforderliche Zahl nicht erreichen und der Gesellschaft nicht zur Verwertung für Rechnung der Beteiligten zur Verfügung gestellt sind (§ 179 Abs. 1).

Durch Art. I der 1. DV. wird auch die Bestimmung des EG. § 3 Abs. 1 wesentlich eingeschränkt. Sie verbietet die Ausgabe von Aktien, deren Nennbetrag der Vorschrift des § 8 (1000 RM. oder bei höherem Nennbetrag Teilbarkeit durch 500) nicht entspricht. Dieses Verbot trifft nicht nur die Neuschaffung von Anteilsrechten mit nicht mehr zugelassenen Nennbeträgen, sondern auch die Ausgabe der Aktienurkunden für bestehende, aber bisher nicht verbriefte Anteilsrechte wie auch den Umtausch von Zwischenscheinen in Aktien oder von Inhaber- in Namensaktien und umgekehrt, wenn die Anteilsrechte über Nennbeträge, die nach § 8 unstatthaft sind, lauten (Schlegelberger AGesetz § 8 Anm. 3, 4; EG. § 3 Anm. 1, 2.). Ausnahmen von diesem Verbot können die zuständigen Reichsminister gemäß § 8 Abs. 2 zulassen. Da es für den Umtausch von Kleinaktien, der in Art. I der 1. DV. zugelassen ist, nicht der ministeriellen Genehmigung nach § 8 Abs. 2 des AGesetzes bedarf (§ 2 Abs. 2 der 1. DV.), wird man annehmen müssen, daß auch die Ausgabe von bisher nicht verbrieften Aktien über 100 RM.

oder der Umtausch von Zwischenscheinen über 100 RM. in Aktien gleichen Nennbetrages wie auch der Umtausch von Namens- in Inhaberaktien über 100 RM. ohne ministerielle Genehmigung erfolgen kann.

Das Ergebnis ist: Die bestehenden 100-RM.-Aktien sind aufrechterhalten. Das Gleiche gilt für Aktien, die auf ein Vielfaches von 100 RM. lauten.

In Zukunft aber können nur Aktien über 1000 RM. oder ein Vielfaches von 500 RM. geschaffen werden. Kleinaktien unter 1000 RM. können in Zukunft nur ausnahmsweise mit ministerieller Genehmigung ausgegeben werden (vgl. Anm. 50).

Durch den Umtausch der Aktien werden die in der Satzung vorgesehene Einteilung des Grundkapitals und die Nennbeträge der Aktien geändert. Diese Satzungsänderung kann nach § 5 der 1. DV. der Aufsichtsrat beschließen, auch wenn die Satzung nicht seine Zuständigkeit für nur die Fassung betreffende Änderungen vorsieht (vgl. „Satzungsänderungen").

Nichtigkeit einer Satzungsbestimmung: siehe „Gegenstand des Unternehmens", „Grundkapital", „Sitz", „Zusammensetzung des Vorstands".

Niederlegung des Aufsichtsratsamts: siehe „Erlöschen".

Oberstes Willensorgan: siehe „Hauptversammlung".

Öffentlichkeit der Hauptversammlung: siehe „Teilnahmerecht anderer Personen".

Anm. 59. **Ordentliche Hauptversammlung.** Unter „ordentlicher" Generalsammlung verstanden die Satzungen die nach dem Gesetz alljährlich abzuhaltende Versammlung der Aktionäre, die über den Jahresabschluß, die Gewinnverteilung und die Entlastung des Vorstandes und des AR. zu beschließen hatte (§ 260 HGB.). Seit der Aktiennovelle 1931 wurde auch die Wahl der Abschlußprüfer zu der notwendigen Tagesordnung der ordentlichen Generalversammlung gerechnet (vgl. Muster A § 36).

Das AGesetz benutzt ebensowenig wie das HGB den Begriff der „ordentlichen" Hauptversammlung. Seine Verwendung bleibt aber mit Rücksicht darauf berechtigt, daß auch das AGesetz zwingend die Abhaltung einer jährlichen Hauptversammlung zu dem Zwecke der Beschlußfassung über die Gewinnverteilung, über die Entlastung der Verwaltung und über die Wahl der Abschlußprüfer vorschreibt (§§ 126, 104, 136). Wird der Jahresabschluß nicht vom Vorstand unter Billigung des AR. festgestellt, so muß in dem betreffenden Geschäftsjahr die Hauptversammlung auch zur Feststellung des Jahresabschlusses einberufen werden. Da nach § 104 Abs. 2 die Verhandlung über die Entlastung mit der Verhandlung über die Gewinnverteilung verbunden werden soll, die letztere aber nur auf Grund des festgestellten Jahresabschlusses beschlossen werden kann, auch der Entlastung notwendig die Rechnungslegung der Verwaltung vorausgehen muß, so ergibt sich als Tagesordnung der „ordentlichen Hauptversammlung", wie nach bisherigem Recht: 1. Vorlegung des Jahresabschlusses und Geschäftsberichts mit dem Bericht des Aufsichtsrats, 2. Feststellung des Jahresabschlusses, falls Vorstand und AR. sich für die Feststellung durch die Hauptversammlung entscheiden oder der vom Vorstand aufgestellte Jahresabschluß die Billigung des AR. nicht gefunden hat, 3. Beschlußfassung über die Gewinnverteilung, 4. Entlastung des Vorstands und des AR., 5. Wahl der Abschlußprüfer (vgl. Muster B § 36).

Der Zeitpunkt der ordentlichen Hauptversammlung liegt in den ersten fünf Monaten des Geschäftsjahrs (§ 125 Abs. 5, § 126, § 104). Diese Frist kann durch die Satzung auf sieben Monate erstreckt werden. § 22 der 1. DV. hat für die Geschäftsjahre, die vor dem 1. 1. 1939 endigen, die Fünfmonatsfrist durch die Siebenmonatsfrist ersetzt, ohne daß es einer Satzungsänderung bedarf.

Der Begriff der „außerordentlichen Hauptversammlung" wird in § 108 Abs. 3 verwendet (HGB. § 256 Abs. 3).

Präsidium des Vorstands: siehe „Geschäftsordnung des Vorstands", „Vorsitzer des Vorstands".

Prokurist. § 71 sieht entsprechend dem bisherigen Recht für die **Anm. 60.** gesetzliche Vertretung der AG. auch die Mitwirkung von Prokuristen vor. Die Satzung oder auf Grund einer Ermächtigung der Satzung auch der AR. können bestimmen, daß ein Vorstandsmitglied auch in Gemeinschaft mit einem Prokuristen zur Vertretung der AG. befugt sein soll. Auch der Umfang dieser Gesamtvertretungsmacht entspricht dem bisherigen Recht: Da nach § 74 Abs. 2 jede Beschränkung der Vertretungsbefugnis des Vorstands unwirksam ist, kann die Gesamtvertretung eines Vorstandsmitglieds und eines Prokuristen nicht dazu führen, die Vertretungsbefugnis des Vorstandmitgliedes auf den Umfang einer Prokura zu beschränken, also die Veräußerung und Belastung von Grundstücken auszunehmen (HGB. § 49 Abs. 2; RG. 134, 305); vielmehr erweitert sich der Umfang der Prokura auch auf die Befugnis zur Vornahme dieser Rechtsgeschäfte.

Unzulässig ist die Anordnung der Gesamtvertretung mit einem Prokuristen, wenn der Vorstand nur aus einer Person besteht (§ 72 Abs. 3); unzulässig wäre auch die Bestimmung, daß jedes Mitglied eines mehrgliedrigen Vorstands immer nur gemeinsam mit einem Prokuristen vertretungsberechtigt ist (RG. 44, 126).

In den Satzungen befindet sich vielfach bei der Regelung der gesetzlichen Vertretung die Bestimmung, daß die Gesellschaft auch durch zwei Prokuristen gemeinschaftlich vertreten wird (vgl. Muster A § 20). Hierbei kann es sich niemals um die gesetzliche Vertretung handeln, da sie erschöpfend in § 232 HGB. geregelt ist und die Mitwirkung mindestens eines Vorstandsmitglieds voraussetzt; es handelt sich vielmehr um die rechtsgeschäftliche Vertretung. Die Bestimmung hat lediglich die Bedeutung, daß Prokuristen durch den Vorstand nur als Gesamtvertreter bestellt werden dürfen, Einzelvertretung durch Prokuristen ausgeschlossen ist. Die Satzungsbestimmung war nicht eintragungsfähig im Sinne einer Beschränkung der gesetzlichen Vertretung der Gesellschaft (Spalte 7 des Handelsregisters); nur bei der jeweiligen Eintragung einer Prokura war ihre Beschränkung auf die Gesamtvertretung zu vermerken, wenn der Vorstand dies bei der Bestellung des Prokuristen und der Anmeldung berücksichtigte. Die Satzungsbestimmung bedeutete also nur eine interne Beschränkung des Vorstands für Prokurabestellungen, ebenso wie die bisherige Bestimmung des § 238 HGB., daß der Vorstand zur Prokurenbestellung der Zustimmung des AR. bedarf.

Nach dem AGesetz ist die Aufnahme einer Bestimmung, daß die Gesellschaft auch durch zwei Prokuristen gemeinschaftlich vertreten wird, oder die Vorschrift, daß der Vorstand eine Prokura nur als Gesamtprokura (§ 48 Abs. 2 HGB.) bestellen kann, unzulässig. Die Prokurenbestellung ist eine Maßnahme der Geschäftsführung, die ausschließlich dem Vorstand obliegt. Er entscheidet allein, ob die Prokura als Einzel- oder Gesamtprokura zu erteilen ist. Die Satzung kann ihn — wegen der strengen Scheidung der zwingend im Gesetz begründeten Zuständigkeiten — hierin nicht beschränken, soweit nicht ausdrücklich das Gesetz Ausnahmen zuläßt. Eine solche Ausnahme wäre nur durch die Bestimmung gegeben, daß der Vorstand für die Erteilung einer Prokura der Zustimmung des AR. bedarf. Diese Ausnahme ist, wenn die Satzung sie nicht bereits vorsieht, neu in die Satzung aufzunehmen, da das AGesetz die Vorschrift des § 238 HGB. nicht übernommen hat, die Zustimmung des AR. zu Prokurenerteilungen also nicht mehr kraft Gesetzes vorgeschrieben ist.

Protokoll der Hauptversammlung: siehe „Verhandlungsniederschrift".

Prüfung des Jahresabschlusses: siehe „Abschlußprüfung".

Rechte der Aktionäre. Die Rechte, die die Aktie gewährt, sind, wie nach bisherigem Recht, vermögensrechtliche Ansprüche und gesellschaftliche Rechte (Verwaltungs- oder Herrschaftsrechte). Die ersteren sind das Recht auf Dividende (Anm. 43) und Anteil am Liquidationserlös (§§ 52, 53 und 212); die letzteren sind die Mitverwaltungsrechte, durch welche die Aktionäre im Rahmen des Gesetzes und der Satzung auf die Geschicke der AG. Einfluß ausüben, sei es in der Hauptversammlung in Form der Beschlußfassung der Aktionäre (§§ 102, 114; Ausübung des Stimmrechts) oder als Minderheit (§ 122: Geltendmachung von Ersatzansprüchen) oder als einzelner (§ 112: Auskunftsrecht), sei es außerhalb der Hauptversammlung als Minderheit (§ 118: Bestellung von Sonderprüfern; § 106: Einberufung der Hauptversammlung) oder als einzelner (§ 109: Recht auf Sondereinladung zu jeder Hauptversammlung; §§ 198, 201 Anfechtungsrecht). Vergl. über die Möglichkeit der Ausgestaltung dieser Rechte in der Satzung die Erläuterungen zu den einzelnen Rechten. Anm. 61.

Reservefonds: siehe „Rücklagen".

Ressortverteilung: siehe „Geschäftsordnung des Vorstandes".

Rücklagen. Während die Aktiennovelle 1931 noch die Bezeichnung „Reservefonds" aufrechterhielt (HGB. § 261a B II), führt das Aktien-Gesetz den im Steuerrecht längst üblichen Begriff „Rücklagen" ein. Es unterscheidet — entsprechend dem bisherigen Recht — die „gesetzliche Rücklage" und „andere Rücklagen (freie Rücklagen)"; vergl. § 131 B II. Anm. 62.

Die *gesetzliche Rücklage* ist gemäß § 130, wie nach bisherigem Recht, zu bilden; hinzu kommt das Agio, das durch Ausgabe von Wandelschuldverschreibungen erzielt wird (§ 130; HGB. § 262). Aus dem jährlichen Reingewinn sind, wie bisher, mindestens 5% in die gesetzliche Rücklage einzusetzen, solange bis sie den zehnten Teil oder den in der Satzung bestimmten höheren Teil des Grundkapitals erreicht. Die *Satzung* kann hiernach einen höheren Hundertsatz für die Zuteilung aus dem Reingewinn und einen höheren Teil des Grundkapitals für den Gesamtbetrag der gesetzlichen Rücklage vorsehen. Die bisherigen Satzungsbestimmungen hierüber bleiben gültig. Das gilt auch für solche Vorschriften, die über die zwingend angeordneten Zuweisungen des Gesetzes hinaus die Einstellung noch weiterer Beträge in die gesetzliche Rücklage vorsehen, z. B. des aus der Verwertung kaduzierter Aktien erzielten Überschusses (§ 58), der auf verspätete Einzahlungen zu leistenden Zinsen und Vertragsstrafen (§ 57 Abs. 2 u. 3) oder des Gewinns aus verfallenen Gewinnanteilscheinen (Muster B § 42).

Über die Verwendung des gesetzlichen Reservefonds schrieb HGB. § 262 vor, daß er zur Deckung eines aus der Bilanz sich ergebenden Verlustes dient. Hiernach muß der Verlust in der Bilanz ausgewiesen werden. Demgegenüber bestimmt § 130 Abs. 3 lediglich, daß „die gesetzliche Rücklage nur zum Ausgleich von Wertminderungen und zur Deckung von sonstigen Verlusten verwandt werden darf". Hiernach kann die Abbuchung von der gesetzlichen Rücklage ohne Ausweis des Verlustes erfolgen. — Die Satzung kann vorsehen, daß vor Inanspruchnahme der gesetzlichen Rücklage ein Verlust durch andere (freie) Rücklagen zu decken ist. Auch ohne solche Satzungsbestimmung wären die den Jahresabschluß feststellenden Organe befugt, die gesetzliche Rücklage unversehrt zu lassen und zunächst andere Rücklagen zur Verlustdeckung zu verwenden (so RG. 145, 336) oder den Verlust auf neue Rechnung vorzutragen (a. M. RG. 145, 336 für das bisherige Recht; vergl. Trumpler S. 125). Die Satzung kann hierüber aber Vorschriften geben: sie kann die Reihenfolge für die Inanspruchnahme der Rücklagen zur Verlustdeckung bestimmen; sie kann einen Verlustvortrag, solange Rücklagen zur Verlustdeckung zur Verfügung stehen, verbieten; sie kann die Entscheidung hierüber dem den Jahresabschluß feststellenden Organ überlassen. Über die Rechtsfolgen einer Verletzung derartiger Satzungsbestimmungen, je nachdem der Vorstand oder die Hauptversammlung den Jahresabschluß feststellt, vergl. „Feststellung des Jahresabschlusses".

„Andere Rücklagen" kann die Satzung für die verschiedensten Zwecke, wie nach bisherigem Recht, vorsehen. So erwähnten die bisherigen Satzungen Dividendenergänzungsfonds zur Gewährung gleichmäßiger Dividenden, Fonds „für Überdividenden", Sparfonds zur Verstärkung der Rücklagen für unvorhergesehene Fälle, Erneuerungsfonds für Ersatzbeschaffung von Anlagen, Dispositionsfonds für Grunderwerb, Neuanschaffungen und Neueinrichtungen, Unterstützungsfonds, Pensionsfonds, Amortisationsfonds für Schuldverschreibungen u. dergl. mehr (vgl. Muster A u. B § 42). Derartige freiwillige Rücklagen können die Satzungen auch weiterhin vorschreiben. Die Notwendigkeit von Abänderungen der Satzung wird sich hier nur aus der neuen zwingenden Zuständigkeitsabgrenzung des AGesetzes ergeben; vergl. hierzu „Feststellung des Jahresabschlusses" und „Gewinnverteilung".

Anm. 63. **Ruhen des Dividendenanspruchs:** Entsprechend HGB. § 226 Abs. 5 (eingeführt von der Aktiennovelle 1931) sieht § 65 Abs. 7 vor, daß der Gesellschaft aus eigenen Aktien das Dividendenrecht nicht zusteht, und daß das Gleiche für Aktien gilt, die ein anderer für Rechnung der AG. erworben hat; § 51 Abs. 1 letzter Satz dehnt dies auch auf die Aktien aus, die ein anderer für Rechnung der AG. oder eines abhängigen Unternehmens übernimmt. Die Satzungen enthalten vielfach noch Bestimmungen aus der Zeit vor der Aktiennovelle 1931, als die in § 226 Abs. 5 geregelte Frage noch offen stand; sie sehen vor, daß das Recht auf Dividende ruht, solange Aktien sich im Besitz der Gesellschaft befinden oder „zu ihrer Verfügung stehen". Mit Bezug auf Interessengemeinschaftsverträge mit Gewinnverrechnung wurde bestimmt, daß das Recht auf Dividende während der Dauer des JG.-Vertrages ruht, solange sich die Aktien im Eigentum einer zur JG. gehörenden Gesellschaft befinden.

Derartige Satzungsbestimmungen sind mit Rücksicht auf die erschöpfende Regelung der §§ 51 und 65 überflüssig geworden.

Sacheinlagen, Sachübernahmen: siehe über die Streichung der betr. Satzungsbestimmungen Einleitung S. 8.

Satzung im Verhältnis zum Gesetz: siehe Einleitung S. 7.

Satzungsänderungen. Nach § 145 bedarf jede Änderung der Satzung eines Beschlusses der Hauptversammlung. Die Satzung kann hieran nichts ändern, insbesondere nicht weitergehende Erfordernisse aufstellen, wie z. B. die Zustimmung des AR. oder einer Aufsichtsbehörde vorschreiben. Letzteres könnte nur gesetzlich angeordnet werden. Über die für Satzungsänderungen erforderliche Mehrheit vgl. Anm. 16. **Anm. 64.**

Eine Ausnahme läßt § 145 Abs. 1 Satz 2 — in Übereinstimmung mit HGB. § 274 — zu: Die Befugnis zu Änderungen, die nur die Fassung der Satzung betreffen, kann durch die Hauptversammlung dem AR. übertragen werden. Diese Übertragung kann allgemein durch die Satzung (vgl. Muster B § 38; a. M. Brodmann § 274 Anm. 2a) oder für einzelne Fälle durch besonderen Beschluß der Hauptversammlung erfolgen. Beide Arten der Beschlußfassungen, sowohl der satzungsändernde Beschluß, daß der AR. allgemein zu derartigen Satzungsänderungen ermächtigt ist, wie auch der Beschluß, der in einem besonderen Fall dem AR. die Befugnis überträgt (Brodmann § 274 Anm. 2b), bedürfen der für Satzungsänderungen vorgeschriebenen Mehrheit. Der AR.beschluß aber, durch den die Fassung der Satzung geändert wird, wird mit der in der Satzung für Beschlußfassungen des AR. vorgesehenen Mehrheit, in Ermangelung einer Satzungsbestimmung mit einfacher Stimmenmehrheit gefaßt (vgl. Anm. 38). Notarische Beurkundung ist nicht erforderlich (vgl. Anm. 72 zu b). Über die Inanspruchnahme der satzungsmäßigen Ermächtigung des AR. für die Umgestaltung der Satzung, die durch das neue AktGesetz erforderlich wird, vgl. Einl. S. 14f.

Bestimmungen der Satzung, nach denen der Vorsitzer des AR. oder zwei AR.mitglieder oder der Vorstand unter Zustimmung des AR. ermächtigt werden, Änderungen in der Fassung zu beschließen, sind ungültig. Sie sind dahin abzuändern, daß die Befugnis dem AR. als solchem zusteht (vgl. Muster A § 38).

Gültig ist die vielfach übliche einschränkende Vorschrift, daß der AR. Änderungen und Ergänzungen, die der Handelsregisterrichter verlangt, beschließen kann, falls sie nur die Fassung betreffen. Ungültig sind derartige Bestimmungen, wenn sie die Beschränkung auf Änderung der Fassung nicht enthalten. Der AR. kann sachliche Mängel eines satzungsändernden Beschlusses oder sonstiger Beschlüsse der Hauptversammlung durch seine berichtigende oder ergänzende Beschlußfassung abzustellen nicht ermächtigt werden.

Einzelne Satzungen enthalten die Bestimmung, daß der AR. befugt ist, Änderungen der Satzung, die durch eine Änderung des Gesetzes bedingt sind, zu beschließen. Auch eine derartige Bestimmung ist nur insoweit gültig, als es sich um Änderungen der Fassung handelt (vgl. hierüber Einl. S. 14 f.).

§ 5 der 1. DV. bestimmt, daß die Änderung in der Einteilung des Grundkapitals, die durch den Umtausch von Kleinaktien eintritt, vom AR. beschlossen werden kann. Diese nur die Fassung der Satzung betreffende Änderung kann gemäß § 5 vom AR. beschlossen werden, auch wenn die Satzung ihm nicht allgemein die Befugnis zu solchen Satzungsänderungen überträgt.

Für die Ankündigung von Satzungsänderungen gilt die besondere Vorschrift des § 145 Abs. 2; sie muß den wesentlichen Inhalt der beabsichtigten Änderung wiedergeben (vergl. Einleitung S. 16). Die Satzung kann eine Erleichterung dieses Erfordernisses nicht vorsehen.

Einen Ausschluß für Satzungsänderungen kann die Satzung nicht vorschreiben; sie kann sie lediglich erschweren, indem sie, wie das Gesetz sagt, größere Mehrheiten verlangt und noch andere Erfordernisse für die Beschlußfassung aufstellt. Einstimmig können alle Aktionäre stets jede Satzungsänderung beschließen und auch einen etwa in der Satzung vorgesehenen Ausschluß von Satzungsänderungen aufheben (RG. 77, 255).

Schriftliche Stimmabgabe: siehe „Geschäftsordnung des AR."

Sicherheitsleistung für Einzahlungen: siehe „Einforderung von Einzahlungen".

Anm. 65. **Sitz.** In Anwendung des § 24 BGB. war es nach dem bisherigen Recht zulässig, einen beliebigen Ort als Sitz der AG. zu bestimmen, gleichgültig, ob sich an diesem Ort ein Betrieb der AG. befand oder an ihm die Verwaltung geführt wurde. § 5 schließt dies für den Regelfall aus und sieht als Sitz der AG. entweder einen Ort, an dem die Gesellschaft einen Betrieb hat, oder den Ort, wo sich die Geschäftsleitung befindet oder die Verwaltung geführt wird, vor. Da diese Bestimmung nur „in der Regel" gilt, kann der Registerrichter Ausnahmen zulassen, also auch einen beliebigen anderen Ort als Sitz der AG. hinnehmen, wenn ihm wichtige Gründe für eine Abweichung glaubhaft gemacht werden.

Hat eine AG. einen satzungsmäßigen Sitz, der nicht gleichzeitig Sitz eines Betriebes oder Verwaltungssitz ist, so ist die Satzung zu ändern. Der Sitz der AG. muß an einen in § 5 zugelassenen Ort verlegt werden. Das EG. z. AGesetz enthält keine Bestimmung, die die bisherige Regelung aufrechterhält. Der Registerrichter kann aber ausnahmsweise den alten Sitz der AG. anerkennen.

Unterbleibt die Satzungsänderung, ohne daß der Registerrichter eine Ausnahme zuläßt, so ist die Bestimmung über den Sitz der Gesellschaft nachträglich nichtig geworden. Die Klage auf Nichtigerklärung der AG. ist gemäß § 216 gegeben.

Die Bestimmung über den Sitz der Gesellschaft gehört zu den nach § 16 Abs. 3 wesentlichen Bestandteilen der Satzung (wie nach HGB. § 182).

Sperrdepot: siehe „Teilnahmerecht und Stimmrecht".

Stille Rücklagen. Nach der amtl. Begründung (vergl. dort unter „Jahresabschluß") sieht das AktG. die Bildung stiller Rücklagen als zulässig an. Sie kann durch Unterbewertung von Aktivposten, durch Ansatz zu hoher Wertberichtigungen und durch Vornahme zu hoher Rückstellungen, nicht aber durch Überbewertung von Verbindlichkeiten (§ 131 Abs. 5 Satz 2) erfolgen. Das Maß der stillen Rücklagen ist durch die Erwägung bestimmt, „das Unternehmen für die Zukunft widerstandsfähig zu erhalten und gegen zu erwartende Gefahren zu stärken" (RG. 116, 129). Verboten bleiben willkürliche Unterbewertungen. Der vom Vorstand festgestellte Jahresabschluß ist aber wegen Bildung unzulässiger stiller Rücklagen weder anfechtbar noch nichtig (vgl. „Feststellung des Jahresabschlusses" und „Gewinnverteilung"). Für den von der Hauptversammlung festgestellten Jahresabschluß entfällt die Anfechtbarkeit wegen unzulässiger stiller Rücklagen nur, wenn nach der Satzung „der Reingewinn zur Verfügung der Hauptversammlung steht". **Anm. 66.**

Die Satzungen können stille Rücklagen verbieten. Sie können aber nicht bestimmen, daß Unterbewertungen der Zustimmung der Hauptversammlung oder des AR. unterliegen (vergl. „Bilanzansätze").

Stimmabgabe im Aufsichtsrat: siehe „Geschäftsordnung des AR."

Anm. 67. **Stimmrecht des Aktionärs.** Das Mittel des Aktionärs, sein durch die Aktie verkörpertes Herrschaftsrecht zur Geltung zu bringen, ist die Ausübung des Stimmrechts in der Hauptversammlung (§ 102, §114). Jede Aktie gewährt das Stimmrecht (§ 114 Abs. 1); eine Ausnahme stellen die im AGesetz neu zugelassenen „Vorzugsaktien ohne Stimmrecht" (§§ 115ff.) dar (vgl. Anm. 68), sowie nach der neuen Bestimmung des § 114 Abs. 2 die nicht voll eingezahlten Aktien (vgl. unten). Wem das Stimmrecht in Fällen fremder Verwaltungsbefugnisse oder des Fremdbesitzes (Testamentsvollstreckung, Nießbrauch, Pfandrecht u. dgl.) zusteht, darüber entscheidet das bürgerliche Recht. Die Satzung kann hierfür vom materiellen Recht abweichende Bestimmungen nicht treffen.

Grundsätzlich entspricht das Stimmrecht der Kapitalbeteiligung: es wird nach Aktiennennbeträgen ausgeübt (§ 114 Abs. 1 Satz 2). Von diesem Grundsatz läßt das AGesetz, wie schon das HGB., Ausnahmen zu in den Mehrstimmrechtsaktien (vgl. Anm. 56) und den Aktien mit beschränktem Stimmrecht (vgl. Anm 3); eine besondere Regelung stellen die neuen Bestimmungen über das Stimmrecht nicht volleingezahlter Aktien dar:

Während das HGB. auch nicht volleingezahlten Aktien das volle Stimmrecht nach dem Aktiennennbetrag gewährte (RG. 119, 386) und nur für die Gewinnbeteiligung eine Berücksichtigung der unvollständigen Leistung der Einlagen vorsah (§ 214), bestimmt das AGesetz, daß grundsätzlich das Stimmrecht erst mit der vollständigen Leistung der Einlage beginnt (§114 Abs. 2). Solange jedoch auf keine Aktie die volle Einlage geleistet ist, sieht Abs. 2 Satz 4, damit überhaupt Beschlüsse der Hauptversammlung durch Abstimmung gefaßt werden können, vor, daß sich das Stimmrecht nach der Höhe der Einlage richtet und dabei die gesetzliche Mindesteinlage (25% des Nennbetrages) eine Stimme gewährt. Die Satzung kann in bestimmten Grenzen eine andere Regelung vorsehen. Sie kann zwar nicht vorschreiben, daß schon vor Volleinzahlung das Stimmrecht nach dem vollen Nennbetrag der Aktie besteht, wohl aber bestimmen, daß das Stimmrecht bereits mit der Leistung der gesetzlich oder satzungsmäßigen Mindesteinlage gegeben ist. In diesem Falle gewährt die Leistung der Mindesteinlage eine Stimme; bei höheren Einlagen richtet sich das Stimmenverhältnis nach der Höhe der geleisteten Einlagen (Satz 3). Der Umfang des Stimmrechts muß der Höhe der Einlage, die Stimmenmacht der Kapitalleistung entsprechen. Die Satzung kann hiervon abweichende Bestimmungen, wenn sie das Stimmrecht vor vollständiger Leistung der Einlagen überhaupt zuläßt, nicht treffen. Sie kann auch die Anwendung des Satzes 4 des § 114 Abs. 2 nicht ausschließen, also nicht bestimmen, daß das Stimmrecht, solange noch keine Aktie volleingezahlt ist, nicht besteht. Sie kann für diesen Fall nur vorsehen, daß nicht die Leistung der gesetzlichen Mindesteinlage, sondern die Leistung einer anderen Einlage (z. B. je 100 RM.) eine Stimme gewährt (Muster B § 31). Stets gilt — unabänderlich durch die Satzung —, daß Bruchteile von Stimmen nur berücksichtigt werden, soweit ihre Zusammenzählung für den stimmberechtigten Aktionär volle Stimmen ergibt. Unzulässig ist es hiernach, daß mehrere Aktionäre ihren Aktienbesitz einem Dritten als sog. Legitimationsaktionär übertragen, damit in dessen Hand die Zusammenzählung volle Stimmen ergibt (Anm. 53); auch findet eine Zusammenzählung in der Hand eines von mehreren Aktionären gemeinsam Bevollmächtigten nicht statt. Die Satzung kann dies gleichfalls nicht vorsehen. — Satz 7 des § 114 Abs. 2 schließt endlich — im Interesse gleichmäßiger Behandlung der Aktionäre — aus, daß die Satzung für einzelne unter mehreren Aktiengattungen Bestimmungen der in Abs. 2 zugelassenen Art vorsieht.

Die neuen Vorschriften bringen eine grundsätzlich neue Auffassung über das den Umfang des Stimmrechts bestimmende Moment. Bisher zählten die nicht volleingezahlten Aktien nicht nur bei Beschlüssen, die mit Stimmenmehrheit, sondern auch bei Beschlüssen, die mit einem Bruchteil des „vertretenen Grundkapitals" zu fassen waren, voll mit, so daß das Stimmrecht nicht der Kapitalleistung, sondern auch der Kapitalhaftung entsprach. Jetzt ist die Kapitalleistung allein entscheidend. Die neue Regelung gilt auch für Aktien, die bei Inkrafttreten des AGesetzes nicht volleingezahlt sind (EG. § 10); jedoch ist der Stimmrechtsverlust bis zum 1. 7. 1939 durch § 21 der 1. DV. aufgeschoben (vgl. Einl. S. 12).

Das Stimmrecht kann von jedem Aktionär für seinen Aktienbesitz nur einheitlich ausgeübt werden. Er kann seinen Aktienbesitz nicht spalten und für die einzelnen Aktien nicht verschieden stimmen. Er kann dies auch nicht dadurch erreichen, daß er für einen Teil seiner Aktien einen Vertreter bestellt (Brodmann § 255 Anm. 1a; RG. 118, 68; a. M. RG. 137, 305; Flechtheim BankArch. 28, 408 u. Klausing JW. 1927, 2982 für Körperschaften). Die Satzung kann hieran nichts ändern (Flechtheim a. a. O.).

Über Bevollmächtigung vgl. Anm. 18, über Legitimationsübertragung und Bankenstimmrecht Anm. 53.

Die Stimmrechtsbeschränkungen sind im AGesetz gegenüber HGB. § 252 Abs. 3 teils eingeengt, teils ausgedehnt. Geblieben ist in § 114 Abs. 5 der Ausschluß des Stimmrechts für die Aktionäre, die durch die Beschlußfassung entlastet oder von einer Verpflichtung befreit werden sollen, sowie für Beschlußfassungen über Geltendmachung von Ansprüchen der AG gegen einen Aktionär. Geblieben ist in § 114 Abs. 6 der Ausschluß des Stimmrechts für Aktien, die der Gesellschaft oder einem anderen für Rechnung der Gesellschaft gehören (Vorratsaktien; Anm. 74). Ausgedehnt ist dieses Stimmverbot auf eigene Aktien der AG., die einem abhängigen Unternehmen oder einem anderen für Rechnung eines solchen Unternehmens gehören. Gefallen ist dagegen der Ausschluß des Stimmrechts für Beschlußfassungen, die die Vornahme eines Rechtsgeschäfts mit dem Aktionär betreffen. Die amtliche Begründung führt hierzu aus, daß diese Vorschrift durch den Stand der Rechtsprechung, die sie sehr einengend ausgelegt habe, bedeutungslos geworden sei und es sich empfohlen habe, sie im Interesse der Rechtssicherheit ganz zu streichen. Die amtliche Begründung weist aber auf § 197 Abs. 2 hin, der die Möglichkeit gibt, Beschlüsse anzufechten, wenn ein Aktionär mit der Ausübung des Stimmrechts gesellschaftsfremde Sondervorteile zum Schaden der Gesellschaft verfolgt. In dieser durch die Treupflicht des Aktionärs gezogenen Grenze liegt nicht ein Stimmrechtsverbot, aber ein mittelbarer Zwang, das Stimmrecht nicht in einem gegen § 197 Abs. 2 verstoßenden Sinn auszuüben.

Die Regelung der Abs. 5 und 6 des § 114 ist erschöpfend und zwingend. Die Satzung kann nicht weitere Fälle von Stimmverboten einführen; sie kann auch nicht in den gesetzlichen Fällen des Stimmrechtsausschlusses das Mitstimmen zulassen. Bestimmungen alter Satzungen, die ausdrücklich das Stimmverbot für die Vornahme von Rechtsgeschäften mit dem Aktionär vorsehen, sind nunmehr zu streichen (vgl. Muster A u. B § 31).

Die Stimmverbote des § 114 betreffen nicht nur den Aktionär für seine persönliche Stimmabgabe, sondern auch diejenigen Aktionäre, für die der am Mitstimmen verhinderte Aktionär das Stimmrecht als gesetzlicher Vertreter, als Bevollmächtigter oder als Legitimationsaktionär ausübt (§ 114 Abs. 5). Andererseits kann das Stimmverbot nicht dadurch umgangen werden, daß der von der Abstimmung ausgeschlossene Aktionär einen anderen Aktionär bevollmächtigt oder ihm zu Legitimationszwecken die Aktien überträgt (Anm. 53). Die Satzung kann hieran nichts ändern.

§ 114 Abs. 7 überläßt es im übrigen der Satzung, die Bedingungen und die Form der Ausübung des Stimmrechts zu bestimmen. Über die Bedingungen vgl. „Teilnahmerecht und Stimmrecht" und „Legitimationsübertragung", über die Form der Ausübung des Stimmrechts vgl. „Abstimmung", über die Zulässigkeit der Bedingungen in dem Fall Schering AG. vgl. „Aktien mit beschränktem Stimmrecht". Über Mehrheitserfordernisse vgl. „Beschlußfassung in der Hauptversammlung".

Stimmrechtsbeschränkungen: siehe „Stimmrecht", „Legitimationsübertragung", „Aktien mit beschränktem Stimmrecht".

Stimmrechtslose Vorzugsaktien. Diese Neuschöpfung des AG. ist ein Versuch, die Kapitalbeschaffung zu erleichtern. Der Aktionär ist von der Mitverwaltung ausgeschlossen, in seinem Dividendenrecht aber vor den stimmberechtigten Aktionären bevorzugt. Diese erleiden durch die Ausgabe stimmrechtsloser Vorzugsaktien in ihren gesellschaftlichen Herrschaftsrechten keine Einbuße; dafür erhalten die Vorzugsaktionäre ohne Stimmrecht das bessere Dividendenrecht. **Anm. 68.**

Nicht jeder Vorzug im Dividendenrecht ermöglicht den Ausschluß des Stimmrechts. Nach § 115 kann das Stimmrecht nur für Aktien ausgeschlossen werden, die mit einem n a c h z u z a h l e n d e n V o r z u g bei der Verteilung des Gewinns ausgestattet sind. Das setzt voraus, daß ein bestimmter Hundersatz auf das Vorzugsaktienkapital aus dem durch den Jahresabschluß festgestellten Reingewinn vorweg — vor Ausschüttung einer Dividende an die Stammaktionäre oder gleichzeitig neben der Ausschüttung einer Vorzugsdividende an andere Vorzugsaktionäre zu zahlen und, falls dieser Dividendensatz in einem Jahr nicht erreicht ist, in den folgenden Jahren den Vorzugsaktionären ohne Stimmrecht vorweg nachzuzahlen ist (vergl. Muster B § 9).

Die Ausgabe von Vorzugsaktien ohne Stimmrecht ist der Höhe nach beschränkt: der Gesamtbetrag der stimmrechtslosen Vorzugsaktien darf die Hälfte des Gesamtbetrages der übrigen Aktien nicht überschreiten (§ 115 Abs. 2).

Die stimmrechtslosen Vorzugsaktionäre haben alle Rechte aus der Aktie mit Ausnahme des Stimmrechts. Sie haben das Recht auf Teilnahme an der Hauptversammlung, das Auskunftsrecht (§ 112), das Bezugsrecht (§ 153), alle Minderheitsrechte, auch das Anfechtungsrecht. Sie können einen Beschluß der Hauptversammlung, der den Jahresabschluß mit gesetz- oder satzungswidrigen Abschreibungen und Rücklagen feststellt, oder den Gewinnverteilungsbeschluß, der die Gewinnausschüttung durch Bildung unzulässiger Rücklagen schmälert, gemäß § 198 Abs. 2 anfechten. Sie können auch, wenn sie die erforderliche Minderheit darstellen, eine Hauptversammlung zur Abberufung des AR. einberufen (§ 106 Abs. 2). Einen weiteren Schutz bietet ihnen die Vorschrift des § 116 Abs. 2: wird ihnen in einem Jahr die volle Vorzugsdividende nicht gezahlt und der Rückstand im folgenden Jahr nicht neben dem vollen Vorzug dieses Jahres nachgezahlt, so haben sie das Stimmrecht. Das Stimmrecht entfällt erst wieder, wenn keine Rückstände mehr vorhanden sind.

Die Satzung kann an dieser zwingenden Regelung nichts ändern. Sie hat nur bei der Einteilung des Grundkapitals die stimmrechtslosen Vorzugsaktien nach Gesamtbetrag und Stückelung anzugeben und über die Art des Vorzuges, mit dem diese Aktien auszustatten sind, Bestimmung zu treffen. Dabei kann sie neben den gesetzlichen Mindesterfordernissen für den Ausschluß des Stimmrechts (§ 115 Abs. 1) noch weitere Vorzüge gewähren, z. B. auch eine vorzugsweise Beteiligung am Abwicklungserlös (Muster B § 9).

Bei Berechnung einer Kapitalmehrheit, für die das „bei der Beschlußfassung vertretene" Grundkapital maßgebend ist (vergl. §§ 146, 149) werden die stimmrechtslosen Vorzugsaktien nicht mitgerechnet (a. M. Baumbach § 116 Anm. 1). Sie können zwar in der Hauptversammlung vertreten sein, soweit ihre Inhaber erscheinen, nicht aber bei der Beschlußfassung. Sie zählen ebensowenig mit wie im Regelfall des § 114 Abs. 2 die nicht volleingezahlten oder die gemäß § 114 Abs. 5 und 6 vom Mitstimmen ausgeschlossenen Aktionäre. Die gegenteilige Meinung würde zu dem Ergebnis führen, daß eine Beschlußfassung, für die eine Kapitalmehrheit von ³/₄ des bei der Beschlußfassung vertretenen Grundkapitals erforderlich ist, unter Umständen überhaupt unmöglich ist, nämlich dann, wenn stimmrechtslose Vorzugsaktien in dem Höchstumfang des § 115 Abs. 2, in Höhe der Hälfte des Gesamtbetrages der übrigen Aktien, ausgegeben sind und alle Aktionäre in der Hauptversammlung erscheinen. Dann hätten die stimmrechtslosen Vorzugsaktionäre mit $^1/_3$ des gesamten Kapitals ohne Stimmrecht eine Sperrminorität.

Die Satzung kann aber in den Fällen, in denen sie an Stelle der gesetzlichen Kapitalmehrheit von ³/₄ des bei der Beschlußfassung vertretenen Grundkapitals eine andere oder größere Kapitalmehrheit vorsehen kann, das stimmrechtslose Vorzugsaktienkapital mitberücksichtigen, z. B. dadurch, daß sie eine Mehrheit des „vorhandenen" Grundkapitals erfordert.

Über die Aufhebung und Beschränkung des Vorzugs vgl. § 117.

Stimmverbote: siehe „Stimmrecht".

Tagesordnung der Aufsichtsratssitzungen: siehe „Geschäftsordnung des AR."

Tagesordnung der Hauptversammlung: siehe „Einberufung", „ordentliche Hauptversammlung".

Tantieme: siehe „Bezüge des Vorstands", „Bezüge des AR."

Teilnahme an den Sitzungen des Aufsichtsrats und seiner Ausschüsse: siehe „Geschäftsordnung des AR."

Teilnahmerecht und Stimmrecht des Aktionärs. Jede Aktie gewährt das Stimmrecht (§ 114; HGB. § 252). Da die Aktionäre ihre Rechte „in Angelegenheiten der Gesellschaft" in der Hauptversammlung ausüben (§ 102), setzt das Stimmrecht auch das Recht zur Teilnahme an der Hauptversammlung voraus. Stimmrecht und Teilnahmerecht sind gesondert zu betrachten. Die stimmrechtslosen Vorzugsaktien gewähren kein Stimmrecht, wohl aber das Teilnahmerecht (§§ 115, 116). Die Ausübung des Stimmrechts unterliegt besonderen Bestimmungen (§ 114), die nicht notwendig für das Teilnahmerecht gelten. So darf der Aktionär, dem als AR.-Mitglied Entlastung zu erteilen ist, bei der Beschlußfassung über die Entlastung nicht mitstimmen (§ 114 Abs. 5); der Ausschluß seines Stimmrechts bedeutet aber nicht den Ausschluß aus der Versammlung. **Anm. 69.**

Das Teilnahmerecht umfaßt das Recht, in der Versammlung zu erscheinen, das Wort zur Geschäftsordnung und zu den einzelnen Beratungsgegenständen zu ergreifen, Anträge zu stellen und zu unterstützen und Widerspruch zu erheben (Staub § 252 Anm. 32ff.). Es kann, da es Voraussetzung für die Ausübung des Stimmrechts ist, in der Satzung nicht weitergehenden Beschränkungen unterworfen werden als das Stimmrecht selbst. Die Frage ist, ob die Beschränkungen, die das Gesetz oder die Satzung im Rahmen des Gesetzes für die Ausübung des Stimmrechts vorsieht, ohne weiteres für das Teilnahmerecht zu gelten haben. Das ist auch nach dem AGesetz, wie nach dem bisherigen Recht, schon mit Rücksicht darauf zu verneinen, daß das Stimmrecht auch bei Vorliegen des Teilnahmerechts versagt sein kann (§ 114 Abs. 5 und 6). Man wird daher in Übereinstimmung mit der bisher herrschenden Lehre anzunehmen haben, daß das *Teilnahmerecht unbeschränkt gegeben ist, wenn die Satzung ausdrücklich Beschränkungen für die Teilnahme nicht vorsieht.* In diesem Fall ist jeder, der sich als Aktionär in der Hauptversammlung legitimiert, sei es durch Vorlegung der Aktie, sei es eines Hinterlegungsscheines zur

Teilnahme an der Hauptversammlung zuzulassen (RG. in JW. 1926, 545). Das muß um so mehr gelten, als durch die bloße Zulassung niemand in seinen Rechten verletzt werden kann (Brodmann § 225 Anm. 3b); eine Beeinträchtigung von Rechten kann erst durch unrechtmäßige Zulassung zur Abstimmung eintreten.

Die alten Satzungen unterscheiden vielfach nicht klar zwischen Teilnahmerecht und Stimmrecht. Das kann nicht wundernehmen, da das HGB. selbst die klare Unterscheidung vermissen ließ: es sprach in § 255 von Voraussetzungen für die Ausübung des Stimmrechts, in § 255 Abs. 3 von einer Voraussetzung für die Teilnahme an der Generalversammlung und meinte in beiden Fällen offenbar das Gleiche, nämlich das Stimmrecht. § 107 des AGesetzes hat diesen Fehler der Fassung beseitigt; es ist aber nicht anzunehmen, daß es hiermit sachlich gegenüber dem durch Rechtsprechung und Rechtslehre entwickelten Zustand (RG. in JW. 97, 112; RG. 112, 111) eine Änderung eintreten lassen will. Hiernach ist folgende Regelung anzunehmen:

Nach § 114 Abs. 7 kann in Übereinstimmung mit HGB. § 252 Abs. 4 die Ausübung des Stimmrechts durch die Satzung von bestimmten Erfordernissen abhängig gemacht werden: vorherige Anmeldung, auf Grund deren eine Einlaßkarte oder Stimmkarte ausgegeben wird, und Vorlegung dieser Karte, Hinterlegung der Aktien in einem Sperrdepot bis zum Schluß der Versammlung, Vertretung nur durch Aktionäre (Brodmann § 252 Anm. 3a; Staub § 252 Anm. 31; siehe ein Beispiel in Muster A u. B § 30). Ist Hinterlegung vorgeschrieben, so genügt — nach neuer zwingender Vorschrift (§ 107) — die Hinterlegung bei einem deutschen Notar oder bei einer vom Reichsjustizministerium für geeignet erklärten Wertpapiersammelbank. Die Satzung kann für die Anmeldung und Hinterlegung die Innehaltung von Fristen vorsehen (vgl. § 107 in Übereinstimmung mit HGB. § 252). In Ermangelung solcher Satzungsbestimmungen schreibt § 107 Abs. 3 zwingend vor, daß die Aktionäre zur Ausübung des Stimmrechts zugelassen werden müssen, wenn sie sich nicht später als am 3. Tage vor der Versammlung anmelden. Damit ist negativ bestimmt, daß die Aktionäre, wenn sie sich entsprechend dieser Vorschrift nicht fristgemäß anmelden, ein Recht auf Zulassung zur Abstimmung nicht haben. Die Satzung kann, indem sie Hinterlegung vorschreibt, eine längere Frist, im übrigen nur eine kürzere Frist für die Anmeldung bestimmen. Soll eine vorherige Anmeldung nicht erforderlich sein und eine Anmeldung in der Hauptversammlung genügen, so muß dies mit Rücksicht auf § 107 Abs. 3 die Satzung ausdrücklich sagen; anderenfalls gilt die Anmeldefrist des § 107 Abs. 3 (Brodmann § 255 Anm. 3a und Staub § 255 Anm. 2 gegen die herrschende Meinung).

Beschränkt sich die Satzung auf derartige Bestimmungen über die Erfordernisse zur Ausübung des Stimmrechts, so ist das Teilnahmerecht unbeschränkt (vgl. oben S. 167). Jeder Aktionär kann in diesem Fall an der Hauptversammlung teilnehmen, wenn er sich in der Hauptversammlung legitimiert. Die Satzung kann aber auch das Teilnahmerecht oder auch nur das Recht, Anträge zu stellen, an die gleichen oder andere Beschränkungen knüpfen (vgl. Muster A u. B § 30). Sie kann auch vorsehen, daß der Vorsitzer der Versammlung oder die Hauptversammlung selbst über die Zulassung zur Teilnahme in Fällen, in denen die Erfordernisse zur Teilnahme nicht erfüllt sind, zu entscheiden hat (vgl. hierzu auch „Leitung der Hauptversammlung"). Bei unrechtmäßiger Zulassung zur Teilnahme ist ein Anfechtungsrecht nicht gegeben, wohl aber bei unrechtmäßigem Ausschluß von der Teilnahme und bei gesetzes- und satzungswidriger Zulassung zur Abstimmung.

Die Grenze der satzungsmäßigen Beschränkungen für Teilnahme- und Stimmrecht ist so zu ziehen, daß keinem Aktionär die Möglichkeit, selbst oder durch einen Vertreter sein Aktionärrecht auszuüben, vereitelt werden kann. Unzulässig bleibt daher eine Satzungsbestimmung, daß z. B. Frauen, Ausländer, Nichtarier, Konkurrenten nicht persönlich, sondern nur durch männliche, inländische, arische Vertreter bzw. Nichtkonkurrenten ihr Teilnahme- und Stimmrecht ausüben dürfen (vgl. „Bevollmächtigung"; Muster A § 32). Derartige Anordnungen über sog. Zwangsvertretungen würden dem § 114 Abs. 1 und 3 widersprechen. Desgleichen wäre es unzulässig, die Ausübung des Teilnahme- und Stimmrechts von dem Nachweis längeren, etwa eines mindestens dreimonatigen Aktienbesitzes abhängig zu machen oder eine längere Hinterlegung, etwa für die Dauer von drei Monaten vor der Hauptversammlung vorzuschreiben. Derartige Bestimmungen wären nichtig, weil sie gegen den Grundsatz, daß jede Aktie das Stimmrecht für den jeweiligen Aktionär gewährt, verstoßen.

Über den Umfang des Stimmrechts, seinen Beginn, seinen Ausschluß und besondere Beschränkungen vgl. Anm. 67, über die Form seiner Ausübung Anm. 2, über Vorzugsaktien ohne Stimmrecht Anm. 68.

Teilnahmerecht anderer Personen als der Aktionäre in der Hauptversammlung. Man muß unterscheiden: das Teilnahmerecht (vgl. Anm. 69) und das Recht auf Anwesenheit in der Hauptversammlung. Das Teilnahmerecht haben alle Aktionäre, auch die Inhaber der Vor- **Anm. 70.**

zugsaktien ohne Stimmrecht (§ 116) und die Inhaber nicht voll eingezahlter Aktien (§ 114 Abs. 2); vgl. Anm. 68 und 67. Über Bedingungen der Zulassung der Aktionäre zur Hauptversammlung vgl. Anm. 69. Das Teilnahmerecht ist im übrigen durch das AGesetz nur den Mitgliedern des Vorstandes und AR. gegeben (§ 102 Abs. 2). Sie sind nicht „dritte Personen", sondern Verwaltungsträger der AG. Auch sie müssen in der Hauptversammlung das Wort ergreifen und Anträge stellen können. Nicht ist das Teilnahmerecht für die Abschlußprüfer vorgesehen. Dagegen begründen andere Gesetze die Befugnis zur Teilnahme; z. B. für den Bankenkommissar das Gesetz über das Kreditwesen v. 5. 12. 1934 (RGBl. I 1203 § 34).

Die Satzung kann das Teilnahmerecht auf dritte Personen ausdehnen, z. B. es den Abschlußprüfern oder Mitgliedern eines Beirats oder Beiständen von Aktionären gewähren. Sieht die Satzung hierüber nichts vor, so kann die Hauptversammlung über die Zulassung entscheiden (KG. in LZ. 1925, 1166). Die Satzung kann die Entscheidung hierüber auch dem Vorsitzer übertragen.

Grundsätzlich kann nur, wer das Teilnahmerecht hat, in der Hauptversammlung anwesend sein. Eine Ausnahme bildet der Richter oder Notar, der als **Urkundsperson** in der Hauptversammlung Amtsbefugnisse ausübt. Die Hauptversammlung ist die Versammlung der Aktionäre. Sie ist also eine „geschlossene" Versammlung. Die Publizitätsvorschriften des AGesetzes wie des HGB. sehen nicht die „Öffentlichkeit" der Versammlung vor. Trotzdem ist die Öffentlichkeit in dem Sinne üblich, daß den Vertretern der Presse der Zutritt gestattet wird. Eine Abweichung von diesem Brauch wird der Vorsitzer nicht selbständig anordnen können; hierüber entscheidet die Hauptversammlung. Dagegen kann der Vorsitzer als Leiter der Versammlung sonstige dritte Personen ausschließen, da grundsätzlich „Nichtöffentlichkeit" gilt (Brodmann § 252 Anm. 4a); bei Widerspruch eines Aktionärs wird er einen Dritten nicht zulassen dürfen, sondern die Hauptversammlung entscheiden lassen müssen (a. M. Staub § 250 Anm. 17). Die Satzung kann hierfür eine Regelung vorsehen.

Telefonische Stimmabgabe: siehe „Geschäftsordnung des AR."

Telegraphische Stimmabgabe: siehe „Geschäftsordnung des AR."

Übertragbarkeit der Aktien: siehe „Gebundene Namensaktien".

Anm. 71. **Umtausch beschädigter Aktien.** § 68 entspricht HGB. § 229. Satzungsbestimmungen können den Anspruch des Aktionärs auf Umtausch nicht beseitigen oder einschränken. Sie können nur den Inhalt der Gesetzesvorschrift wiedergeben und sind daher überflüssig.

Umtausch von Kleinaktien: siehe „Nennbetrag der Aktien".

Umwandlung der Aktienarten: siehe „Inhaberaktien und Namensaktien".

Umwandlung der Aktiengattungen: siehe „Vorzugsaktien".

Veränderung der Verhältnisse der AG.: siehe „Grundkapital".

Vererblichkeit der Aktien: siehe „Gebundene Namensaktien".

Verfallserklärung: siehe „Einforderung von Einzahlungen".

Verhältniswahl: siehe „Entsendung von Mitgliedern in den AR."

Verhandlungsniederschrift. Anm. 72.

a) über die Hauptversammlung.

§ 111 entspricht in seinem wesentlichen Inhalt dem § 259 HGB. Jeder Beschluß der Hauptversammlung bedarf zu seiner Gültigkeit der gerichtlichen oder notarischen Beurkundung. Fehlt die Beurkundung, so ist der Beschluß nichtig. Die Beurkundung erfolgt durch Aufnahme einer Niederschrift (Protokoll) über die Verhandlung.

Der notwendige Inhalt dieser Niederschrift stimmt nach § 111 Abs. 2 mit den Erfordernissen des bisherigen Rechts, wie sie die herrschende Lehre aufgestellt hatte, überein. Zur Klarstellung erfordert § 111 neben den Erfordernissen des § 259 HGB. ausdrücklich auch die Angabe darüber, welche Feststellung der Vorsitzer als Ergebnis der Beschlußfassung getroffen hat. Was der Vorsitzer als Ergebnis der Beschlußfassung verkündet, kann unrichtig sein oder der Rechtsansicht des Notars über das Ergebnis der Abstimmung nicht entsprechen. § 111, wie auch schon HGB. § 259, verlangt von dem Richter und Notar die eigene Prüfung des Abstimmungsergebnisses und die Niederlegung dieses Prüfungsergebnisses im Protokoll, daneben aber auch die Angabe, was der Vorsitzer als Ergebnis der Beschlußfassung verkündet hat.

Die Niederschrift muß von dem Richter oder Notar unterschrieben werden; die Zuziehung von Zeugen ist nicht nötig (§ 111 Abs. 4.) Die Übung, daß die Niederschrift verlesen oder auf die Verlesung von der Versammlung verzichtet wird und der Vorsitzer die Niederschrift unterschreibt, ist nicht rechtsnotwendig. Die Satzungen schreiben vielfach die Mitunterzeichnung durch den Vorsitzer und bisweilen auch durch weitere Personen vor. Derartige Satzungsbestimmungen sind gegenstandslos. Ihre Nichtbeachtung macht die Niederschrift nicht nichtig, die gefaßten Beschlüsse nicht ungültig (RG. 65, 91; 75, 266; Baumbach § 111 Anm. 2). Die Niederschrift über die Hauptversammlung ist nicht Beurkundung rechtsgeschäftlicher Erklärungen, sondern Feststellung eines Hergangs. Sie kann von dem Notar außerhalb der

Hauptversammlung fertiggestellt werden. § 111 erklärt — in Übereinstimmung mit HGB. § 259 — ausdrücklich die Zuziehung von Zeugen nicht für erforderlich. Demgegenüber kann die Satzung den Charakter der Niederschrift nicht durch das Erfordernis der Mitunterzeichnung verändern; sie kann nicht dem Richter oder Notar Vorschriften über die Ausübung seiner Amtsbefugnisse machen. Zweckmäßig werden daher entgegenstehende Satzungsvorschriften gestrichen.

b) über Aufsichtsratsbeschlüsse.

Das AGesetz erfordert — entsprechend dem bisherigen Recht — nicht die Aufnahme einer Niederschrift über die Verhandlungen und Beschlußfassungen des AR. Die Satzungen stellen dagegen dieses Erfordernis vielfach auf. Eine Niederschrift wird praktisch stets dann unumgänglich sein, wenn bei Anmeldungen zum Handelsregister der Nachweis eines AR.-Beschlusses zu erbringen ist, z. B. bei Anmeldung der Bestellung oder Abberufung des Vorstandes oder bei Anmeldung von Satzungsänderungen, die nur die Fassung der Satzung betreffen und deren Beschlußfassung dem AR. überlassen ist (vgl. Anm. 64). Bisweilen schreiben die Satzungen notarische Beurkundung derartiger AR.-beschlüsse vor. Die notarische Beurkundung ist in diesen Fällen Gültigkeitserfordernis. Der Registerrichter muß die Eintragung ablehnen, wenn dem Erfordernis nicht genügt ist. Die Annahme, daß vom AR. beschlossene, nur die Fassung betreffende Satzungsänderungen stets der notarischen Beurkundung bedürfen, auch wenn die Satzung dieses Erfordernis nicht aufstellt (Brodmann § 274 Anm. 2 b; a. M. Staub § 274 Anm. 3), findet im Gesetz keine Grundlage.

Vertragsstrafen: siehe „Einforderung von Einzahlungen".

Vertrauensrat: siehe „Beirat".

Anm. 73. **Vertretung.** Der Vorstand ist der gesetzliche Vertreter der AG. (§ 71). Besteht der Vorst. nur aus einer Person, so ist diese notwendig allein vertretungsberechtigt. Beschränkungen in der Art, daß sie nur gemeinsam mit einem Prokuristen zur Vertretung berechtigt sei, sind unzulässig. Die Bestimmung des § 71 Abs. 3, daß die Satzung eine Vertretung einzelner Vorstandsmitglieder in Gemeinschaft mit einem Prokuristen vorsehen kann, bezieht sich nur auf den mehrgliedrigen Vorstand. — Besteht der Vorstand aus mehreren Personen, so gilt der Grundsatz der Gesamtvertretung: sämtliche Vorstandsmitglieder sind nur gemeinschaftlich zur Abgabe von Willenserklärungen befugt (§ 71 Abs. 2). Die Satzung kann jedoch, wie nach bisherigem Recht, Abweichendes bestimmen; sie darf nur nicht ein Mitglied des Vorstandes von der Vertretung ausschließen. Regelmäßig wird Gesamtvertretung in der Art vorgesehen, daß je zwei Vorstandsmitglieder gemeinschaftlich vertretungsberechtigt sind. Die Satzung kann auch bestimmen, daß einzelne Vorstandsmitglieder allein zur Vertretung befugt sind; sie kann diese in der Satzung namentlich bezeichnen; sie kann aber auch den AR. ermächtigen, einzelnen Vorstandsmitgliedern das Alleinvertretungsrecht zu verleihen. All dies galt in gleicher Weise im bisherigen Recht. Änderungen der Satzung werden hier nicht in Frage kommen. Über die Mitwirkung von Prokuristen bei der gesetzlichen Vertretung vgl. „Prokuristen".

Die Verleihung der Alleinvertretungsbefugnis an ein einzelnes Mitglied eines mehrköpfigen Vorstandes bedeutet nicht Bestellung zum Vorsitzer des Vorst. Die Ernennung zum Vorsitzer betrifft die interne Geschäftsführung, nicht die Vertretung nach außen (vgl. „Vorsitzer des Vorst.").

Die Vertretungsmacht des Vorst. kann, wie nach bisherigem Recht, mit Wirkung gegenüber Dritten nicht beschränkt werden (§ 74 Abs. 2). Abweichende Satzungsbestimmungen sind nichtig. Nur die gesetzlichen Beschränkungen gelten: Rechtsgeschäfte mit sich selbst kann der Vorstand für die AG. nicht abschließen (BGB. § 181), sofern nicht eine zur Vertretung ausreichende Zahl weiterer Vorstandsmitglieder vorhanden ist; abgesehen hiervon ist für solche Geschäfte der AR. gesetzlicher Vertreter der AG. (§ 97). Die Satzung kann die Befreiung von den Beschränkungen des § 181 BGB. vorsehen, auch den AR. ermächtigen, diese Befreiung zu gewähren. Eine weitere gesetzliche Beschränkung führt das AGesetz neu durch § 256 ein. Im bisherigen Recht war streitig, inwieweit der Vorst., auch ohne daß die Satzung es vorschreibt, zur Vornahme ungewöhnlicher Geschäfte die Zustimmung der Generalversammlung einzuholen habe (HGB. § 253 Abs. 2; RG. 3. 5. 02 Holdheim 12, 197). Bejaht wurde diese Frage allgemein für Geschäfte, die über den Rahmen des satzungsmäßigen Zwecks der Gesellschaft hinausgehen. Streitig blieb, ob Interessengemeinschaftsverträge, insbesondere Gewinngemeinschaftsverträge, Betriebsverpachtungen und sonstige Betriebsüberlassungsverträge eine Satzungsänderung darstellen und aus diesem Grunde genehmigungsbedürftig seien. Einigkeit bestand aber darin, daß in derartigen Fällen nicht die Wirksamkeit des Vertrages von der Genehmigung der Generalversammlung abhänge, sondern nur die Haftung des Vorst. begründet werde, wenn er die Vorlegung des Vertrages an die Generalversammlung versäumte. § 256 AGesetz schreibt demgegenüber vor, daß zur Wirksamkeit derartiger Verträge, durch die die AG. ihre wirtschaftliche Selbständigkeit ganz oder teilweise verliert, die Zustimmung der Hauptversammlung erforderlich ist. Mangels dieser Zustimmung ist der Vertrag nichtig. Es liegt eine gesetzliche Beschränkung der Vertretungsmacht des Vorst. nach außen, eine Ausnahme von dem Grundsatz des § 74 Abs. 2 vor. Die in § 256 geregelten Fälle sind: Verträge über die Abführung von mehr als ¾ des Gewinnes an ein anderes Unternehmen, über die Verpachtung oder sonstige Überlassung des Betriebes an ein anderes Unternehmen und über die Führung des Unternehmens für Rechnung eines anderen.

In Anbetracht des Ausnahmecharakters des § 256 kann die Satzung nicht weitere Fälle dieser Art schaffen; dem stünde § 74 Abs. 2 entgegen. Sie kann nur intern dem Vorstand Beschränkungen für den Umfang seiner Vertretungsbefugnis auferlegen; zu deren Innehaltung ist er gegenüber der AG. verpflichtet, ohne daß bei Außerachtlassung der Beschränkungen die Wirksamkeit des Rechtsgeschäfts nach außen berührt würde (§ 74). Inhaltlich dürfen die internen Beschränkungen der Geschäftsführungs- und Vertretungsbefugnis nicht dazu führen, die gesetzlich zwingend vorgesehene Abgrenzung der Zuständigkeiten der Verwaltungsträger zu verschieben. Es ist daher unzulässig, in der Satzung zu bestimmen, daß der Vorst. den Weisungen des AR. zu folgen hat (vgl. „Vorstand als Leiter der AG.“, „Leitung der AG. durch den AR.“ und „Geschäftsordnung des Vorst.“). Unzulässig wäre auch die Satzungsbestimmung, daß die Vornahme bestimmter wichtigerer Rechtsgeschäfte (Erwerb von Grundstücken, Beteiligung an anderen Unternehmungen) der Zustimmung der Hauptversammlung bedarf (vgl. die einzigen gesetzlichen Ausnahmen in §§ 256 und 174; Muster A § 37). Die Hauptversammlung kann über Fragen der Geschäftsführung nur Beschluß fassen, wenn der Vorstand es verlangt (§ 103 Abs. 2). Entgegen dieser zwingenden Vorschrift kann nicht bestimmt werden, daß der Vorstand zu dem Abschluß bestimmter Arten von Rechtsgeschäften die Zustimmung der Hauptversammlung einholen muß. Derartige Satzungsbestimmungen sind zu streichen. Es ist dem pflichtmäßigen Ermessen des Vorst. vorbehalten, ob er vor Vornahme eines Rechtsgeschäfts die Hauptversammlung befragt.

Zulässig wäre nur eine Bestimmung, daß der Vorstand, wenn er über den satzungsmäßigen Zweck des Unternehmens hinausgehen will, eine Beschlußfassung der Hauptversammlung herbeizuführen hat; einer solchen Bestimmung bedarf es aber nicht, da der Vorstand bereits durch die Satzungsvorschrift über den Gegenstand des Unternehmens in der

Geschäftsführung auf Rechtsgeschäfte beschränkt ist, die unter den Zweck des Unternehmens fallen. Bei Überschreitung dieser Grenze macht er sich — ohne Befragen der Hauptversammlung — haftbar. Vielfach bestimmen die Satzungen, um einen Zweifel über den Umfang des Gegenstands des Unternehmens auszuschließen, daß sich die AG. an anderen Unternehmungen ähnlicher Art beteiligen und Interessengemeinschaftsverträge abschließen kann (vgl. „Interessengemeinschaftsverträge").

Zulässig bleiben die Satzungsbestimmungen, die die Vornahme von Rechtsgeschäften bestimmter Art an die Zustimmung des AR. knüpfen (§ 95 Abs. 5; vgl. auch „Ausschüsse des AR.").

Über die Vertretung der AG. durch den AR. vgl. Anm. 9.

Vertretung der AG. durch die Hauptversammlung: siehe „Hauptversammlung".

Vertretung im Aufsichtsrat: siehe Geschäftsordnung des AR.".

Vertretung in der Hauptversammlung: siehe „Bevollmächtigung".

Verwaltungsrat: siehe „Beirat".

Vollversammlung: siehe „Einberufung der Hauptversammlung".

Vorratsaktien. Das AGesetz bringt neu für die sog. Vorratsaktien, **Anm. 74.**
d. h. Aktien, die ein Dritter für Rechnung der Gesellschaft oder eines abhängigen Unternehmens übernommen hat, die Vorschriften des § 51. Sie stellen fest, daß der Zeichner ohne Rücksicht auf Vereinbarungen mit der Gesellschaft auf die volle Einlage haftet, ihm aber keine Rechte aus der Aktie zustehen, solange er nicht die Aktie für eigene Rechnung übernommen hat. Diese Bestimmungen berühren nicht die Gültigkeit der Vorratsaktien, zielen aber in Verbindung mit EG. § 6 auf Beseitigung der Vorratsaktien. Eine Neuschaffung wird nicht mehr in Frage kommen, da die Vorschriften über bedingte Kapitalerhöhung (§§ 159ff.) und über das genehmigte Kapital (§ 169) einen hinreichenden Ersatz für die Fälle bietet, in denen Vorratsaktien wirtschaftlich gerechtfertigt erscheinen. — In der Satzung ist für die Regelung der Vorratsaktien kein Raum. Bedeutung können sie noch bei der Ausgabe von Wandelschuldverschreibungen haben, da, soweit Vorratsaktien vorhanden, sich die Bereitstellung anderer zum Bezug oder Umtausch erforderlicher Aktien erübrigt.

Vorschlagsrecht: siehe „Bestellung des Vorstands", „Wahl des AR.", „Entsendung von Mitgliedern in den AR."

Vorsitz in der Hauptversammlung: siehe „Leitung der Hptversf.".

Vorsitzer des Aufsichtsrats. Während HGB. § 244a den Vorsitzenden **Anm. 75.**
des AR. nur als Einberufer der AR.-Sitzungen erwähnt, trifft das

AGesetz Bestimmungen über seine Wahl, die Art seiner Stellung sowie über einzelne seiner Rechte und Obliegenheiten. Im Gegensatz zu dem Vorsitzer des Vorst. (§ 70), ist die Stellung des Vorsitzers des AR. nicht den übrigen Mitgliedern übergeordnet im Sinne einer Führerstellung; er hat bei Meinungsverschiedenheiten nicht zu entscheiden; die einzelnen Mitglieder des AR. können mit Rücksicht auf dessen Eigenschaft als Überwachungsorgan nicht der Entscheidungsgewalt eines Führers unterstellt sein. Der Vorsitzer des AR. ist vielmehr Leiter eines gesamtverantwortlichen Kollegiums und hat die Befugnisse und Obliegenheiten, die üblicherweise einem solchen zufallen (KGJ. 40 A. 87; amtl. Begrd.). Der Vorsitzer des AR. hat demgemäß die Sitzungen des AR. zu berufen und vorzubereiten, die Beratungen des AR. zu leiten, die Art der Abstimmung anzuordnen, für die Niederschrift über die Verhandlungen und Beschlüsse zu sorgen und die Niederschrift zu unterzeichnen (§ 92 Abs. 2), die gefaßten Beschlüsse dem Vorstand bekanntzugeben oder selbst durchzuführen, z. B. die Hauptversammlung namens des AR. zu berufen (§ 95 Abs. 4). Er bestimmt, ob von der Teilnahme an Ausschußsitzungen AR.-Mitglieder, die dem Ausschuß nicht angehören, ausgeschlossen werden sollen (§ 93 Abs. 2). Er führt den Verkehr zwischen AR. und Vorstand. Einem von ihm unterstützten Verlangen eines anderen AR.-Mitglieds auf Auskunfterteilung muß der Vorst. stattgeben (§ 95 Abs. 1). Daraus folgt, daß auf Verlangen des Vorsitzers des AR. der Vorstand stets Bericht an den AR. zu geben hat.

Die Satzung kann die Befugnisse des Vorsitzers im einzelnen regeln (vgl. Muster A u. B § 25); sie kann aber nicht seine Stellung entgegen dem Gesetz umgestalten. Unzulässig wäre daher die Bestimmung, daß die übrigen Mitglieder des AR. an die Weisungen des Vorsitzers gebunden seien oder daß er bei Meinungsverschiedenheiten im AR. allein zu entscheiden habe. Jedoch kann die Satzung eine Stärkung seiner Stellung vorsehen, z. B. bestimmen, daß bei Stimmengleichheit seine Stimme entscheidet (nach Baumbach § 92 Anm. 2 gilt das auch ohne ausdrückliche Vorschrift für jedes Kollegium?), oder die Beschlußfähigkeit des AR. von seiner oder seines Stellvertreters Anwesenheit abhängig machen (vgl. OLG. Stuttgart JRundsch. 1933 Nr. 1446). Nicht mehr ist es zulässig, daß Befugnisse, die nicht zwingend dem Gesamtaufsichtsrat vorbehalten sind, allein dem Vorsitzer des AR. übertragen werden, z. B. die Bestellung und Abberufung des Vorstands, wie dies in den bisherigen Satzungen vielfach üblich war (RG. 66, 369; JRundsch. a. a. O.). Das AGesetz läßt eine solche Übertragung nicht mehr an einzelne Mitglieder, sondern nur noch an Ausschüsse des AR. zu (vgl. „Ausschüsse des AR.“).

Der Vorsitzer des AR. ist, wie nach bisherigem Recht, auch nach dem AGesetz nicht Vertreter des AR. Sieht die Satzung vor, daß Urkunden des AR. die Unterschrift seines Vorsitzers erfordern (Muster A u. B § 25), so ist damit nichts über eine Vertretungsbefugnis in materiellem Sinne gesagt. Der Vorsitzer ist nur Erklärungsbevollmächtigter: seine Erklärung ist nur wirksam, wenn sie einem Beschluß des AR. entspricht; z. B. ist die Bekanntgabe der Abberufung an ein Vorstandsmitglied durch den Vorsitzer nur dann erheblich, wenn die Abberufung von dem AR. beschlossen ist. Hieran kann durch die Satzung nichts geändert werden; sie kann lediglich bestimmen, daß der Vorsitzer nach außen den AR. in dem Sinne vertritt, daß er namens des AR. die Erklärungen abgibt, die den Beschlüssen des AR. entsprechen (z. B. Abschluß des Anstellungsvertrages eines Vorst.-Mitglieds zu den von dem AR. beschlossenen Bedingungen).

Die Wahl des Vorsitzers erfolgt durch den AR. aus der Mitte der AR.-Mitglieder (§ 92 Abs. 1). Er kann den von der Hauptversammlung gewählten oder den „entsandten" Mitgliedern zugehören. Die Satzung kann über die Wahl nähere Bestimmung treffen, z. B. die Amtsdauer auf ein Jahr festsetzen oder bestimmen, daß der Vorsitzer aus der Zahl der von der Hauptversammlung gewählten Mitglieder zu wählen ist. Nicht zulässig erscheint es, daß die Satzung selbst den Vorsitzer in einer Weise bestimmt, die die Wahlfreiheit des AR. gänzlich ausschließt, z. B. das im Zeitpunkt der Wahl älteste Mitglied des AR.

Das Amt des Vorsitzers endet mit dem Ablauf seiner Wahlzeit, spätestens jedoch mit seiner Zugehörigkeit zum AR. (RG. 73, 237). Die Satzung kann bestimmen, daß der Vorsitzer bis zur Wahl eines anderen Vorsitzers auch nach Ablauf seiner Wahlzeit im Amt bleibt, und zwar auch nach Ablauf seiner Wahlperiode als Mitglied des AR.; eine derartige Bestimmung bedeutet Verlängerung dieser Wahlperiode; sie ist jedoch nur gültig, sofern sie die gesetzlichen Höchstfristen des § 87 für die Amtsdauer des AR. beachtet.

Vorsitzer des Vorstands. Die bisher übliche Bezeichnung „Vorsitzender" ist in § 70 Abs. 2 durch die Bezeichnung „Vorsitzer" ersetzt. Das bisherige Recht hatte die Regelung der Befugnisse eines Vorsitzenden der Satzung überlassen; eine ausdrückliche Gesetzesvorschrift fehlte. Die Satzung behielt die Regelung vielfach der Bestimmung des AR. im Einzelfall vor oder sah eine Geschäftsanweisung des AR. für den Fall der Bestellung eines Vorsitzers vor. Der AR. konnte auch von sich aus — ohne Ermächtigung der Satzung — die Befugnisse Anm. 76.

eines Vorsitzenden des Vorstands regeln (vgl. „Geschäftsordnung des Vorst.").

Die Befugnisse des Vorsitzenden konnten sehr verschieden gestaltet sein; er konnte auf rein repräsentative Aufgaben (Leitung der Vorstandssitzungen; Titel Generaldirektor; Vertretung der Gesellschaft bei öffentlichen oder gesellschaftlichen Anlässen) beschränkt sein, während er in der Geschäftsführung und Vertretung mit den übrigen Mitgliedern des Vorstands gleichberechtigt war (Gesamtvertretung durch je zwei Mitglieder; Entscheidungen des Vorstands durch Mehrheitsbeschluß); ihm konnte aber auch eine in rechtlicher Beziehung überragende Stellung verliehen sein, derart daß er bei Meinungsverschiedenheiten im Vorstand selbständig und allein entschied und Alleinvertretungsbefugnis besaß (Führerprinzip). Mannigfache Zwischenabstufungen waren üblich (z. B. Entscheidungsbefugnis bei Stimmengleichheit).

Das AGesetz beläßt es insoweit bei der bisherigen Regelung, als grundsätzlich ein mehrgliedriger Vorstand als Gesamtkollegium tätig wird, mit Mehrheitsbeschluß seine Entscheidungen trifft, insbesondere seine Geschäftsordnung aufstellt und seine Arbeitsteilung vornimmt. Es bringt aber in den §§ 70 und 75 Abs. 2 ausdrückliche Bestimmungen für den Vorsitzer des Vorstands. Es fordert zwar nicht das Führerprinzip zwingend, derart daß jede AG., wenn sie einen mehrgliedrigen Vorstand hat, einen Vorsitzer des Vorstands mit alleiniger Entscheidungsbefugnis gegenüber den übrigen Vorstandsmitgliedern besitzen muß; es gibt aber dem Aufsichtsrat die Befugnis, ein Mitglied des Vorstandes zum Vorsitzer zu ernennen (§ 75 Abs. 2) und verleiht diesem Vorsitzer, wenn die Satzung nichts anderes vorschreibt, das Entscheidungsrecht. Die Satzung kann hiernach die Führerstellung des Vorsitzers einschränken und jede beliebige Regelung, wie schon nach bisherigem Recht, vorsehen; sie kann jedoch diese Regelung insoweit nicht einer Geschäftsanweisung des AR. vorbehalten, als es sich um die alleinige Entscheidungsbefugnis des Vorsitzers handelt. Diese dem Vorsitzer abzuerkennen, ist nur die Satzung imstande (vgl. „Geschäftsordnung für den Vorstand").

Geßler (JW. 1937, 498) verlangt die ausdrückliche Bezeichnung „Vorsitzer" bei der Ernennung, wenn die Wirkungen des § 70 Abs. 2 eintreten sollen, und läßt hierfür mit Recht die Bezeichnung „Generaldirektor" nicht genügen. Eine Satzungsbestimmung aber, daß ein vom AR. zum Generaldirektor ernanntes Mitglied des Vorstands bei Meinungsverschiedenheiten die alleinige Entscheidungsbefugnis hat, wird dahin auszulegen sein, daß damit diesem Mitglied die Führerstellung des § 70 Abs. 2 im Vorstand — auch ohne die ausdrückliche Bezeichnung „Vorsitzer" — verliehen ist.

Die Führerstellung des § 70 Abs. 2 gilt nur nach innen. Der Vorsitzer des Vorstandes ist nicht ohne weiteres zur Alleinvertretung befugt. Diese Befugnis hat er nur, wenn die Satzung für alle Mitglieder des Vorstands oder für ihn persönlich Alleinvertretungsbefugnis vorsieht oder der Aufsichtsrat dem Vorsitzer des Vorstands auf Grund einer Ermächtigung der Satzung (§ 71 Abs. 3) diese Befugnis verleiht. Das Muster B § 20 (Anm.) sieht eine Regelung vor, in der zwischen Ernennung zum Vorsitzer und Verleihung der Alleinvertretungsbefugnis unterschieden wird. Nur bei Ernennung eines alleinvertretungsberechtigten Vorsitzers greift in dem gewählten Beispiel die gesetzliche Regelung des § 70 Abs. 2 Platz; erfolgt dagegen Ernennung zum Vorsitzer ohne gleichzeitige Gewährung des Alleinzeichnungsrechts, soll das Entscheidungsrecht des Vorsitzers gemäß § 70 Abs. 2 ausgeschlossen sein. In der Praxis wird vielfach die gegenteilige Regelung, die auch dem Gesetz als Norm vorschwebt, gewählt werden: Entscheidungsrecht des Vorsitzers im Vorstand (§ 70 Abs. 2), aber Gesamtvertretung nach außen (§ 71 Abs. 2).

Die Vorschrift des § 75 Abs. 2 (Bestellung des Vorsitzers durch den Aufsichtsrat) ist zwingender Natur. Die Satzung kann dem AR. die Befugnis zur Ernennung eines Vorsitzers des Vorstands nicht nehmen; sie kann nur dessen grundsätzlich vorgesehene Führerstellung einschränken (§ 70 Abs. 2) und die Alleinvertretung ausschließen. Die Satzung kann nicht vorsehen, daß ein Vorsitzer des Vorstands von der Hauptversammlung oder dem Vorsitzer des Aufsichtsrats zu ernennen ist. Das verbietet die scharfe Abgrenzung der Zuständigkeiten, die das AGesetz einführt.

Für die Abberufung als Vorsitzer gilt das Gleiche wie für die Abberufung als Mitglied des Vorstands. Sie darf nur aus wichtigem Grunde erfolgen (vgl. Anm. 17).

Die Führerstellung des § 70 Abs. 2 muß einem Vorstandsmitglied, der bei Inkrafttreten des AGesetzes bereits Vorsitzer des Vorstands mit Alleinentscheidungsbefugnis ist, bestätigt oder neu verliehen werden (§ 7 EG.). Selbst wenn die bisherige Satzung für den Vorsitzer des Vorstands die Alleinentscheidungsbefugnis vorsieht, muß eine nochmalige Ernennung des Vorstandsmitglieds zum Vorsitzer erfolgen, wenn er die Führerstellung des § 70 Abs. 2 haben soll. Die frühere Satzungsbestimmung ist gegenstandslos. Dagegen bleiben bisherige Satzungsbestimmungen, die die Entscheidungsbefugnis des Vorsitzers abweichend von § 70 Abs. 2 regeln, wirksam; sie schließen die Ernennung eines Vorsitzers durch den AR. mit der Führerstellung des § 70 Abs. 2 aus.

An Stelle eines Vorsitzers kann die Satzung auch ein aus mehreren Personen bestehendes Präsidium des Vorstands vorsehen. Auch kann der AR. ohne Ermächtigung der Satzung ein Präsidium bestellen. Es kann bestimmt werden, daß das Präsidium bei Meinungsverschiedenheiten des Vorstands entscheidet.

Anm. 77. **Vorstand als Leiter der AG.** Der Vorstand ist der gesetzliche Verwaltungsträger, dem die Geschäftsführung der AG. obliegt (§ 70). Er hat die Gesellschaft unter eigener Verantwortung zu leiten. Diese Verantwortung kann nicht mehr auf ein anderes Organ abgewälzt werden. Oberster Verwaltungsträger, von dem der Vorstand seine Befugnisse ableitet, ist nicht mehr die Mehrheit der Aktionäre; deren Beschlußfassung kann ihn von der Verantwortung nicht entbinden. Zwar entfällt seine Ersatzpflicht gegenüber der AG., wenn seine Handlungen auf gesetzmäßigen Beschlüssen der Hauptversammlung beruhen; den Gläubigern der AG. gegenüber wird aber hierdurch seine Haftung nicht aufgehoben (§ 84 Abs. 4 u. 5). Denn der Vorstand hat die Geschäfte nicht mehr lediglich im Interesse der Aktionäre und des Unternehmens zu führen, sondern neben dem „Wohl des Betriebes und der Gefolgschaft" den „gemeinen Nutzen von Volk und Reich" zu berücksichtigen. Das Interesse der Aktionäre — es wird im Gesetz nicht erwähnt — ist dem „Wohl des Betriebes" und der Allgemeinheit untergeordnet (§ 70). — Dieser Verantwortung entspricht die grundsätzliche Übertragung der alleinigen Entscheidungsbefugnis an den Vorstand in allen Fragen der Geschäftsführung. Die Satzung kann nicht mehr vorsehen, daß über die Vornahme bestimmter Geschäfte die Hauptversammlung zu beschließen hat oder diese Geschäfte der Zustimmung der Hauptversammlung bedürfen. Dem steht die zwingende Vorschrift des § 103 Abs. 2 entgegen (Ausnahmen nur in §§ 256, 174). Sie läßt nur die Möglichkeit für den Vorstand offen, die Hauptversammlung zu befragen und sich dadurch den Haftungsausschluß, wenigstens gegenüber der AG., zu sichern.

Zur Geschäftsführung gehört — im Gegensatz zum bisherigen Recht — die Aufstellung des Jahresabschlusses mit bindender Wirkung für die Hauptversammlung (§§ 125, 126); nur die Billigung des Jahresabschlusses durch den AR. ist erforderlich (vgl. Anm. 31).

Dem Aufsichtsrat oder einem anderen Organ kann die Leitung der AG. nicht mehr übertragen werden (vgl. „Leitung der AG. durch den AR.“, „Verwaltungsrat“). Die Satzung kann lediglich vorschreiben, daß bestimmte Arten von Geschäften nur mit Zustimmung des AR. vorgenommen werden können (§ 95 Abs. 5). Dadurch wird die Geschäftsführungsbefugnis und Verantwortlichkeit des Vorstandes nicht berührt. Ein zustimmender Beschluß des AR. schließt seine Haftung nicht aus (§ 84 Abs. 4). Der Aufsichtsrat ist auf die Überwachung der Geschäftsführung beschränkt. Kraft seines Aufsichtsrechts kann er — auch ohne besondere Ermächtigung der Satzung — verlangen, daß der Vorstand zur Vornahme eines einzelnen Geschäfts oder bestimmter Arten von Geschäften seine Zustimmung einholt (§ 95 Abs. 5), aber niemals ist der Vorstand an eine Weisung des AR. gebunden, ein bestimmtes Geschäft zu tätigen. Die Satzung kann eine solche Bestimmung nicht mehr vorsehen (vgl. Muster A § 21). Derartige Vorschriften der geltenden Satzungen sind abzuändern. Die Vorschrift des § 95 Abs. 5 kann auch nicht dadurch umgangen werden, daß die Satzung die Vornahme aller wesentlichen Geschäftsarten, die für die AG. in Betracht kommen, oder allgemein die Vornahme aller Geschäfte, die über den gewöhnlichen Geschäftsbetrieb hinausgehen, von der Zustimmung des AR. abhängig macht; das hieße den Vorstand praktisch die eigenverantwortliche Leitung nehmen (Geßler JW. 1937, 498; vgl. Muster A § 27).

Für einen mehrgliedrigen Vorstand gilt grundsätzlich Geschäftsführung durch alle Mitglieder gemeinsam — entsprechend dem Grundsatz der Gesamtvertretung (§ 71 Abs. 2; Staub § 232 Anm. 28; a. M. Brodmann § 231 Anm. 2). Wird durch die Satzung Abweichendes für die Vertretung bestimmt, z. B. Gesamtvertretung durch je zwei Mitglieder oder Einzelvertretung, so gilt das Gleiche für die Geschäftsführungsbefugnis. Die Satzung kann aber Vertretungs- und Geschäftsführungsbefugnis abweichend voneinander regeln. Beide Befugnisse können auch dadurch auseinanderfallen, daß eine Geschäftsordnung, die der AR. oder Vorstand erläßt (vgl. Anm. 40), die Geschäfte auf die einzelnen Mitglieder verteilt, für die Vertretung aber gemeinsames Handeln von je zwei Mitgliedern bestimmt wird. Geschäftsordnung und auch Anstellungsvertrag können hinsichtlich der Geschäftsführungsbefugnis in doppelter Richtung wirken: sie können, wenn sie jedem einzelnen Vorstandsmitglied ein besonderes Arbeitsgebiet zuweisen, ihm damit für dieses Gebiet die alleinige Geschäftsführungsbefugnis geben; gleichzeitig schließen sie ihn aber auf den übrigen Arbeitsgebieten von der selbständigen Geschäftsführung aus. Für diese übrigen Arbeitsgebiete behält er nur ein Widerspruchsrecht gegen Handlungen der dort zuständigen Vorstandsmitglieder; er kann eine Entscheidung des Gesamtvorstandes herbeiführen.

Bei Beschlußfassungen des Gesamtvorstandes, sei es in Angelegenheiten, die ihm das Gesetz zuweist (z. B. Aufstellung des Jahresabschlusses § 125), sei es in Fragen der Geschäftsführung von grundsätzlicher Bedeutung oder auf Anrufen eines Vorstandsmitglieds bei Meinungsverschiedenheiten im Vorstand, entscheidet einfache Stimmenmehrheit, soweit nicht der Grundsatz der Gesamtgeschäftsführung aller Mitglieder gilt. Die Satzung oder auch der Aufsichtsrat kann hierüber Bestimmungen in einer Geschäftsordnung treffen. Der Vorstand kann sich diese Geschäftsordnung auch selbst geben (vgl. Anm. 40).

Der Vorstand ist hiernach an die Beschränkungen gebunden, die ihm das Gesetz auferlegt und ihm die Satzung oder der AR. auferlegen kann (vgl. „Vertretung"). Im übrigen ist er in seinen Entschließungen frei und an das pflichtgemäße Ermessen gebunden, das durch die „Sorgfaltspflicht eines ordentlichen und gewissenhaften Geschäftsleiters" (§ 84) und die ihm gestellte Aufgabe im Rahmen des „Volksganzen" (§ 70) bestimmt wird.

Angesichts der unabhängigen Stellung, die das AGesetz dem Vorstande einräumt, entsteht die Frage, ob in Zukunft noch Interessengemeinschaftsverträge oder konzernrechtliche Bindungen zulässig sind, die der AG. ihre wirtschaftliche Selbständigkeit und mittelbar auch dem Vorstand die Unabhängigkeit nehmen. Ein IG.-Vertrag zwischen einer AG. und einer GmbH. sieht einen Verwaltungsrat als geschäftsführenden Ausschuß der IG. vor, der über die gemeinsamen Angelegenheiten, z. B. Art und Umfang der Fabrikation, Verteilung des Absatzes, Aufstellung des Jahresabschlusses zwecks Gewinn- und Verlustausgleichs, mit bindender Wirkung für die in der IG. zusammengeschlossenen Unternehmungen zu entscheiden hat. Oder der IG.-Vertrag beinhaltet die Überlassung des Betriebes der AG. an die GmbH. Oder die AG., deren sämtliche Aktien sich im Besitze der GmbH. befinden, wird eine Organgesellschaft, die ihren Geschäftsbetrieb lediglich für Rechnung der GmbH. führt. Nach bisherigem Recht waren derartige Verträge zulässig (vgl. „Vertretung"). Sie bleiben es auch nach dem AGesetz. Nach § 256 sind aber die dort genannten Verträge nur wirksam, wenn ihnen die Hauptversammlung zustimmt. Andere Verträge dieser Art wird der Vorstand, wenn sie über den satzungsmäßigen Zweck des Unternehmens hinausgehen oder eine Abhängigkeit von anderen Unternehmungen, wie die in § 256 genannten Verträge, herbeiführen, nur nach vorher eingeholter Zustimmung der Hauptversammlung abschließen dürfen, wenn er sich nicht haftbar machen will (§ 103 Abs. 2; vgl. Anm. 73);

nach außen wirksam sind sie aber auch ohne Zustimmung der Hauptversammlung. In allen diesen Fällen wird die gesetzlich verankerte Stellung des Vorstandes als Leiter des einzelnen Unternehmens (§ 70) nicht berührt. Seine Bindung an die Beschlüsse eines Verwaltungsrats der JG. oder an die sonst geschaffene konzernrechtliche Lage bedeutet nicht Minderung oder Beeinträchtigung seiner verfassungsmäßigen Stellung innerhalb der AG., sondern ist nur ein Reflex der Bindung, die die AG. durch den JG.-Vertrag mit den anderen zur JG. gehörigen Gesellschaften eingegangen ist oder die für die AG. durch die Konzernzugehörigkeit begründet ist (§ 15). Verletzt er diese Bindung, indem er für die von ihm vertretene AG. z. B. den Beschlüssen des Verwaltungsrats der JG. zuwiderhandelt, so macht er die AG. schadensersatzpflichtig; dafür ist er wiederum der AG. verantwortlich. Für die Satzungsgestaltung ist dieses Ergebnis insofern von Bedeutung, als Satzungen, die den Vorstand für die Vornahme bestimmter wichtiger Geschäfte an die Zustimmung eines anderen Organs binden wollen, auch für Verträge der genannten Art, soweit § 256 nicht gesetzlich Vorsorge getroffen hat, die Zustimmung des AR. gemäß § 95 Abs. 5 vorsehen können. Ferner kann die Satzung nicht Bestimmungen enthalten, die den zwingenden Gesetzesvorschriften über die Wirkung konzernrechtlicher Bindungen zuwiderlaufen (z. B. der Vorschrift über den Ausschluß des Stimmrechts der im Besitz eines abhängigen Unternehmens befindlichen Aktien der AG.; § 114 Abs. 6).

Vorzugsaktien. Wie im bisherigen Recht (HGB. § 185), läßt auch das AGesetz die Schaffung verschiedener Gattungen von Aktien durch Gewährung verschiedener Rechte an die Aktionäre zu (§ 11). Das Gesetz nennt als Beispiele verschiedene Rechte „bei der Verteilung des Gewinns und des Gesellschaftsvermögens". Es behandelt ferner in den §§ 115 ff. die besondere Gattung der Vorzugsaktien ohne Stimmrecht. Diese sind, auch abgesehen von der Stimmrechtslosigkeit, notwendig eine besondere Aktiengattung, da sie „mit einem nachzuzahlenden Vorzug bei der Verteilung des Gewinns ausgestattet" sein müssen (vgl. Anm. 68). Sie würden aber auch gegenüber Stimmrechtsaktien, die mit dem gleichen nachzuzahlenden Vorzug ausgestattet sind, eine besondere Aktiengattung bilden, da das Fehlen des Stimmrechts eine wesentliche Verschiedenheit der Rechte darstellt (Schlegelberger AGesetz § 11 Anm. 2). **Anm. 78.**

Das Gesetz verwendet die Bezeichnung „Vorzugsaktien" (§ 115) im Einklang mit der Praxis, obwohl die Verschiedenheit der Rechte nicht in Vorrechten zu bestehen braucht, sondern sich auch in Rechtsnachteilen äußern kann (z. B. Vorzugsaktien ohne Stimmrecht) und die Verschiedenheit auch in den mit der Aktie verbundenen Verpflichtungen liegen kann. So bilden bei einer Nebenleistungs-AG. die Aktien, deren Inhabern Nebenverpflichtungen gemäß § 50 auferlegt sind, und die Aktien, auf die nur Geldeinlagen zu leisten sind, besondere Gattungen (vgl. Anm. 57).

Die Verschiedenheit muß in den Mitgliedschaftsrechten liegen (Schlegelberger AGesetz § 11 Anm. 2). Die Verschiedenheit der Nennbeträge begründet nicht besondere Aktiengattungen (vgl. „Nennbetrag der Aktien"), ebensowenig der Unterschied zwischen volleingezahlten und nicht volleingezahlten Aktien (auch für letztere besteht die Verpflichtung zur Volleinzahlung), auch nicht der Unterschied zwischen Namens- und Inhaberaktien, dies auch dann nicht, wenn „gebundene Namensaktien" (vgl. Anm. 33) geschaffen werden: Die Beschränkung der Übertragbarkeit der Aktie ist eine Beschränkung des Verfügungsrechts über die Aktie, nicht der Mitgliedschaftsrechte.

In all diesen Beziehungen schafft das AGesetz nicht neues Recht, so daß zu einer Umgestaltung der Satzung kein Anlaß besteht. Über die Zulassung der bisher nicht vorgesehenen stimmrechtslosen Vorzugsaktien vgl. Anm. 68, über Mehrstimmrechtsaktien Anm. 56.

Wie nach bisherigem Recht, liegt die Bedeutung der Verschiedenheit der Rechte, abgesehen von dem gewährten „Vorzug", in der Begründung einer besonderen Aktiengattung und in dem sich hieraus ergebenden besonderen gesetzlichen Recht auf gesonderte Abstimmung. Dieser Schutz ist für Beschlußfassungen über jede Art der Kapitalerhöhung und Kapitalherabsetzung (§§ 149, 160, 175, 182), auch über ein „genehmigtes Kapital" (§ 169) gewährt. Er ist allgemein für alle Fälle gegeben, in denen das bisherige Verhältnis mehrerer Gattungen von Aktien zum Nachteil einer Gattung geändert werden soll (§ 146 Abs. 2).

Die Vorrechte müssen in der Satzung begründet sein (vgl. Muster §§ 6, 8 und 9). Sie können den Aktien bei ihrer Schaffung anläßlich der Gründung oder einer Kapitalerhöhung beigelegt werden. Es ist aber auch nachträglich die Umwandlung von Stammaktien in Vorzugsaktien möglich. Sie erfordert einen Mehrheitsbeschluß mit der zu Satzungsänderungen nötigen Mehrheit und gesonderte Abstimmung bei Vorhandensein mehrerer Aktiengattungen (§§ 145, 146). Nur die Umwandlung von Stammaktien in stimmrechtslose Vorzugsaktien erfordert Zustimmung aller betroffenen Aktionäre, da kein Aktionär gegen seinen Willen des Stimmrechts für verlustig erklärt werden kann.

Die Satzung kann vorsehen, daß die Vorrechte unentziehbar sind. In diesem Fall kann eine Umwandlung der Vorzugsaktien in Stammaktien nur mit Zustimmung aller Vorzugsaktionäre erfolgen. Fehlt es an einer solchen Satzungsbestimmung, so ist ein satzungsändernder Mehrheitsbeschluß (§§ 145, 146) in gesonderter Abstimmung der Aktiengattungen erforderlich und genügend. Die Satzung kann aber auch selbst die Möglichkeit der Rückwandlung von Vorzugsaktien in Stammaktien vorsehen. So wird bisweilen bestimmt, daß jährlich durch Auslosung eine bestimmte Zahl von Vorzugsaktien zu Lasten des Reingewinns eingezogen werden und der Rest der Vorzugsaktien, der noch an einem bestimmten Tage vorhanden ist, mit diesem Tage die Vorrechte verliert. Oder die Satzung sieht vor, daß die Verwaltung die Umwandlung der Vorzugsaktien in Stammaktien erklären kann und mit der Bekanntmachung dieser Erklärung die Vorrechte erlöschen oder daß die Aktionäre bis zu einem bestimmten Termin oder unbefristet durch Erklärung gegenüber der Gesellschaft die Umwandlung ihrer Vorzugsaktien in Stammaktien verlangen können (Muster A u. B § 10). In diesen Fällen bedarf die Umwandlung nicht eines besonderen Beschlusses der Hauptversammlung: Die Vorzugsaktien sind unter den Bedingungen des späteren Vorrechtsverlustes geschaffen. Die Satzung muß aber diese Bedingungen vorsehen (OLGR. 42, 216). Bestimmt sie lediglich, daß die Vorzugsaktien in Stammaktien umgewandelt werden können, genügt zur Umwandlung nicht ein mit einfacher Stimmenmehrheit gefaßter Beschluß der Hauptversammlung, geschweige denn eine Erklärung des Vorstands oder des Aktionärs, sondern sind die Erfordernisse der §§ 145, 146 zu erfüllen.

Wahl und Abberufung des Aufsichtsrats. Die Bestimmungen der geltenden Satzungen über Wahl und Abberufung der AR.-Mitglieder treten nach EG. § 8 mit Beendigung der Hauptversammlung außer Kraft, die über die Entlastung des AR. für das bei Inkrafttreten des AGesetzes laufende Geschäftsjahr abgehalten wird, spätestens mit Ablauf der im § 104 Abs. 1 für die Beschlußfassung über die Entlastung gesetzten Frist. Es ist nicht erforderlich, neue Bestimmungen hierüber zu beschließen. Unterbleibt eine Beschlußfassung, so gelten die Vorschriften des § 87. Werden neue Bestimmungen beschlossen, so genügt, obwohl es sich um eine Satzungsänderung handelt, einfache Stimmenmehrheit; diese Erleichterung ist jedoch nur für eine Beschlußfassung gewährt, die innerhalb der genannten Frist, die vom Inkrafttreten des Gesetzes ab läuft, erfolgt (EG. § 8 Abs. 2 Satz 1). Unrichtig ist, daß die neuen Satzungsbestimmungen über Wahl und Abberufung des AR., **Anm. 79.**

wenn sie vor der gemäß EG. § 8 maßgeblichen ordentlichen Hauptversammlung beschlossen werden, mit dieser Hauptversammlung wieder außer Kraft treten würden (so Laaf Satzung der AG. S. 51). Wortlaut und Zweck des § 8 EG. steht dieser Annahme entgegen. Es ist nicht erforderlich, in solchem Fall eine nochmalige Beschlußfassung herbeizuführen.

§ 87 entspricht dem § 243 Abs. 2—4 HGB. Zwingend bleibt vorgeschrieben, daß die Wahl durch die Hauptversammlung zu erfolgen hat. Abweichendes kann die Satzung nicht vorsehen, auch nicht eine Zuwahl durch den AR. Eine Ausnahme bringt neu nur § 88. Hiernach kann die Satzung die Entsendung von Mitgliedern in den AR. durch bestimmte Aktionäre vorsehen (vgl. „Entsendung von Mitgliedern in den AR."). Durch ein Vorschlagsrecht Dritter, wenn es nicht auf besonderem Gesetz beruht (Ausf.-Best. zu den Sozialisierungsgesetzen), kann die Hauptversammlung nicht beschränkt werden (RG. 83, 382; vgl. Anm. 29). Die Satzung kann nur bestimmte Eigenschaften der AR.-Mitglieder als besonderes Erfordernis der Wählbarkeit aufstellen (vgl. „Zusammensetzung des AR.").

Die Bestellung wird mit der Annahme des Amts wirksam. Die Satzung kann für die Erklärung der Annahme, Fristen und weitere Voraussetzungen aufstellen, z. B. bestimmen, daß die Wahl hinfällig wird, wenn das gewählte Mitglied sie nicht innerhalb eines Monats annimmt und nicht in gleicher Frist eine Sicherheit durch einen bestimmten Betrag Aktien der Gesellschaft leistet (vgl. Muster A u. B § 23).

Die Amtsdauer ist gesetzlich festgelegt. Kein AR.-Mitglied kann für längere Zeit als bis zur Beendigung der Hauptversammlung gewählt werden, die über die Entlastung für das vierte Geschäftsjahr nach der Wahl beschließt (§ 87 Abs. 1). Für die Mitglieder des ersten AR., auch für die später in diesen zugewählten, gilt ein kürzerer Zeitraum. Zwei Fristen laufen: die Amtsdauer währt mindestens ein Jahr seit der Eintragung der AG. ins Handelsregister und dauert bis zur Beendigung der ersten Hauptversammlung, die zur Beschlußfassung über die Entlastung stattfindet (§ 87 Abs. 3). Ob die Beschlußfassung in dieser Versammlung erfolgt, ist nicht wesentlich; das Amt erlischt, auch wenn die Beschlußfassung unterbleibt (Schlegelberger Akt.-Novelle Art. VIII Anm. 11 u. 12). Die gesetzlich vorgeschriebenen Fristen sind Höchstfristen. Die Satzung kann eine kürzere Amtsdauer, insbesondere wie bisher ein turnusmäßiges Ausscheiden vorsehen (vgl. Muster A u. B § 23). Ohne Regelung in der Satzung kann die Hauptversammlung innerhalb der gesetzlichen Fristen die Amtsdauer beliebig bestimmen.

Auch die Abberufung des AR. ist Sache der Hauptversammlung. Die Satzung kann nicht vorschreiben, daß der Aufsichtsrat selbst die Bestellung von einzelnen seiner Mitglieder widerrufen kann. Die Abberufung erfolgt bei Mitgliedern eines ersten AR. mit einfacher Stimmenmehrheit (§ 87 Abs. 3). Für jeden späteren Aufsichtsrat ist die Abberufung durch das Erfordernis einer ¾-Mehrheit erschwert (§ 87 Abs. 2). Jedoch kann die Satzung eine andere Mehrheit, eine geringere wie eine höhere, verlangen, auch noch andere Erfordernisse aufstellen, z. B. 50% aller Aktien und 75% der abgegebenen Stimmen erfordern. Unzulässig wäre hier eine Bindung der Hauptversammlung an die Zustimmung eines Dritten, unzulässig auch die Einschränkung, daß der Widerruf nur aus wichtigem Grund erfolgen kann (Baumbach § 87 Anm. 4). Über die Abberufung der gemäß § 88 entsendeten Mitglieder vgl. Anm. 29. Über die Niederlegung des Amts vgl. Anm. 30.

Das Amt der z. Zt. des Inkrafttretens des AGesetzes im Amt befindlichen AR.-Mitglieder endet nach EG. § 8 in dem gleichen Zeitpunkt, in dem die geltenden Satzungsbestimmungen über Wahl und Abberufung des AR. außer Kraft treten. Neuwahl ist erforderlich; notfalls erfolgt Bestellung durch das Gericht gemäß § 89. Die Amtsdauer des neu gewählten AR. ist die gesetzliche des § 87 oder die von der Satzung vorgesehene kürzere Zeit. Eine Satzungsbestimmung hierüber muß neu beschlossen werden, da auch die Vorschriften über die Amtsdauer unter § 8 EG. fallen (vgl. hierzu „Erlöschen des AR.-Amts").

Wandelschuldverschreibungen sind Schuldverschreibungen, bei denen den Gläubigern ein Umtausch- oder Bezugsrecht auf Aktien eingeräumt wird (§ 174). Sie sind von der amerikanischen Praxis als convertible bonds geschaffen. Ihrer Einführung im deutschen Aktienwesen stand § 283 Abs. 2 HGB. entgegen, soweit nicht die Gesellschaft Vorratsaktien oder eigene Aktien zur Verfügung hatte oder ihr von einem Dritten für den Umtausch oder den Bezug die Hergabe von Aktien zugesichert werden konnte. Diese Schwierigkeiten werden durch das AG. durch die Zulassung der bedingten Kapitalerhöhung (§§ 159ff.) behoben (vgl. Anm. 12). **Anm. 80.**

Das AG. schützt die Gesellschaft vor Mißbrauch durch mehrfache Sicherungen: Wandelschuldverschreibungen dürfen nur mit ministerieller Genehmigung ausgegeben werden (§ 174 Abs. 2); die Ausgabe kann nur auf Grund eines Beschlusses der Hauptversammlung erfolgen, der mit einer Kapitalmehrheit von mindestens ¾ des vertretenen Grundkapitals zu fassen ist (§ 174 Abs. 1); bei Vorhandensein mehrerer Aktiengattungen ist gesonderte Abstimmung erforderlich.

Für eine Regelung in der **Satzung** ist wenig Raum: eine Bestimmung, daß die Gesellschaft Wandelschuldverschreibungen auszugeben berechtigt ist, ist überflüssig. Die Zulässigkeit ergibt sich aus dem Gesetz. Die Bestimmung würde auch nicht etwa den Vorstand berechtigen, ohne Beschluß der Hauptversammlung Wandelschuldverschreibungen auszugeben. Wenn auch § 174 Abs. 1 die gesetzliche Vertretungsmacht des Vorstandes nach außen nicht einschränkt (vergl. § 174 Abs. 1 mit der Fassung des § 256), so beschränkt er doch die Geschäftsführungsbefugnis des Vorstandes und begründet bei Zuwiderhandlung seine Haftung. Die Satzung kann hieran nichts ändern. Sie kann lediglich die für die Beschlußfassung der Hauptversammlung vorgesehene Kapitalmehrheit durch eine andere Kapitalmehrheit, eine höhere oder geringere, ersetzen und noch andere Erfordernisse aufstellen (vergl. „Beschlußfassung in der Hauptversammlung").

Wertberichtigungen: siehe „Bilanzansätze".

Anm. 81. **Wettbewerbsverbot.** § 79 entspricht HGB. § 236. Das Verbot trifft nur den Vorstand, nicht den AR. Die Satzung kann es auch auf den AR. ausdehnen; sie kann aber auch für den Vorstand von dem Verbot absehen oder Erleichterungen gewähren. Die geltenden Satzungsbestimmungen bedürfen mit Rücksicht auf § 79 keiner Änderung.

Anm. 82. **Widerruf der Bestellung des Vorstands.** HGB. § 231 erklärte die Bestellung zum Mitglied des Vorstands für jederzeit widerruflich. Das AGesetz macht den Vorstand entsprechend seiner erhöhten Verantwortlichkeit unabhängiger von AR. und Hauptversammlung. Nur wenn ein wichtiger Grund vorliegt, kann die Bestellung widerrufen werden (§ 75 Abs. 3).

Nach bisherigem Recht lag die Abberufung des Vorstands der Generalversammlung ob, soweit nicht die Satzung eine abweichende Regelung traf. Meist übertrug die Satzung dem Aufsichtsrat diese Befugnis. Die Ermächtigung des AR. zum Widerruf wurde stillschweigend in der Satzungsbestimmung gesehen, die den AR. zur Bestellung des Vorstands ermächtigte. § 75 überträgt Bestellung und Widerruf zwingend dem AR.

Alle entgegenstehenden Bestimmungen der Satzung sind nichtig und entsprechend zu ändern. Insbesondere kann nicht durch die Satzung dem Vorsitzer oder einem Ausschuß des Aufsichtsrats oder einem Verwaltungsrat, der neben dem AR. gebildet ist, die Abberufung des Vorstands übertragen werden (vgl. „Bestellung des Vorstands", „Ausschüsse des AR."). Unzulässig wäre auch die Bestimmung, daß der Vorstand jederzeit ohne besonderen Grund abberufen werden kann. Auch ein vorläufiger Widerruf der Bestellung, die sog. Suspension, kann in der Satzung nur bei Vorliegen eines wichtigen Grundes vorgesehen werden.

Dagegen kann die Satzung näher bestimmen, was unter einem „wichtigen Grund" zu verstehen ist. § 75 selbst nennt als solche Gründe grobe Pflichtverletzung und Unfähigkeit zur ordnungsmäßigen Geschäftsführung. Die Satzung kann weitere Beispiele hinzufügen: Verweigerung der Entlastung seitens der Hauptversammlung oder Verlangen der Aufsichtsbehörde (vgl. amtl. Begrd. u. Muster B § 18), Überflüssigwerden eines technischen Vorstandsmitglieds bei Überführung des Unternehmens auf einen anderen technischen Geschäftszweig. Der wichtige Grund für die Abberufung braucht nicht gleichzeitig ein wichtiger Grund für die fristlose Kündigung des Anstellungsvertrages im Sinne des § 626 BGB. zu sein (ebenso Baumbach § 75 Anm. 4 C). Das ergibt § 75 Abs. 3 Satz 5: er erklärt für die Ansprüche aus dem Anstellungsvertrag bei Widerruf der Bestellung die allgemeinen Vorschriften und damit § 626 BGB. für anwendbar; diese Bestimmung wäre unlogisch und überflüssig, wenn jeder wichtige Grund, der zur Abberufung führen darf, auch zur fristlosen Kündigung des Anstellungsvertrages gemäß § 626 BGB. berechtigen würde. Diese Auslegung des § 75 Abs. 3 Satz 5 wird durch die von der amtlichen Begründung gewählten Beispiele bestätigt: Entziehung des Vertrauens durch die Hauptversammlung braucht keineswegs auf einem Grund zu beruhen, der schwerwiegend genug ist, um eine fristlose Kündigung des Anstellungsvertrages zu rechtfertigen; dagegen reicht die Tatsache der Vertrauensentziehung aus, um die Abberufung als unerläßlich erscheinen zu lassen.

Die Abberufung kann durch das Erfordernis erhöhter Stimmenmehrheit erschwert werden. Es kann z. B. statt einfacher Mehrheit der anwesenden AR.-Mitglieder einfache Mehrheit der vorhandenen AR.-Mitglieder oder ¾-Mehrheit der erschienenen oder eine kombinierte Mehrheit vorgesehen werden. Solche Satzungsbestimmungen waren schon bisher üblich; sie bleiben aufrechterhalten.

Die Abberufung ist durch das Gesetz an keine Form gebunden. Schriftform des Beschlusses ist aber wegen der erforderlichen Anmeldung der Löschung zum Handelsregister unerläßlich. Die Satzung kann für sie notarische Beurkundung vorschreiben (vgl. Anm. 72 zu b).

Wohlfahrtsaufwendungen: siehe „Gewinnverteilung".

Zahlstellen. Zahlstelle ist die Gesellschaftskasse. Die Satzungen führen bisweilen weitere Zahlstellen (Banken) namentlich auf oder sehen vor, daß die AG. an bestimmten Orten weitere Zahlstellen zu **Anm. 83.**

unterhalten hat. Die Satzungen führen auch vielfach den Zweck dieser Zahlstellen im einzelnen auf, z. B. in der Weise, daß bei den Zahlstellen „kostenlos für die von der AG. ausgegebenen Werte Kapitaleinzahlungen geleistet, Zinsen-, Gewinn- und Kapitalauszahlungen in Empfang genommen, Konvertierungen vorgenommen, Bezugsrechte ausgeübt, Kuponbogen erhoben und Aktien zwecks Teilnahme an der Generalversammlung hinterlegt werden können". Das Gesetz enthält hierüber keine Vorschrift. Die Satzung ist in der Regelung frei.

Anm. 84. **Zusammensetzung des Aufsichtsrats.** HGB. § 243 Abs. 1 setzt die Mindestzahl der Mitglieder des AR. auf drei fest und läßt eine Erhöhung dieser Zahl durch die Satzung zu. Art. VIII der Aktienrechtsnovelle führte die Höchstzahl von dreißig ein. — § 86 AGesetz nimmt in gleicher Weise die Zahl drei als Normalzahl. Diese Normalzahl ist zugleich Mindestzahl. Die Satzung kann eine höhere Zahl festsetzen. Sie kann dabei vorsehen, daß der AR. aus z. B. mindestens fünf Mitgliedern bestehen soll; sie kann aber auch eine feste höhere Zahl, also z. B. fünf, bestimmen. — § 86 sieht aber auch Höchstzahlen je nach der Höhe des Grundkapitals vor: bei Gesellschaften mit einem Grundkapital bis zu 3000000 RM. sieben, von mehr als 3000000 RM. zwölf, von mehr als 20000000 RM. zwanzig. Der Reichswirtschaftsminister kann im Einvernehmen mit dem Reichsjustizminister Ausnahmen zulassen, also die gesetzlichen Höchstzahlen erhöhen, wenn das Wohl der Gesellschaft oder gesamtwirtschaftliche Belange es fordern (z. B. Gefahr der Überfremdung des AR. durch ausländische Mitglieder, Notwendigkeit der Erhaltung geschäftlicher Beziehungen durch Beibehaltung oder Zuwahl bestimmter Persönlichkeiten).

Nach EG. § 8 treten die geltenden Bestimmungen der Satzung über die Zusammensetzung des AR. mit Beendigung der Hauptversammlung außer Kraft, die über die Entlastung des AR. für das bei Inkrafttreten des AGesetzes laufende Geschäftsjahr abgehalten wird, spätestens mit Ablauf der im § 104 Abs. 1 für die Beschlußfassung über die Entlastung bestimmten Frist. In diesem Zeitpunkt erlöschen gemäß EG. § 8 auch die bestehenden AR.-Mandate. Die Satzung braucht nicht erneut Bestimmungen über die Zusammensetzung des AR. einzuführen. Ohne Regelung in der Satzung besteht der AR. aus drei Mitgliedern. In diesem Falle kann aber die Hauptversammlung ohne Satzungsänderung keine höhere Zahl festsetzen und keine Wahl über drei Mitglieder hinaus gültig vornehmen. Es empfiehlt sich daher, wie bisher üblich, eine neue Bestimmung, die eine unter der gesetzlichen Höchstzahl bleibende Mindestzahl festsetzt, in die Satzung aufzunehmen.

Die Satzung kann auch eine Höchstzahl unter den gesetzlichen Höchstzahlen einführen. Diese Beschlüsse bedürfen, wenn sie in der in EG. § 8 Abs. 1 Satz 2 vorgesehenen Frist gefaßt werden, nur einfacher Stimmenmehrheit.

Wie im bisherigen Recht ist die Wahlfähigkeit gesetzlich beschränkt. Juristische Personen können nicht Mitglied eines AR. werden (§ 86). Mitglied kann ferner nicht sein, wer bereits in zehn AG.en oder Kommanditgesellschaften auf Aktien AR.-Mitglied ist (die Zahl des Art. VIII der Novelle war 20); jedoch zählen Sitze in Aufsichtsräten, in die ein Mitglied zur Wahrnehmung der wirtschaftlichen Belange bestimmter Körperschaften oder Unternehmungen gewählt oder entsandt ist, gemäß § 18 der 1. DV. nur als ein Sitz. Als solche Körperschaften nennt § 18 das Reich, ein Land, einen Gemeindeverband und eine Gemeinde, im übrigen Wirtschaftsunternehmungen, die mit der AG. konzernverbunden sind, und Kreditinstitute, die mit der AG. in dauernder bankmäßiger Geschäftsverbindung stehen. Mehr als 20 Aufsichtsratssitze darf aber niemand innehaben. Die Zugehörigkeit zum Vorstand oder Anstellung als Geschäftsführer bei der AG. schließt die Wahl zum AR. aus (§ 90). Für ausgeschiedene Vorstandsmitglieder ist aber vorherige Entlastung nicht mehr Voraussetzung einer Übernahme des AR.-Amts (bisher HGB. § 248 Abs. 3).

Die Satzung kann, wie bisher, neben den gesetzlichen Beschränkungen weitere Erfordernisse für die Wählbarkeit aufstellen, wie auch für den Vorstand (vgl. „Zusammensetzung des Vorstands“ Muster A u. B § 22), insbesondere auch die Zahl 10 des § 86 Abs. 2 oder die Zahl 20 des § 18 der 1. DV. herabsetzen. Die Begrenzung darf aber nicht so eng werden, daß die Auswahl nicht mehr ausreicht (RG. 133, 94). Bestimmungen der geltenden Satzungen über die erforderlichen Eigenschaften der AR.-Mitglieder fallen nicht unter die Vorschriften über Zusammensetzung, Wahl und Abberufung des AR. und treten nicht gemäß EG. § 8 außer Kraft (vgl. Schlegelberger Akt.-Nov. Art. VIII, Anm. 6).

Zusammensetzung des Vorstands. Nach § 16 Abs. 3 Z. 5 muß die Satzung die Art der Zusammensetzung des Vorstands bestimmen (HGB. § 182). Fehlen oder Nichtigkeit dieser Bestimmung kann zur Nichtigkeitserklärung der AG. führen (§ 216); jedoch ist der Mangel durch Satzungsänderung heilbar (§ 217). Die Bestimmung hat die zahlenmäßige Zusammensetzung des Vorstands zum Inhalt. Er kann nach § 70 Abs. 2 aus einer oder mehreren Personen bestehen (HGB. § 231 Abs. 2). Die Satzung kann diese Gesetzesbestimmung lediglich wiederholen (vgl. Muster A u. B § 18); schon damit ist der Vorschrift des § 16 **Anm. 85.**

Abs. 3 Z. 5 genügt; in diesem Fall liegt die Entscheidung über die Zahl der zu bestellenden Vorstandsmitglieder bei dem AR. (vgl. „Bestellung des Vorstands"). Die Satzung kann aber auch vorschreiben, daß der Vorstand nur aus einer Person besteht oder daß eine bestimmte Anzahl von Personen den Vorstand bildet. Die Satzung kann ferner bestimmte Beschränkungen für die Befähigung zum Vorstandsamt vorsehen: männliches Geschlecht, Alter über 25 Jahre, Aktionäreigenschaft, Wohnsitz im Deutschen Reich oder an einem bestimmten Ort, Reichsbürgerrecht, Stellung einer Kaution usw. (vgl. Muster A u. B § 19). Daneben bestehen die gesetzlichen Beschränkungen: Nicht zum Vorstandsmitglied kann bestellt werden eine juristische Person (§ 75), ein Aufsichtsratsmitglied der AG. (§ 90), ein Geschäftsunfähiger. Auch ein beschränkt Geschäftsfähiger muß nach dem AGesetz als unfähig für die Stellung eines Vorstands angesehen werden; das ergibt sich aus der besonderen Verantwortlichkeit, die dem Vorstand nach § 70 nicht nur für die AG., sondern auch im Rahmen der Gesamtwirtschaft und für das Volksganze übertragen ist (Baumbach § 70 Anm. 1 B; so schon Brodmann für das bisherige Recht § 231 Anm. 4a). Eine den gesetzlichen Beschränkungen widersprechende Satzungsbestimmung ist nichtig und wäre aus den bestehenden Satzungen zu streichen.

Zuständigkeit der Hauptversammlung: siehe „Hauptversammlung".

Anm. 86. **Zwangseinziehung.** Die Einziehung von Aktien ist im Aktiengesetz in dem Abschnitt „Maßnahmen der Kapitalherabsetzung" (§§ 192 ff.) behandelt. Die Regelung entspricht im wesentlichen den Bestimmungen des § 227 HGB. Man unterscheidet die „zwangsweise" Einziehung und die Einziehung „nach Erwerb durch die Gesellschaft". Die erstere setzt voraus, daß die Satzung sie anordnet oder gestattet; die letztere ist ohne eine derartige Satzungsbestimmung zulässig, sie setzt nur den Erwerb der Aktien seitens der AG. voraus. Hier soll nur von der Zwangseinziehung und ihrer Regelung in der Satzung gesprochen werden.

Die Einziehung ist „Vernichtung des Aktienrechts", die Zwangseinziehung ist Vernichtung des Aktienrechts „ohne Rücksicht auf den Willen des Aktionärs" (Schlegelberger Akt.G. § 192 Anm. 2 u. 8). Dieser Eingriff ist nach § 192 Abs. 1 Satz 2 nur zulässig, wenn er „in der ursprünglichen Satzung oder durch eine Satzungsänderung vor Übernahme oder Zeichnung der Aktien" vorgesehen war. Nachträglich kann eine Zwangseinziehung durch Satzungsänderung nur eingeführt werden, wenn alle betroffenen Aktionäre zustimmen (Schlegelberger AGesetz § 192 Anm. 13; Düringer-Hachenburg § 227 Anm. 7; a. M. teilw. Staub § 227 Anm. 4).

Die Bestimmungen der Satzung über die Zwangseinziehung (vgl. Muster A u. B § 6 letzter Absatz und § 7 letzter Absatz sowie § 11) dürfen nicht gegen aktienrechtliche Grundsätze verstoßen (RG. 120, 177; Schlegelberger AGesetz § 192 Anm. 9): Der Grundsatz der „gleichmäßigen Behandlung aller Aktionäre" darf nicht verletzt werden; durch die Einziehung dürfen nicht ein bestimmtes Verhalten des Aktionärs (z. B. Abstimmen in bestimmter Richtung) oder Leistungen der Aktionäre, die dem Aktienrecht nicht entsprechen (z. B. Nachschüsse, Darlehnsgewährungen an die AG.), mittelbar erzwungen werden. Die Bestimmung im Muster A und B § 6 letzter Absatz verstößt hiergegen nicht. Auch darf die Einziehung nicht von Umständen abhängig gemacht werden, die nur in persönlichen Verhältnissen des einzelnen Aktionärs liegen (RG. 120, 180): z. B. Einziehung beim Tod des Aktionärs oder bei Ausscheiden aus einem Verein (RG. 49, 77). Besonderes gilt jedoch für „gebundene Namensaktien" (Anm. 33); für sie kann die Satzung im Fall der Pfändung oder des Konkurses oder des Todes eine Einziehung vorsehen, da der Übergang des Aktienrechts auf einen Dritten bzw. die Erben von der Zustimmung der Gesellschaft abhängig gemacht werden kann (§ 61 Abs. 3; vgl. Anm. 33 und Muster A und B § 7 letzter Absatz; zust. v. Godin-Wilhelmi § 192 Anm. I 1).

Der Unterschied zwischen „angeordneter" und nur „gestatteter" Zwangseinziehung liegt darin, daß die erstere in der Satzung für bestimmte Fälle vorgeschrieben, die letztere von der Entschließung eines Verwaltungsträgers der AG. abhängig gemacht ist. Die gestattete Zwangseinziehung erfordert stets noch einen Beschluß der Hauptversammlung (so auch in den Fällen des Musters A und B §§ 6 und 7). Die angeordnete Zwangseinziehung bedarf des Beschlusses der Hauptversammlung nicht, wenn die Bedingungen der Einziehung in allen erforderlichen Einzelheiten in der Satzung festgelegt sind (Schlegelberger AGesetz § 192 Anm. 11). Dann genügt die Entscheidung des Vorstandes (§ 192 Abs. 6). Er handelt nach den Weisungen, die die Satzung für die Durchführung der Einziehung gibt. Diese muß also den Umfang der Einziehung (z. B. einen bestimmten Hundertsatz der Aktien oder einer bestimmten Aktiengattung), ihre Art (Auslosung oder Kündigung), das Entgelt (z. B. Nennbetrag zuzüglich eines Aufgeldes) und den Zeitpunkt der Einziehung festsetzen. Wird für den Umfang der Einziehung ein Spielraum freigelassen (z. B.

nicht weniger als 1% und nicht mehr als 10% der Vorzugsaktien), so handelt es sich nur hinsichtlich des einen Prozents um eine „angeordnete“ Zwangseinziehung; eine darüber hinausgehende Einziehung ist nur „gestattet“ und bedarf eines Beschlusses der Hauptversammlung (Düringer-Hachenburg § 227 Anm. 13).

Das Einziehungsentgelt, der Übernahmepreis, muß für die angeordnete wie für die gestattete Zwangseinziehung in der Satzung geregelt sein. „Die Bestimmung des Gegenwertes der Aktie ist die Feststellung des Abfindungsguthabens des ausscheidenden Aktionärs“ und als solche der Entscheidung der Hauptversammlung entzogen (Düringer-Hachenburg § 227 Anm. 11). Der Aktionär hat Anspruch auf ein angemessenes, dem Wert der Aktie entsprechendes Entgelt. Nur die Satzung kann es bindend festsetzen (anscheinend a. M. Schlegelberger AGesetz § 192 Anm. 11 für die gestattete Zwangseinziehung). Dem entspricht auch die Übung im Aktienwesen (vgl. Muster A und B § 11). Fehlt es in der Satzung an der Bestimmung des Entgelts, so hat der Aktionär Anspruch auf den wirklichen Gegenwert der Aktie; dieser Anspruch kann ihm durch einen Beschluß der Hauptversammlung über die Höhe des Einziehungsentgelts nicht geschmälert werden (v. Godin-Wilhelmi § 192 Anm. I 1). Das gleiche gilt, wenn die Satzung bestimmt, daß der Wert der Aktie zu vergüten und von der Hauptversammlung festzusetzen ist. In diesem Fall hat der Aktionär Anspruch auf Festsetzung des Entgelts nach billigem Ermessen (BGB. § 315; Düringer-Hachenburg a. a. O.; v. Godin-Wilhelmi a. a. O.). Ein das Entgelt willkürlich festsetzender Einziehungsbeschluß der Hauptversammlung ist für den Aktionär in betreff des Entgelts unverbindlich.

Jede Einziehung von Aktien führt zu einer Minderung des Grundkapitals. Es sind daher regelmäßig die Vorschriften über die ordentliche Kapitalherabsetzung (§§ 175ff.) zu befolgen (§ 192 Abs. 2). Eine Ausnahme gilt bei der Zwangseinziehung für den Fall, daß die Aktien „zu Lasten des aus der Jahresbilanz sich ergebenden Reingewinns oder einer freien Rücklage eingezogen werden“ (§ 192 Abs. 3; vgl. Muster A und B § 11). Voraussetzung ist jedoch, daß auf die Aktien der Nennbetrag oder der höhere Ausgabekurs voll geleistet ist. Demgemäß würde in dem Beispiel des Musters A und B § 11 die Einziehung der nicht voll eingezahlten Namensaktien Gruppe B nur unter Beachtung der Schutzvorschriften für die ordentliche Kapitalherabsetzung durchgeführt werden können, obwohl die Einziehung zu Lasten des Reingewinns oder der Rücklage zur Ergänzung der Dividende erfolgen soll.

Der Beschluß der Hauptversammlung über die Kapitalherabsetzung durch Einziehung erfordert, soweit die Vorschriften über die ordentliche Kapitalherabsetzung zu erfüllen sind, eine Mehrheit von drei Vierteln des vertretenen Grundkapitals (§ 175). Die Satzung kann eine größere Kapitalmehrheit und noch andere Erfordernisse aufstellen (§ 175; Anm. 16). Erfolgt die Einziehung der Aktien zu Lasten des Reingewinns oder einer freien Rücklage, so genügt einfache Stimmenmehrheit. Jedoch kann auch in diesem Fall die Satzung erschwerende Erfordernisse verlangen (§ 192 Abs. 4). In dem Beispiel des Musters A und B § 11 würde der Beschluß der Hauptversammlung über die Kapitalherabsetzung durch Einziehung einer Mehrheit von drei Vierteln des vertretenen Grundkapitals bedürfen, wenn die einzuziehenden Aktien noch nicht voll eingezahlt sind.

Zwischenscheine. Anteilscheine, die den Aktionären vor der Ausgabe der Aktien ausgestellt werden, nannte das HGB. „Interimsscheine" (§ 179 Abs. 3). § 8 Abs. 5 des AGesetzes nennt sie Zwischenscheine. Inhaberaktien dürfen erst nach der vollen Leistung des Nennbetrages oder bei einer Überpariemission (§ 9 Abs. 2) auch erst nach Zahlung des Aufgeldes, also erst nach Leistung des höheren Ausgabebetrages ausgegeben werden (§ 10 Abs. 2). Vorher können Zwischenscheine ausgegeben werden. Sie müssen aber, wie nach bisherigem Recht, auf Namen lauten (§ 10 Abs. 3). Zwischenscheine auf den Inhaber sind nichtig (§ 10 Abs. 4). Ein Anspruch auf Aushändigung eines Zwischenscheins ist nicht gegeben. Die Satzung kann ihn aber vorsehen. **Anm. 87.**

Die Zwischenscheine lauten auf den vollen Nennbetrag der Aktien, an deren Stelle sie vorzeitig ausgegeben werden (§ 8 Abs. 5 und 1). Der Betrag der auf die Aktie geleisteten Teileinzahlung braucht auf dem Zwischenschein nicht vermerkt zu werden. Die für Namensaktien gegebene Vorschrift des § 10 Abs. 2 Halbsatz 2 ist auf die Zwischenscheine (§ 10 Abs. 3) nicht ausgedehnt.

Der Zwischenschein verbrieft das volle Mitgliedsrecht (RG. 49, 22). Im Gegensatz zum bisherigen Recht, hat aber der Inhaber des Zwischenscheins, solange er die Einlage nicht voll geleistet hat, grundsätzlich kein Stimmrecht (§ 114 Abs. 2; vgl. „Stimmrecht des Aktionärs").

Für die Übertragung von Zwischenscheinen gilt sinngemäß das gleiche, was für Namensaktien vorgeschrieben ist (§ 61 Abs. 4; vgl. „Gebundene Namensaktien").

Fristentafel.

1. 1. 10. 1937 Inkrafttreten des Aktiengesetzes (EG. § 1).

2. 1. 10. 1937 Aufdruck der Namen sämtlicher Vorstandsmitglieder und des Vorsitzers des Aufsichtsrats auf allen Geschäftsbriefen (Familienamen und mindestens ein ausgeschriebener Vorname) unter besonderer Bezeichnung des Vorsitzers des Vorstands (§ 100). Vorsitzer des Vorstands ist aber nur, wer als solcher nach Inkrafttreten des Gesetzes bestellt oder bestätigt ist (EG. § 7). Verbrauch der vor dem 1. 10. 1937 angeschafften Vordrucke von Geschäftsbriefen ist ohne die Namensangabe bis zum 31. 12. 1938 gestattet (§ 19 der 1. DV.).

3. 1. 10. 1937 Neubestellung oder Bestätigung eines Vorsitzers des Vorstands, dem die alleinige Entscheidungsbefugnis zustehen soll (EG. § 7 in Verb. § 70 Abs. 2).

4. 1. 10. 1937 Vorstand hat den Vorsitzer des AR. und seinen Stellvertreter zum Handelsregister anzumelden (§ 92 Abs. 1 S. 2; Zwang durch Ordnungsstrafen § 14 HGB). Anmeldung erfordert gerichtliche oder notarische Beglaubigung der Unterschriften der zur Vertretung der AG. erforderlichen Zahl von Vorstandsmitgliedern.

5. 31. 12. 1937 Letzter Tag für die Kündigung eines Anstellungsvertrages eines Vorstandsmitgliedes, der gemäß § 75 am 30. 9. 1942 vorzeitig abläuft (EG. § 7 Abs. 3).

6. 31. 12. 1937 Letzter Tag für die Abgabe der schriftlichen Erklärung des Aktionärs über die Zurverfügungstellung von Vorratsaktien unter gleichzeitiger Aushändigung der Aktienurkunden (EG. § 6).

7. 1. 8. 1938 Außerkrafttreten der Bestimmungen der Satzungen über die Zusammensetzung, Wahl und Abberufung des AR. und die Entsendung von AR.-Mitgliedern, wenn das Geschäftsjahr das Kalenderjahr ist und die

siebenmonatige Frist des § 22 der 1. DV., innerhalb deren die Hauptversammlung neue Satzungsbestimmungen zu beschließen hat, nicht ausgenutzt ist. Erlöschen des Amts der AR.-Mitglieder unter den entsprechenden Voraussetzungen.

8.	31. 12. 1938	Letzter Tag für die Veräußerung von Vorratsaktien gemäß EG. § 6.
9.	2. 1. 1939	Einziehung von Vorratsaktien (EG. § 6 Abs. 3).
10.	1. 5. 1939	Außerkrafttreten der Bestimmungen der Satzungen über die Zusammensetzung, Wahl und Abberufung des AR., wenn das Geschäftsjahr vom 1. Oktober bis 30. September läuft und die siebenmonatige Frist des § 22 der 1. DV. für die Beschlußfassung über neue derartige Satzungsbestimmungen nicht ausgenutzt ist. Erlöschen des Amts der AR.-Mitglieder unter den entsprechenden Voraussetzungen.
11.	30. 6. 1939	Letzter Tag, an dem in einer Hauptversammlung noch für nicht volleingezahlte Aktien das Stimmrecht ausgeübt werden kann, ohne daß die Satzung entsprechend § 114 Abs. 2 geändert ist (§ 21 der 1. DV.).
12.	30. 6. 1939	Letzter Tag für Beschlußfassungen über die Anpassung der Satzung an die Bestimmungen des Aktiengesetzes zu ermäßigten Gebühren (§ 35 der 1. DV.).
13.	31. 12. 1940	Letzter Tag der für den Umtausch von Kleinaktien zu setzenden Frist (§ 3 der 1. DV.).
14.	31. 12. 1940	Auflösung der Gesellschaften, deren Grundkapital weniger als 100000 RM. beträgt.
15.	31. 12. 1942	Ablauf der Amtsdauer und der Anstellungsverträge für Vorstandsmitglieder, die auf Lebenszeit oder für eine seit Inkrafttreten des Gesetzes noch fünf Jahre überschreitende Zeit angestellt sind (EG. § 7 Abs. 2 in Verb. mit § 75 des Gesetzes).

FSC
www.fsc.org
MIX
Papier | Fördert gute Waldnutzung
FSC® C083411

Kolibri 360 GmbH
Ferdinand-Jühlke-Straße 7
99095 Erfurt, Deutschland
produktsicherheit@kolibri360.de